VOYAGE

D'UNE FAMILLE

AUTOUR DU MONDE

PARIS. — TYP. CH. UNSINGER, RUE DU BAC, 83.

Sir Thomas Brassey   Mabelle Brassey   Lady Brassey   Thomas Allnutt Brassey
Muriel Brassey   Marie Adélaïde Brassey

LADY BRASSEY

VOYAGE
D'UNE FAMILLE
AUTOUR DU MONDE

A bord de son yacht « le Sunbeam »

RACONTÉ PAR LA MÈRE

ET TRADUIT DE L'ANGLAIS PAR J. BUTLER

OUVRAGE ILLUSTRÉ DE 120 GRAVURES SUR BOIS
ET DE 6 CARTES EN COULEUR

PARIS

MAURICE DREYFOUS, ÉDITEUR

13, RUE DU FAUBOURG-MONTMARTRE, 13

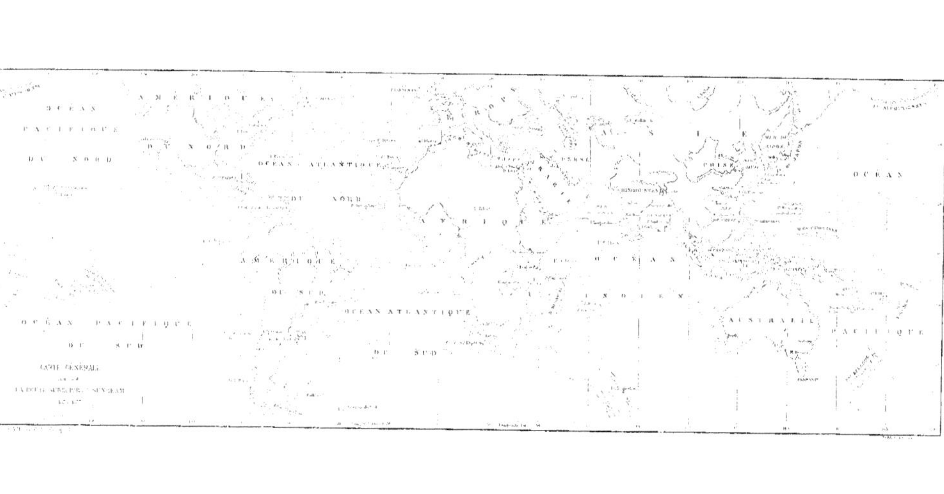

OCÉAN PACIFIQUE DU NORD
AMÉRIQUE DU NORD
OCÉAN ATLANTIQUE DU NORD
EUROPE
ASIE
CHINE
OCÉAN
AFRIQUE
AMÉRIQUE DU SUD
OCÉAN ATLANTIQUE DU SUD
OCÉAN PACIFIQUE DU SUD
OCÉAN INDIEN
AUSTRALIE
PACIFIQUE
CARTE GÉNÉRALE

DÉDICACE

Aux Amis de tous les climats et de tous les pays, de toutes les races et de toutes les conditions, qui ont fait de notre année de voyage une année de bonheur,

Ces pages sont dédiées

Par l'auteur reconnaissant.

PRÉFACE

DU TRADUCTEUR

Ce livre est le récit d'une promenade autour du monde, faite sur leur yacht le *Sunbeam*, par M^r et Mrs Brassey, accompagnés de leurs enfants et de quelques amis. Mr Brassey dirigeait le navire; Mrs Brassey écrivait la narration du voyage; les amis esquissaien. les dessins que la gravure a reproduits pour ce volume, ou préparaient les collections décrites au cours de ces pages; les enfants écoutaient, regardaient, apprenaient, se formaient à la grande école de la mer. Depuis que les moyens de communication sont devenus plus rapides et plus nombreux, on a vu de simples amateurs, des curieux, des femmes même, se succéder sur la voie frayée et illustrée par les Cook et les Dumont d'Urville. Mais jamais, jusqu'ici, les annales des voyages n'avaient signalé toute une famille, quittant volontairement une vie facile, luxueuse, pour entreprendre, autour du globe, une expédition que ses côtés attrayants n'empêchaient pas d'être mêlée de périls et d'incertitudes de mainte sorte.

Là est le trait caractéristique de la longue et lointaine excursion racontée dans ce volume. Là est, en même temps, la cause de l'intérêt particulier qu'on y a pris en Angleterre, dans un pays que ses Livingstone et ses Cameron ont pourtant rendu difficile en fait de voyages et de voyageurs. Les journaux de Londres annonçaient chacune des étapes du *Sunbeam :* les bâtiments anglais qui rencontraient sur l'Océan le vaillant petit navire, s'en approchaient pour l'acclamer ; la légende elle-même se mêlait à ce concert, en faisant périr, corps et biens, dans le détroit de Magellan, les hardis navigateurs, qu'elle livrait ainsi aux homélies des plus prudents ou des moins braves. Loin d'avoir succombé dans ce difficile passage, Mr et Mrs Brassey en rapportaient une carte excellente, jointe à ce texte et traduite : c'est la première carte détaillée de ces parages qui ait jamais paru en France, en dehors de celle éditée par le ministère de la marine.

Le récit d'un voyage suivi par le public avec une attention aussi soutenue et aussi vive, ne pouvait manquer d'être attendu avec impatience et lu avec curiosité. Une lettre de Mr Brassey au *Times*, a répondu d'abord à ce double sentiment ; puis, a paru l'ouvrage de Mrs Brassey. Publié au mois d'avril, il a atteint déjà six éditions. Commenté par tous les journaux de l'Angleterre, par la presse de tous les pays dont il s'occupe, il a donné lieu à des articles si nombreux et si complets que leur collection remplirait un volume deux fois plus gros que celui-ci. Pareil succès n'est comparable qu'à celui des publications dues aux plus fameux explorateurs ; il indique, en même temps, que le livre qui en est

l'objet se recommande à la faveur du public par des renseignements ou par des aperçus nouveaux.

Ces deux conditions se trouvent effectivement réunies dans
l'œuvre de Mrs Brassey. On y rencontre des données inédites sur
diverses parties du globe, notamment sur la République Argentine, sur certaines îles de la Polynésie, sur plusieurs parties
du Japon. Lorsque l'auteur se meut dans des régions précédemment explorées, son œil féminin lui fait voir maint détail
inaperçu de ses devanciers, ou lui suggère telle réflexion qui
jette comme un jour nouveau sur des tableaux auxquels on eût pu
croire qu'il ne restait rien à ajouter. « Elle reflète les impressions
qui frappèrent son esprit de femme, écrit le *Times*. Elle dit juste
ce qu'il faut pour intéresser sans fatiguer. Elle change son sujet,
avant qu'il l'abandonne. Surtout, elle apporte dans ses descriptions
une fraîcheur qui donne une vie nouvelle aux paysages les plus
familiers. »

Il faut dire, du reste, que les voyageurs du *Sunbeam* se trouvaient
placés, à chaque relâche, dans des conditions exceptionnelles
qu'aucun amateur, sans doute, n'a jamais rencontrées au cours de
ses pérégrinations. Membre de la chambre des Communes, allié par
son nom, par des travaux spéciaux, par son immense fortune, à la
finance, à l'industrie, au commerce du monde entier[1], Mr Brassey
se voyait entouré, dès son arrivée dans les ports, de tous les fonc-
tionnaires politiques et de toutes les notabilités du pays. Embarqué
sur son propre yacht, il n'avait point à se soucier des jours de

---

1. Mr Brassey a publié divers ouvrages sur des sujets économiques, entre
autres : *Work and wages* (Travail et salaire), *Lectures on the Labour question*
(Lectures sur la question du travail), *Trades Unions,* etc. Son père, grand cons-
tructeur de chemins de fer, a participé à l'établissement de 1500 kilomètres de nos
voies ferrées.

départ des paquebots, ni à régler son itinéraire en conséquence. Exempt de ces considérations matérielles qui pèsent, d'ordinaire, sur les volontés les plus zélées, il pouvait, de chaque point où son navire jetait l'ancre, rayonner au loin dans l'intérieur et s'initier ainsi à tous les détails de la vie locale. C'est encore là un des côtés caractéristiques de l'expédition narrée dans ce livre. Partout où le *Sunbeam* s'arrête, ses hôtes organisent des expéditions aux environs ; les fatigues, les dangers semblent n'entrer pour rien dans leur programme. S'il y a un pic à voir, on en fait l'ascension ; s'il y a un cratère, un lac de feu à visiter, on s'enfonce bravement dans la lave pour s'en rapprocher ; si l'on a circulé le matin, on écrit le soir ; si l'on revient trop tard pour mettre en ordre ses notes, ou les plantes, les insectes qu'on a pu récolter, on est debout le lendemain de grand matin.

Car tout le monde travaille sur le *Sunbeam* : Mrs Brassey tient le journal ici publié, apprend l'espagnol, lit « le plus possible des sept cents volumes qu'on a emportés à bord » ; Mr Bingham fait les dessins qui se succèdent dans ces pages comme un panorama des merveilles du globe ; le docteur Potter surveille les collections d'histoire naturelle ; le capitaine Lecky et le commandant Brown, de la Marine royale, qui sont sur le yacht en amateurs, pendant une partie du voyage, communiquent à leurs hôtes « le résultat de leurs études sur l'astronomie nautique et sur la théorie des ouragans. » Quant à Mr Brassey, qui seul dirige le navire pendant une traversée de près de 35,400 milles marins[1], dont 20,400 à la voile, qui le pilote dans les parages les plus scabreux, qui l'entre dans les ports les plus difficiles, on peut croire qu'il n'était pas le moins occupé. « Les marchands chinois, dit l'auteur dans le chapitre sur Hong-

---

1. Soit : 65,560 kilomètres ou 16,390 lieues de terre.

kong, ont été si enthousiasmés à l'idée que Tom avait eu la hardiesse de prendre sa famille avec lui sur un yacht pour circuler autour du monde, qu'ils vont lui offrir un banquet. » Marins et profanes partageront ce sentiment.

On a lu, plus haut, que les enfants de M^r et Mrs Brassey les accompagnaient. Bien que ces quatre jeunes voyageurs, dont l'aîné avait alors treize ans et le dernier quinze mois, ne soient pas les moins intéressants parmi les hôtes du *Sunbeam*, ils n'occupent dans ce récit qu'une place limitée. L'auteur a trop d'esprit pour les imposer au lecteur, de même qu'ils sont, eux, trop bien élevés pour s'être jamais rendus gênants. On les rencontre, de temps en temps, au haut du pic de Ténériffe, devant le lac de feu de Kilaouéa, ou sur le pont, dans la tempête et l'incendie ; on relève, de ci de là, des traits de leur sang-froid ; on recueille, parfois, leurs impressions sur les régions et sur les peuples qu'ils visitent et, les trouvant toujours calmes, braves, judicieux, on songe que ce sont des enfants qui ont appris, de bonne heure, à ne pas avoir peur, à se dominer dans le danger, à savoir que leur pays n'est pas seul en ce monde et qu'il y a du bon en dehors de lui, à sentir ces liens de solidarité qui nous unissent aux hommes « de tous les climats, de toutes les races et de toutes les conditions », auxquels leur mère a dédié son livre. Bien venue soit la fortune, quand elle donne le moyen d'élever ainsi la jeunesse !

Un mot maintenant sur la façon dont la traduction de cet ouvrage a été comprise par celui à qui l'auteur a bien voulu la confier. Mrs Brassey aime les choses de la mer, théoriques et pratiques, et elle en parle la langue d'autant plus librement qu'elle s'adresse à un public familiarisé avec le vocabulaire du marin. C'eût été enlever au livre un de ses charmes et un de ses traits particuliers que de lui faire perdre, en le traduisant, ce parfum maritime qui imprègne si fortement le texte original. Les expressions techniques ont donc été maintenues; mais comme, en même temps, beaucoup d'entre elles couraient le risque d'être étrangères au lecteur français, des notes explicatives ont été placées au bas des pages pour en indiquer le sens. La même précaution a été prise pour certains termes spéciaux à l'extrême Orient, à la vie anglaise dans les colonies, et pour divers noms de plantes et d'animaux. Quant aux évaluations numériques, elles ont toutes été converties en unités françaises.

Puissent ces efforts contribuer à appeler sur ce récit la sympathie du public français, à rendre plus attrayant pour le lecteur le voyage qu'il va faire sur le *Sunbeam,* à lui inspirer un peu d'affection pour cette mer dont on aime jusqu'aux violences et dont on évoque les horizons même à travers les plus amers souvenirs, quand une fois elle vous a bercé au bruit de ses vents et de ses flots !

J. BUTLER.

Paris, décembre 1878.

DESCRIPTION DU « SUNBEAM »

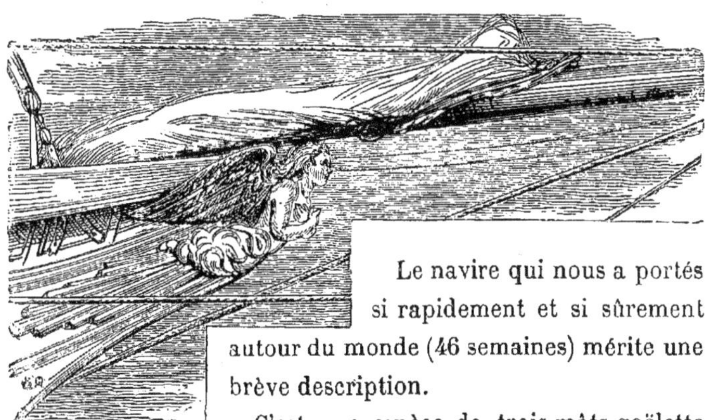

Le navire qui nous a portés si rapidement et si sûrement autour du monde (46 semaines) mérite une brève description.

C'est une espèce de trois-mâts-goëlette ayant des voiles carrées au mât de misaine, et des voiles latines seulement, au grand mât et au mât d'artimon. Il a été construit d'après les plans de M. St-Clare Byrne, de Liverpool.

La machine, sortie des ateliers de Mr Laid, a une force nominale de 70 chevaux; elle a donné aux expériences une vitesse moyenne de 10 nœuds, 13. Les soutes contiennent 80 tonnes de charbon. La consommation moyenne est de 4 tonnes par jour; la vitesse moyenne est de 8 nœuds par beau temps.

Les principales dimensions sont : longueur, 47^m; largeur au maître-bau, 8^m 25; déplacement, 531 tx.; surface du maître-couple, 13^m 10.

Le parcours total a été de 35,375 milles marins, dont 20,396 à la voile et 14,979 à la vapeur.

Coucher de soleil à Southampton.

CHAPITRE PREMIER

ADIEU A L'ANGLETERRE

Le voyage du *Sunbeam* a commencé le 1er juillet 1876; toutefois, diverses circonstances nous ayant amenés à relâcher sur la côte d'Angleterre, d'abord à Cowes, puis à Torbay, ce fut seulement le 7 que nous prîmes définitivement la mer. Ainsi qu'on le verra par la liste placée à la fin de ce volume, nous étions quarante-trois à bord. Nous avions, en outre, avec nous, deux chiens, trois oiseaux, et un charmant petit chat persan, appartenant au *baby*, qui disparut, malheureusement, le jour de son arrivée sur le yacht On eut, pendant quelque temps, l'espoir de le découvrir dans la soute aux voiles, où il aurait pu se trouver emprisonné; mais les recherches faites étant demeurées vaines, nous conclûmes qu'il était tombé à l'eau par un des écubiers [1], et les enfants furent

1. Trou pratiqué dans la muraille du navire pour le passage des chaînes et des câbles.

inconsolables jusqu'à ce qu'ils eussent découvert, à Torbay, un remplaçant au « pauvre Lily ».

La traversée de la Manche fut pénible, et chacun de nous paya son tribut à la mer. Mais tout le monde était de bonne humeur ; un soleil éclatant brillait au-dessus de nous : ce sont là d'excellentes conditions pour oublier les inconvénients du roulis et du tangage.

Dimanche, 9 juillet.—Ouessant est dépassé ; nous sommes déjà loin de la vieille Angleterre. La mer était terrible aux abords de l'île bretonne, et déferlait en montagnes d'écume sur les rochers dentelés qui en forment la pointe. Un pilote, qui croisait au large, est venu nous offrir de nous conduire à Brest, « à l'abri de la prochaine tempête. » Cette visite a été le seul incident de la journée. Une pluie battante s'est ajoutée à nos autres désagréments ; dès six heures et demie, tout le monde parut d'avis que le lit était le seul endroit du bord où l'on pût trouver quelque repos.

Deux jours plus tard, le temps s'était légèrement amélioré ; mais la mer demeurait très-houleuse, le navire embarquait beaucoup d'eau et il fallait se faire attacher ou s'accorer soi-même avec soin, pour pouvoir rester assis sur le pont. Les provisions supplémentaires de toutes sortes qu'emporte le *Sunbeam*, vivres, eau, charbon, mâts de rechange, etc., le rendent plus lourd à la lame qu'il ne l'est habituellement, et la mer en profite pour nous envahir, un peu de tous côtés. Ces invasions ont fait, du reste, la joie des enfants, qui s'amusaient à les repousser, armés d'éponges et de fauberts, en chantant et en dansant ; protestant que l'eau de mer ne fait jamais de mal, lorsqu'une lame, qui les aspergeait de la tête aux pieds, les condamnait à aller changer de vêtements.

A l'issue du repas de cinq heures, cependant, un grave accident a failli arriver. Nous étions tous groupés sur l'arrière, admirant les longues et hautes vagues bleu sombre qui nous soulevaient sur leurs crêtes blanches, en nous lançant des gerbes d'écume. Tom regardait le compas[1], avec Allnutt à côté de lui. M. Bingham et

1. Boussole.

M. Freer fumaient, en avant de la coupée[1]. Le capitaine Lecky, assis sur une glène de cordages auprès du gouvernail, racontait une histoire à Mabelle. Le capitaine Brown, le docteur Potter, Muriel et moi étions debout, un peu plus loin. Tout à coup, un novice qui était à la barre, donne un faux coup de gouvernail, à l'instant où une lame énorme fondait sur le yacht, et une véritable trombe d'eau balaye aussitôt le pont, de l'avant à l'arrière. Allnutt est renversé, bousculé ; sa rare présence d'esprit, qui lui permet de se cramponner à la muraille du bâtiment avec les mains et les

Un coup de mer.

genoux, l'empêche seule d'être lancé par dessus le bord. Kindred, le maître d'équipage, qui voit le danger que court l'enfant, se précipite à son aide et est culbuté à son tour par une autre vague.

La glène sur laquelle le capitaine Lecky et Mabelle étaient assis, est emportée ; sans l'instinct tout providentiel qu'a eu le capitaine

1. Ouverture où s'adapte l'échelle qui donne accès à bord quand le navire est au mouillage. On la ferme à la mer, avec une porte mobile.

de saisir fortement un bout de cordage et de jeter son bras autour de la taille de sa voisine, ils étaient enlevés tous les deux. Ni l'un ni l'autre, d'ailleurs, ne perdit son sang-froid. « Tenez bon, capitaine, fit simplement Mabelle; » à quoi, lui, répondit : « *All right* ». Depuis, quand j'ai demandé à ma fille si elle avait songé qu'elle courait le risque d'être entraînée à la mer, elle m'a dit que « nonseulement elle l'avait craint, mais qu'elle avait cru que c'était fait ». Nous fûmes tous trempés, à l'exception de Muriël que le capitaine Brown avait soulevée dans ses bras et qui s'empressa de faire remarquer triomphalement « qu'elle n'était pas du tout mouillée. » Les enfants ne savent pas ce que c'est que la peur.

Peu après cette aventure, nous allâmes nous coucher, heureux d'en être quittes à si bon compte; mais je n'étais pas, personnelment, au bout de mes tribulations. Deux heures plus tard, en effet, j'étais réveillée par un énorme paquet de mer qui venait inonder mon lit. Un matelot, voyant le temps s'amender et connaissant mon goût pour l'air frais, avait ouvert prématurément la claire-voie [1], et une méchante lame qui était entrée à bord, avait pu ainsi pénétrer jusqu'à moi. J'allumai une lumière et me mis à la recherche d'un endroit sec pour m'y étendre; mais ma couchette était trempée, toutes les autres étaient occupées, et je dus me résigner à me blottir dans un coin, enveloppée dans un ulster, appuyée de mon mieux, par les pieds et la tête, pour pouvoir résister au roulis du navire. Lorsque le jour se fit, l'horizon s'éclaircit et le vent tomba peu à peu Le soir, il faisait calme et le yacht mit à la vapeur. Cette nuit-là fut la première réellement chaude, dont nous ayons joui depuis notre départ. Les étoiles étincelaient; la mer, d'un beau bleu dans l'après-midi, devint légèrement phosphorescente après le coucher du soleil.

Jeudi, 13 *juillet*. — Quand je montai sur le pont, à six heures et demie, je trouvai un temps gris, calme, annonçant une journée chaude et sans vent. Vers dix heures et demie, le cri « un navire

---

1. Ouverture fermée par une glace mobile, qui donne accès à l'air et au jour dans les cabines.

à bâbord ! » causa un émoi général, et en quelques minutes toutes les jumelles et longues-vues du yacht étaient braquées sur le point de l'horizon indiqué par la vigie du gaillard d'avant. Le navire signalé n'était qu'une épave. Ordre fut donné de gouverner de son côté, pendant que les questions et les suppositions se succédaient de bouche en bouche. « Pouvez-vous lire son nom ? » — « Y a-t-il du monde à bord ? » etc. Bientôt nous en fûmes assez près pour pouvoir y envoyer une embarcation. C'était un bâtiment de deux cent cinquante tonneaux, peint en bleu avec une ligne rouge au-dessus de la flottaison et un écusson jaune à l'arrière, sous lequel on lisait « Carolina. » Les deux mâts avaient été brisés à quelques pieds au-dessus du pont ; les bordages manquaient en différents endroits, si bien que chaque vague passait à travers aussi bien que

La « Carolina. »

par-dessus la coque. Du yacht, nous pouvions voir les hommes expédiés en reconnaissance, furetant et regardant de tous côtés : ils paraissaient très-satisfaits. Quelques-uns d'entre eux revinrent dire que la *Carolina* était chargée de liége et de vin de Porto ; ils demandaient des barils pour pouvoir rapporter du vin. Je mis mes bottes de mer et les accompagnai.

Nos marins me semblèrent un peu surexcités par leur découverte. Déjà ils avaient rempli un baril et faisaient de grands efforts pour arriver à dégager les pièces pleines ; mais cette opération eût exigé beaucoup plus de temps que nous n'en avions à perdre, et il leur fallut se contenter de trois petits tonneaux à moité vides, qu'ils parvinrent à saisir en se penchant au-dessus de la cale. Avec ses ballots de liége, ses pièces de bois, ses barriques flottant dans tous les sens, l'intérieur de l'épave offrait un curieux spectacle. J'aperçus un superbe four de campagne, roulant de droite et de gauche ; mais tous les objets faciles à emporter, ainsi que les cordages et les espars de rechange, avaient été probablement enlevés par de précédents visiteurs.

Le port le plus rapproché étant éloigné de nous de 375 milles, nous ne pouvions songer à y remorquer la *Carolina ;* autrement nous aurions eu le droit de réclamer les quarante mille francs auxquels les connaisseurs en estimaient la valeur. Comme elle était, en outre, trop enfoncée dans l'eau pour que nous pussions la faire sauter avec les moyens limités dont nous disposions, nous l'abandonnâmes à son sort, en souhaitant de tout notre cœur qu'un mauvais hasard ne la jetât pas, durant une nuit obscure, sur le passage d'un navire : car la rencontre de cette carcasse à moité submergée pourrait être aussi dangereuse que celle d'une roche sous-marine.

Vendredi, 14 *juillet.* — Les feux ont été éteints hier, et nous naviguons à la voile ; mais une forte houle d'ouest nous tourmente et rend difficile, même de lire. Vers le soir, cependant, la brise a augmenté, en changeant un peu de direction, et le *Sunbeam* ayant pu établir toute sa voilure, se trouve beaucoup mieux soutenu. Le ciel est clair ; la mer étend à perte de vue sa grande nappe bleue ; le vent est tiède ; rien n'égale le plaisir d'être assis sous la tente, par une de ces belles soirées où se résument et se révèlent toutes les fascinations de la vie de yacht.

Notre petit groupe vit en parfaite intelligence, quoique plusieurs de ceux qui le composent se connussent à peine, il y a quinze jours. Nous sommes, d'ailleurs, si occupés que nous ne nous voyons guère qu'aux heures des repas, et alors les sujets de conversation ne manquent pas. Le capitaine Lecky nous initie à ses travaux sur l'astronomie nautique et la théorie des ouragans, dont le capitaine Brown et Tom font une étude particulière. M. Freer se livre au même genre de besogne. M. Bingham dessine. Le docteur Potter m'aide à donner des leçons aux enfants, lesquels, Dieu merci, se portent le mieux du monde. Moi, je lis et j'écris, ou j'apprends l'espagnol. Quant à nos domestiques, ils commencent à se faire à leur nouveau rôle, et le personnel de la cuisine a même droit à des éloges spéciaux. Il n'y a que les femmes de chambre qui ne soient pas encore rompues au mauvais temps ; mais nous approchons de latitudes plus calmes, et les nuits mouvementées ne sont plus autant à redouter.

L'après-midi, pendant que Tom et moi lisions à l'arrière, l'homme de barre[1] signala tout à coup « la terre par le bossoir de bâbord. » Nous savions, d'après la distance que nous avions parcourue, que l'homme se trompait et, en regardant dans sa jumelle, Tom reconnut que la prétendue terre était une masse épaisse de brouillard qui s'avançait vers nous, *contre* le vent. Le capitaine Brown et le capitaine Lecky montèrent sur le pont et firent carguer les voiles hautes, redoutant un grain. Quelques minutes plus tard, nous avions perdu notre belle brise et notre brillant soleil ; nos voiles pendaient, inertes, le long des mâts et nous nous trouvions enveloppés dans une brume si dense, qu'il devint impossible de voir d'un bout à l'autre du navire. Il paraît que ce phénomène est tout à fait extraordinaire ; le capitaine Lecky qui a passé maintes fois dans ces parages, au cours de ses nombreuses expéditions, déclare n'avoir jamais rien vu de semblable. Le brouillard augmenta, à l'approche de la nuit, et les embarcations furent tenues prêtes à être amenées[2]. On mit deux hommes au gouvernail, deux en vigie près des bossoirs ; un maître se plaça sur la passerelle à côté du sifflet à vapeur et de la cloche ; en sorte qu'en cas d'abordage, nous aurions eu, du moins, la satisfaction de pouvoir dire que, du côté du *Sunbeam*, toutes les précautions édictées par la loi avaient été prises scrupuleusement.

1. Celui qui gouverne.
2. Mises à l'eau.

Samedi, 15 juillet. — Entre minuit et quatre heures du matin, le brouillard disparut aussi subitement qu'il était venu. Évidemment, il occupait une zone d'une certaine largeur, vu le temps que nous avons mis à la traverser. A 5 heures 30 minutes, quand Tom m'appela pour voir passer un steamer, l'horizon était parfaitement clair. Ce bâtiment s'appelait le *Roman;* nous en passâmes si près que nous pûmes échanger des saluts avec les officiers. Dans la journée, la brise s'est levée ; si elle se soutient, nous serons demain à Madère.

Madère, vue du large.

CHAPITRE DEUXIÈME

MADÈRE, TÉNÉRIFFE ET LES ÎLES DU CAP-VERT

Dimanche, 16 *juillet.* — Porto-Santo s'étant montré ce matin à l'heure prédite la veille, à un quart de mille devant nous, par bâbord, nos trois navigateurs se sont félicités mutuellement de leur bon atterrissage. C'est une curieuse petite île, située à trente-cinq milles dans le nord-est de Madère, avec un haut pic au centre, dont nous n'apercevions que le sommet, surgissant au milieu des nuages. Peut-être n'est-il pas sans intérêt de rappeler que ce fut en voyant les morceaux de bois et les débris apportés par la mer sur la côte de Porto-Santo, que Christophe Colomb, qui avait épousé la fille du gouverneur de cette île, soupçonna l'existence du Nouveau Monde.

Une heure plus tard, nous découvrions Fora et son phare, à l'extrémité est de Madère; et peu d'instants après, les montagnes qui occupent le centre de cette dernière île, se dressaient à l'horizon. A mesure que nous approchions de la terre, la beauté du paysage devenait plus frappante. Une masse de rochers volcaniques d'un rouge sombre, dont le sommet et les flancs sont couverts d'une végétation luxuriante, sort du sein de la mer. Des petits rocs détachés et une étrange petite île, pointue, avec une sorte d'arche au milieu, comme celle du Roc-Percé de la Nouvelle-Écosse, complètent l'aspect pittoresque de l'ensemble. Nous défilâmes lentement, à la vapeur, le long de la côte est, passant devant des hameaux coquettement nichés au fond des criques ou perchés sur le versant des collines, et remarquant le soin avec lequel les plus petits recoins habitables semblent être terrassés et cultivés. La canne à sucre, le maïs, la vigne et un grand nombre de plantes semi-tropicales ou tropicales, poussent dans ce beau climat. Les habitants sont, pour la plupart, des gens aux mœurs simples, dont beaucoup n'ont jamais quitté leurs villages : pas même pour admirer le magnifique paysage qu'on découvre des hauteurs, ou pour regarder l'immense nappe d'eau qui les entoure.

Nous jetâmes l'ancre à midi, dans la baie de Funchal, et le déjeuner n'était pas fini que nous étions déjà environnés d'une véritable flotte de petits bateaux[1]. Aucun d'eux, cependant, n'osa communiquer avec nous, avant que le médecin chargé du service de la santé, nous eût accordé « la libre pratique ». A cet instant, chacun se plaignait de la chaleur qui est devenue excessive depuis hier, et que l'on attribue au vent appelé « Este » qui souffle directement des déserts de l'Afrique. Le thermomètre marquait 27° à bord, aux endroits les plus frais, et 46° à l'ombre, sur le rivage. Le steamer *Ethiopie,* arrivé avant-hier de la côte occidentale d'Afrique, était à l'ancre auprès de nous ; les enfants allèrent voir sa cargaison de singes et d'oiseaux, et le résultat de cette visite fut l'importation, sur le *Sunbeam,* d'une demi-douzaine de perroquets. Quant aux singes, ils ne manquèrent pas d'exciter des tentations parmi notre petit monde ; mais ils étaient trop gros pour nous.

Le service religieux a été célébré à quatre heures, et nous

---

[1] Les gens de ces bateaux sont généralement coiffés de petites calottes de drap, terminées en pointes comme celles des clowns.

sommes descendus à terre, à cinq heures, dans un bateau du pays, la mer étant trop forte pour nos embarcations. Une sorte de traîneau double, tiré par deux bœufs, nous attendait sur le rivage et nous a conduits très-lestement à la « Praça », où les habitants de Funchal se promenaient à l'ombre de magnifiques magnolias. Ces arbres atteignent, à Madère, des dimensions inconnues dans nos contrées ; de même, la menthe et d'autres plantes qui ne poussent en Angleterre que sous la forme d'arbrisseaux. Comme c'était jour de fête, les rues étaient remplies de gens de la ville et de la campagne dans leurs plus beaux costumes. Les portes et les balcons disparaissaient sous les fleurs ; le pavé était jonché de roses et de branches de myrte qui, écrasées par les piétons et les traîneaux, embaumaient l'air de leurs parfums.

Vingt minutes suffirent à notre véhicule pour nous conduire à Til, d'où l'on a une vue féerique de la ville et de la baie. Nous passâmes, chemin faisant, devant plusieurs cottages dont les hôtes, assis sur le seuil de leurs portes, se reposaient de la chaleur du jour, en humant la brise fraîche de la soirée. De ci, de là, une grille ouverte permettait au regard de plonger dans l'intérieur des jardins. Partout, l'œil rencontre la même richesse de végétation, la même variété de plantes et de fleurs, la même multiplicité d'arbres et de fruits. On se résigne difficilement à écourter de pareilles soiréés, et Allnutt qui avait chassé avec succès le papillon de nuit, pendant que nous admirions le paysage, ne fut pas le seul à regretter que l'heure déjà avancée nous rappelât à bord du yacht.

Le lendemain matin, à sept heures, nous visitions le marché au poisson ; mais comme il n'y avait pas eu de lune pendant la nuit, circonstance défavorable à la pêche, nous n'eûmes guère à remarquer que les costumes pittoresques des marchands et des porteurs. Le marché aux fruits n'était pas beaucoup mieux garni : les provisions y arrivent, des villages de la côte, dans des barques qui sont forcées d'attendre la brise du large pour commencer leur traversée, et c'est seulement vers midi qu'on peut juger des étalages. Nous venions donc beaucoup trop tôt. Pour nous dédommager, les enfants et moi fûmes à la plage, prendre un bain. On se déshabille sous des tentes où il fait une chaleur étouffante, et on est averti de ne pas

aller trop loin, de peur des requins. Comme on perd pied à peine
dans l'eau, les nageurs inexpérimentés se munissent de deux vessies qui, vues derrière leur dos, sont d'un effet comique. Les habitants de Madère semblent, du reste, avoir des mœurs d'amphibie.
Le yacht est entouré, toute la journée, de bateaux pleins de jeunes
enfants, et il suffit de leur jeter la moindre pièce de monnaie, pour
qu'ils aillent tous au fond s'en disputer la possession. D'autres fois,
ils disparaissent d'un côté du navire et reparaissent de l'autre, avant
qu'on ait eu le temps de traverser le pont pour les voir remonter à
la surface.

Porteurs de poissons.

Une autre particularité du pays, curieuse à signaler, est le
moyen employé pour descendre les pentes. On monte dans des
traîneaux en osier, contenant chacun deux personnes et servis par
deux hommes attachés l'un à l'autre, qui les poussent par derrière,
avec une vitesse vertigineuse. Nous avons descendu, de cette façon,
la montagne ; la sensation est beaucoup plus agréable qu'on ne
pourrait l'imaginer. Les hommes dirigent les traîneaux avec une
grande habileté, malgré les zigzags de la route ; et les tournants les
plus brusques, où il semble qu'on doive infailliblement verser, sont

franchis avec une rare dextérité, les pieds des conducteurs faisant, à l'occasion, l'office de frein. Les enfants ont paru s'amuser beaucoup de cette locomotion. De fait, le seul danger est de voir le panier d'osier prendre feu sous l'action de la chaleur produite par le frottement des patins en acier du traîneau, sur le gravier du chemin.

Mardi, 18 *juillet*. — Nous étions debout ce matin à quatre heures et demie, ayant décidé d'aller déjeuner au haut du Gran-Corral, à 1500 mètres au-dessus du niveau de la mer. L'instant fixé pour notre départ est, sans doute, celui où les gens du pays ont coutume de se baigner ; car notre embarcation a eu de la peine à se frayer un chemin au milieu des innombrables amateurs, de tous les âges et des deux sexes, qui faisaient leur plongeon du matin. Des familles entières, depuis le grand-père à lunettes jusqu'au baby tenu dans les bras, s'ébattaient dans l'eau ; beaucoup, avec l'aide des disgracieuses vessies dont j'ai déjà parlé. Ce spectacle, nouveau pour nous, était réellement très-drôle. Notre petite cavalcade mit quelque temps à se former ; mais quand nous fûmes à cheval, au nombre de onze, et que le sabot de nos montures fît résonner le pavé des rues, nous eûmes un certain air imposant qui parut intriguer les habitants ; car, malgré l'heure matinale, les jalousies s'ouvraient, pour permettre aux curieux d'assister à notre défilé. Les points de vue que l'on découvre soit au haut des montées, soit le long des ravins qui se succèdent sur la route, sont très-variés et tous jolis. A mi-chemin, nous nous sommes reposés un instant sous un délicieux treillis de vignes, à côté d'un torrent bordé de fougères ; puis, laissant derrière nous les jardins et les vignes, nous avons traversé une série de bois de châtaigniers espagnols, au-dessous desquels s'étendait l'immense tapis de verdure qu'on retrouve dans presque tous les paysages de l'île.

Cette marche sous les arbres dura jusqu'à dix heures, où nous débouchions en face du Gran-Corral, ayant à choisir entre l'ascension d'une colline, en forme de cône, située à notre gauche, et le pic de Torrinhas, à notre droite. Le pic eut la préférence, quoique d'accès plus difficile, à cause du beau panorama qu'il promettait,

et quelques-uns des paysans qui faisaient cercle autour de nous, se
mirent à nous pousser et à nous hisser le long de la pente glis-
sante, semée de grosses pierres, dont le faîte devenait le but de
notre promenade.

A mesure qu'on s'élève, la vue de la vallée, qu'on aperçoit au
fond d'un précipice de 450 mètres de profondeur, devient d'une
beauté saisissante. Au bas et au milieu des innombrables ravins et
des petits rochers qui l'entrecoupent, nous pouvions distinguer les
terres cultivées. Au-dessus de nos têtes se dressaient les cimes
dentelées des hauts pics, Pico-Ruivo et autres, que nous avions
déjà vus du yacht, le jour de notre atterrissage.

Nous revînmes lestement au bois de châtaigniers, car il était
maintenant onze heures, et nous étions tous affamés. Malheureusement le déjeuner n'était pas encore arrivé, et nous dûmes nous
résigner à remonter à cheval, pour aller au-devant de lui. M. Miles, le
maître d'hôtel, avait promis que nos provisions seraient expédiées
à neuf heures, et il était plus de midi quand nous rencontrâmes
ses gens, portant les paniers sur leurs têtes.

Le luncheon eut lieu sur la terrasse d'une villa inhabitée, à
l'ombre des camélias, des fuchsias, des myrtes, des magnolias, en
face d'un paysage incomparable, dont l'Océan formait le fond. Après
quoi nous retournâmes à Funchal, puis à bord.

Mercredi, 19 *juillet*. — Nous étions tellement fatigués de notre
expédition d'hier, qu'il était déjà neuf heures quand nous nous
trouvâmes réunis pour le bain du matin, que nous continuons à
prendre sans trop nous soucier des requins. M^r et Mrs Blandy
nous avaient engagés à luncher avec eux; mais je me suis sentie si
lasse que je n'ai pas quitté le yacht avant six heures du soir. J'ai
visité le cimetière anglais, qui est parfaitement entretenu. Les
allées sont bordées de poivriers, sur lesquels grimpent des bougainvillées; autour de certaines tombes, les grilles disparaissent
sous des massifs de stéphanotis en fleurs. Quelques-unes des in-
criptions sont véritablement touchantes, et le cœur se serre à la
pensée de tant d'existences prématurément tranchées[1]. Les habi-

---

[1] On envoie en effet beaucoup de poitrinaires à Madère.

tants de Madère se plaignent que la mort vienne si souvent rompre, inopinément, les relations qui s'établissent entre eux et les per-sonnes envoyées sur leurs falaises pour y chercher la santé ; c'est la seule ombre — ombre mélancolique ! — au tableau enchanteur de leur île.

Après une visite au beau jardin de Mrs Foljambe, nous sommes rentrés à bord, pour recevoir quelques visites. Nos hôtes, malheu-

Une encoignure.

reusement, n'étaient pas faits au mouvement de la mer, et deux ou trois d'entre eux ont dû se retirer presque immédiatement. On a beaucoup admiré le yacht, particulièrement certaines encoignures sous le rouf[1]. La soirée était superbe. Vers dix heures, après

[1] Sorte de maison en bois élevée sur le pont.

la retraite de nos visiteurs, nous sommes partis à la vapeur.
Une petite brise qui soufflait au large a ensuite permis d'établir
les voiles.

Jeudi, 20 *juillet*. — La journée s'est passée en préparatifs pour
notre visite à Ténériffe. Le vent étant tombé vers midi, nous avons
essayé de pêcher; mais sans succès, bien que nous ayons aperçu
beaucoup de bonites[1]. Il a fait extrêmement chaud. Lorsque, à huit
heures du soir, le yacht s'est remis à marcher à la vapeur, et que
son déplacement a donné un peu de fraîcheur, chacun a poussé un
soupir d'allégement.

Vendredi, 21 *juillet*. — Nous nous sommes levés de grand matin,
anxieux de découvrir le Pic de Ténériffe; mais l'horizon était légèrement brumeux, et c'est seulement après dix heures qu'on a
aperçu le fameux Pic, dominant les nuages, à une soixantaine de
milles devant nous. Les montagnes qui l'entourent sont si élevées,
qu'en dépit de sa forme de pain de sucre, on se figure difficilement
qu'il a une hauteur de 3,654 mètres[2]. Nous avons mouillé à Orotava,
de préférence à Santa-Cruz, la capitale; le premier de ces mouil-
lages est plus sain que l'autre, et on y est plus près du Pic, dont
nous voulons faire l'ascension. Quand je suis allée à terre avec le
capitaine Lecky, pour voir le vice-consul, M. Goodall, et pour arranger notre expédition, il faisait une chaleur excessive et les rues
étaient désertes. M. Goodall a immédiatement dépêché un messa-
ger dans la montagne pour recruter des guides et des chevaux,
qu'il est assez difficile de se procurer dans un aussi bref délai, et
nous sommes retournés à bord à l'heure du dîner, après avoir
heureusement terminé tous nos préparatifs. On s'est couché à
sept heures pour se relever à dix heures et demie; vers minuit,
nous arrivions au Consulat. Comme les chevaux se faisaient attendre, nous en avons profité pour nous étendre sur nos couvertures,

---

[1] Espèce de thon, à ventre rayé.

[2] Le Pic apparait, d'abord, sous la forme d'un grand triangle blanc, et on est
tenté de le confondre avec les nuages qui dérobent sa base et ses flancs.

Plaines de « Retama »

dans le *patio*, chacun sentant que les fatigues de l'ascension exigeaient que l'on fît provision de forces.

Nos montures arrivèrent, une à une, des villages voisins, accompagnées de leurs propriétaires, et le bruit de leurs pas causa plus d'une fausse alerte. Ce ne fut, cependant, qu'à deux heures que notre cavalcade, comprenant douze personnes, se trouva organisée ; quelques minutes plus tard, nous sortions de la ville par un sentier pierreux, bordé de murs très-bas. Il n'y avait pas de lune, et les deux premières heures se passèrent dans une obscurité quasi complète. Bientôt pourtant, les premiers rayons de l'aurore nous permirent de nous apercevoir l'un l'autre et d'admirer la belle vue qui s'offrait à nos regards ; puis nous dépassâmes la région des nuages, lesquels, vus alors d'en-dessus, présentaient un curieux et singulier aspect. La zone que nous venions de traverser était si dense et si blanche, qu'on eût dit un énorme glacier couvert de neige fraîchement tombée, pendant que les sommets des autres îles Canaries avaient l'air d'appartenir simplement à de grands rochers.

Le soleil était déjà devenu brûlant ; à sept heures et demie, on fit halte pour déjeuner et pour donner à boire aux chevaux. A huit heures et demie, nous nous remettions en selle pour nous engager dans une plaine de pierre ponce, d'un blanc jaunâtre, parsemée de gros blocs d'obsidiane, lancés par le volcan. Tout d'abord les genêts en fleurs et les massifs de *retama blanca,* hauts de plus de 2 mètres, firent diversion à la monotonie du paysage. Mais toute trace de végétation disparut à mesure que nous avancions ; on se serait cru dans le Sahara. De chaque côté de nous s'étendait une vaste bande, jaunâtre et sablonneuse, de pierre ponce ; de ci de là, se dressait un fragment de rocher, qu'on aurait dit fondu dans quelque immense fournaise. A dix heures et demie, nous avions atteint *l'Estancia de los Ingleses* (2,891 mètres au-dessus du niveau de la mer) ; on y laissa le bagage avec quelques-unes de nos montures, et les selles passèrent sur des mules qui conviennent mieux que les chevaux pour gravir les pentes si escarpées que nous avions devant nous. Alors commença l'ascension d'un sentier presque vertical, fait de lave et de pierre, qui est la seule voie praticable conduisant au sommet. Nos pauvres bêtes pouvaient à peine faire

quelques pas sans s'arrêter pour reprendre haleine. La lave et les
cendres présentaient heureusement une bonne prise à leurs pieds;
autrement, il leur aurait été tout à fait impossible d'avancer. Nous
ressemblions à des mouches grimpant en file le long d'un mur, et
il fallait voir au-dessus de soi son compagnon, pour se sentir encou-
ragé à continuer. Le sentier, si tant est qu'on puisse lui donner ce
nom, est une ligne brisée dont chacune des parties n'a pas plus de
la longueur d'un cheval, en sorte que nous étions successivement
les uns au-dessus des autres. Il y eut, naturellement, des chutes et
des glissades, mais personne ne se fit de mal, et au bout d'une
heure et demie nous arrivions sur l'*Alta Vista,* petit plateau où
nos montures devaient rester.

L'expédition avait été si fatigante et la chaleur était si intense
que les enfants et moi demeurâmes là, laissant les hommes achever
seuls le reste de l'ascension. Nous essayâmes de trouver un peu
d'ombre; mais le soleil se trouvait si immédiatement au-dessus de
nous que cela était presque une impossibilité. Nous parvînmes
pourtant à nous tasser sous un pan de rocher légèrement incliné,
et je pris des photographies tandis que les enfants dormaient. Les
guides apportèrent un petit baril plein de glace, provenant d'une
caverne à côté de nous; rien ne pouvait venir plus à propos.

Trois grandes heures s'écoulèrent avant que Tom et le capitaine
Lecky reparussent, suivis bientôt du reste de la bande. D'après le
récit qu'ils en firent, l'ascension du sommet était impossible pour
une femme. Ils avaient eu d'abord à se cramponner à d'énormes
blocs de lave pour atteindre la *Rambletta* (3,440 mètres au-dessus
du niveau de la mer); ensuite, le cône lui-même avait dû être
gravi, sur une longueur de 159 mètres et sous un angle de 44°.
Leurs pieds s'enfonçaient dans la cendre, et sur deux pas faits en
avant, ils glissaient et reculaient d'un en arrière. Mais le spectacle
qui les attendait en haut les dédommagea de leurs peines. Le terrain
sous leurs pieds était brûlant; des vapeurs de soufre et des flocons de
fumée s'échappaient, autour d'eux, des fissures du volcan, bien qu'on
ne mentionne, depuis 1706, aucune éruption de ce cratère. Ils rap-
portèrent un beau morceau de chaux calcinée, couvert de cristaux
de soufre et d'arsenic, et divers autres spécimens. Tout aride et

brûlé qu'était le sol auprès de moi, des grains d'orge tombés durant
une excursion, en donnant à manger aux mulets, y avaient pris
racine et poussé des épis ; j'y ai vu aussi des violettes, épanouies à
3,300 mètres au-dessus de la mer, bien au delà de la zone où s'arrête la végétation.

Il fallut se résigner à revenir à pied à l'endroit où on avait laissé
le bagage, en sorte que la descente fut fatigante, même pénible.
Nos pieds enfonçaient à chaque pas dans une masse mouvante de
cendres et de scories; on glissait, on tombait, on était projeté
contre un roc, au risque de se briser la face : tout cela sous un soleil
éclatant, avec le thermomètre à 26° et pas un vestige d'ombrage.
Parvenus enfin, Tom et moi, au bas de la pente, nous prîmes de
la quinine et un peu de nourriture; et l'ombre d'un grand roc
nous permit de nous étendre, pour refaire nos forces épuisées.

Nous sommes repartis à six heures, et la nuit était presque complète quand nous nous retrouvâmes dans les plaines de pierre ponce
et de *retama blanca*. Divers petits accidents survenus à nos sangles
et à nos étriers nous retardèrent un peu, et comme Tom et Allnutt
avaient pris les devants avec le docteur Potter et le guide, nous les
perdîmes bientôt de vue. Les autres guides avouèrent alors qu'ils
ne pourraient pas retrouver le chemin dans l'obscurité et, n'ayant
rencontré que trois ou quatre personnes en nous rendant au Pic,
nous avions peu de chances d'apercevoir quelqu'un qui pût nous
indiquer la direction à prendre. La situation était déplaisante. Nous
errâmes longtemps, au milieu des buissons, le long des cours
d'eau et parmi les rochers. On sonna de la trompe ; on essaya de
tous les moyens pour attirer l'attention. Pendant ce temps, chacun de nous passait par des alertes et par des incidents plus ou
moins périlleux. Mon petit cheval tomba trois fois, sans que nous
nous séparions cependant; une autre fois, il m'obligea à sauter à
terre, pour éviter de le suivre dans un torrent.

Vers dix heures, néanmoins, une lumière apparaissait dans le
lointain et ayant réveillé, à force de cris, les habitants du cottage
d'où elle provenait, nous leur promettions une bonne somme s'ils
voulaient nous montrer le chemin. Trois d'entre eux y consen-
tirent et se munirent de torches faites avec des morceaux de sapin

entourés de feuilles et de fougères. L'un habillé de blanc, con-
duisait la marche, en tenant au-dessus de sa tête un de nos flam-
beaux improvisés; le second s'était placé devant mon cheval; le
troisième guidait l'arrière-garde. Nos ombres projetées par nos
lumières, sur les nuages, avec des proportions gigantesques, rappelaient la légende du « *Spectre of the Brocken*. » Les hommes nous firent
prendre des sentiers effrayants et la dernière torche s'éteignait
quand nous arrivâmes à un petit village, où naturellement tout le
monde dormait. Mabelle et moi étions si fatiguées que nous nous
étendîmes dans la rue pour dormir, pendant qu'on cherchait un
nouveau guide qui nous conduisit à Orotava. A minuit et demi,
enfin, nous entrions chez le vice-consul; et quelques instants plus
tard, nous revenions à bord où, après avoir bu du champagne et
soupé, chacun se retira, non sans plaisir, dans sa cabine. Il était
trois heures et demie du matin; nous étions restés debout pendant vingt-neuf heures.

Une semblable expédition ne doit pas s'accomplir en un jour. Il
faut prendre des tentes et camper une ou deux nuits, sous peine de
se fatiguer outre mesure, ou de ne voir qu'en passant maint détail
qui demanderait à être observé plus longuement. Mais nous étions
trop nombreux pour qu'on pût songer à transporter si loin, et surtout si haut, les objets et les provisions qu'aurait nécessités notre
campement.

Dimanche, 23 *juillet*. — L'ordre ayant été donné hier de ne pas
laver le yacht [1] pour nous laisser reposer, il était dix heures et
demie avant que personne s'éveillât, et midi quand le premier
d'entre nous se montra sur le pont.

Longtemps avant cette heure, le *Sunbeam* avait été envahi par un
véritable flot de visiteurs. Nous avions autorisé le vice-consul à
inviter ses amis à venir voir le yacht, et ceux-ci s'étaient hâtés
d'en profiter, accompagnés, le plus souvent, de tout un cercle de
connaissances. Les premiers arrivants furent conduits dans toutes
les parties du navire; mais le nombre de nos hôtes devint bientôt

---

1. Le pont d'un navire se lave et se frotte tous les matins. De là, un bruit préju-
diciable au sommeil des hôtes des cabines, surtout lorsqu'ils n'y sont pas faits.

si grand qu'il fallut les confiner sur le pont, en ouvrant les claires-voies pour leur permettre de voir le salon et les cabines.

Depuis le déjeuner jusqu'aux prières (trois heures), où le yacht fut consigné pendant une heure, les curieux ne cessèrent d'arriver du rivage. Un semblable empressement ne laissait pas d'être gênant; mais il n'eût pas été charitable de refuser à ces braves gens l'occasion de voir ce qu'ils n'avaient jamais vu auparavant, et qu'ils n'auraient peut-être plus la chance de revoir. Des infirmes eux-mêmes se mettaient de la partie et des malheureux, que le mouvement du navire incommodait visiblement, bravaient courageusement le mal de mer pour poursuivre leur inspection.

Nous avons été à terre à cinq heures, pour nous rendre en voiture à Villa Orotava. La route est macadamisée et bordée, de chaque côté, de poivriers, de platanes et de l'*Eucalyptus globulus* qui a acquis, en sept années, une hauteur de 35 mètres. Les haies sont formées de plumbago bleu, de géranium rouge, d'acacia jaune, d'héliotrope pâle, de jasmin blanc et de roses rouges et blanches.

Après quelques kilomètres dans cette direction, nous avons pris une vieille route pavée, allant vers la mer, qui nous a conduits, avec force cahots, au fameux Jardin botanique, mentionné par Humboldt et par d'autres voyageurs. Il renferme, en effet, une une très-belle collection d'arbres et d'arbustes, de presque tous les genres connus. Le directeur, don Hermann Wildgaret a eu la gracieuseté de nous accompagner et de nous expliquer les particularités des plantes les plus intéressantes (venant d'Europe, d'Asie, d'Afrique, d'Amérique, d'Australie, de la Nouvelle Zélande et des diverses îles des mers du Nord et du Sud), qui s'offraient à nos regards. Le climat de Ténériffe est si égal que l'île constitue un véritable jardin d'acclimatation pour tous les végétaux des diverses régions du monde. En y dépensant un peu plus d'argent, le Jardin botanique pourrait servir à l'introduction en Europe de beaucoup de plantes nouvelles et précieuses. Mais il ne dispose que d'un revenu de 5,000 fr., dont 1,000 consacrés aux appointements du Directeur.

Lundi, 24 juillet. Si les fleurs sont plus belles et plus variées ici que dans nos pays, elles ont, en revanche, la vie plus courte. Celles

que nous avons rapportées de notre promenade d'hier sont déjà
flétries, tandis que j'ai pu garder jusqu'à Madère des roses cueillies
à Cowes, au moment de notre départ d'Angleterre. Il en est de
même des fruits : récoltés le matin, ils sont à peine mangeables
le soir.

Nous avons visité ce matin, dès l'aube, le jardin du marquis de
Sonzal où l'on va admirer un superbe palmier haut de 30 mètres,
et un dragonnier légendaire auquel on attribue une existence de
plusieurs siècles. Le dragonnier ressemble à un gigantesque can-
délabre, composé d'un certain nombre de *yuccas,* perchés au haut
d'une tige noueuse et légèrement difforme, moitié palmier, moitié
cactus. Nous avons vu également le jardin du marquis de la Candia ;
on y montre un immense châtaignier espagnol, contemporain du
dragonnier. D'une de ses branches, presque mortes, poussait un
arbre qu'on traitait de jeune, mais qui aurait passé pour respec-
table dans un autre pays.

Tout le monde, ici comme à Madère, a eu plus ou moins à souf-
frir de la diminution dans la récolte des vins. La plupart des
grands propriétaires ont abandonné leurs terres ; les paysans ont
émigré, par centaines, à Caraccas, dans le Venezuela. Présentement, la situation s'améliore. La culture de la cochenille semble
réussir, quoique le prix en soit peu élevé ; le café vient bien ; enfin
le gouvernement espagnol a autorisé les plantations de tabac, en
promettant d'acheter, à un prix fixé, tout ce qu'elles produiraient.
Néanmoins les gens de Ténériffe continuent à dire que leur île ne
ressemble guère à ce qu'elle était il y a trente ans, au point de vue
du nombre des habitants et de l'activité commerciale, et parlent
en soupirant « du bon vieux temps » : habitude que j'ai retrouvée
dans bien d'autres pays !

Le marquis de la Candia et don Hermann Wildgaret ont lunché à
bord avec nous. Le *Sunbeam* avait levé l'ancre et croisait devant la
côte, en nous attendant. Malgré la houle, les visiteurs n'ont pas
cessé d'affluer et le pont était littéralement couvert de paniers de
fleurs et de fruits, envoyés par nos hôtes d'hier et d'avant-hier. De
jolies Espagnoles, coiffées de la mantille et escortées de cavaliers
tenant à la main une cuvette, figuraient parmi les curieux de

cette dernière matinée. J'avoue que ce spectacle a été une épreuve pour la gravité du personnel du bord.

Immédiatement après le luncheon, nos invités nous ont quittés et nous avons fait route vers le cap Teno, à l'extrémité ouest de

Un palmier dans un jardin u'Orotava (Ténériffe).

Ténériffe, en longeant les splendides falaises de Buenavista, qui se dressent à pic, hautes de 600 mètres, au-dessus de la mer. Au loin, nous avons vu Palma et Hierro [1]; puis nous sommes passés auprès de l'île rocheuse de Gomera. Là aussi, les falaises noires, de formation volcanique, sont superbes.

Pendant la nuit, nous nous sommes approchés de Palma, grande île du groupe des Canaries, qui renferme l'un des plus remarquables *calderas*, ou bassins, que l'action volcanique ait créés.

1. L'île de Fer, à partir du méridien de laquelle on a longtemps compté les longitudes.

Les petits de Lulu.

CHAPITRE TROISIÈME

DE PALMA A RIO DE JANEIRO

Mardi, 25 juillet. — Il y a eu peu de vent durant la nuit, en sorte
que Palma était encore visible quand je suis montée sur le pont,
au petit jour. Dans la matinée, la brise s'est levée, accompagnée
d'une forte houle qui nous a fait tellement rouler que j'ai eu de la
peine à pouvoir lire. Des bancs de poissons volants ont passé près
de nous, en rasant la surface de l'eau; leurs belles ailes, éclairées
par les feux du soleil, avaient l'air d'être faites en filigrane d'argent. Ces poissons s'élèvent, parfois, à des hauteurs relativement
considérables; un d'eux est tombé à bord dans la soirée, et est
passé, de là, dans les bocaux du docteur Potter.

Samedi, 29 juillet. — Nous continuons à avoir beau temps et la
brise, restée faible depuis trois jours, a fraîchi un peu aujour-
d'hui. A midi, le soleil était si exactement vertical au-dessus de
nos têtes qu'on pouvait se tenir à l'ombre des bords de son chapeau et être protégé tout autour. Nos navigateurs ont eu beaucoup

dé peine à prendre la hauteur méridienne du soleil, ainsi que cela arrive toujours en pareil cas.

Vers deux heures, nous avons reconnu Saint-Antonio, une des îles du cap Vert et, bientôt après, Saint-Vincent. La crainte d'être mis en quarantaine à Rio-Janeiro si nous relâchions à Saint-Vincent, où l'on dit qu'il y a la fièvre, a décidé Tom à ne pas s'y arrêter. Nous avons donc réduit notre voilure et passé lentement entre les îles, pour gagner un mouillage au delà du Bird-Rock, petit îlot, de forme conique, rempli de poules de mer qui semblent y vivre très-confortablement. La ville de Porto-Grande, avec ses rangées de maisons blanches bâties sur le rivage et adossées à des rochers, a l'air propre ; mais il y doit faire très-chaud, car on n'y trouve ni arbre ni aucune trace de végétation. C'est encore aujourd'hui un dépôt de charbon pour les navires, bien que moins important qu'autrefois, depuis l'ouverture du canal de Suez.

L'absence de crépuscule dans ces latitudes, matin et soir, produit de singuliers effets. Ce matin, à quatre heures, les étoiles brillaient de tout leur éclat; dix minutes plus tard, le jour commençait et, à quatre heures et demie, le soleil s'était levé, empourprant de ses rayons les sommets des montagnes voisines.

Dimanche, 30 juillet. — A deux heures ce matin, nous étions devant la baie de Tarafal : mauvais endroit pour se ravitailler, si l'on en juge par son aspect. De hautes montagnes rocheuses, des plaines de sable, un terrain noir et volcanique pour plage, composaient tout le paysage. Au milieu s'élevait une unique maison, petite, blanche, avec quatre fenêtres et un toit de chaume, entourée d'un jardinet de cannes à sucre et de palmiers.

La maxime qui recommande de ne pas se fier aux apparences s'est pourtant trouvée justifiée ; car, tandis que nous déjeunions, M. Martinez, fils du propriétaire de la maisonnette blanche, est venu à bord et il nous a promis toutes sortes de provisions, si nous pouvions seulement attendre jusqu'à trois heures. Nous avons profité de ce délai pour descendre à terre et pour monter sur les hauteurs, où nous n'avons rien vu valant la peine d'être mentionné.

La maison de M. Martinez, où nous nous sommes assis pendant

quelque temps, et auprès de laquelle passe l'unique cours d'eau de l'île, est comparativement fraîche. Dehors, des négresses lavaient du linge dans de grands baquets en écaille de tortue, aidées, sinon gênées, par « l'oiseau de la blanchisseuse », sorte de grue blanche. Il paraissait apprivoisé, becquetait le linge ou les pieds des femmes et s'enfuyait, ensuite, derrière un arbre. Le ruisseau était plein de cresson, et le petit jardin, quoique brûlé par le soleil, contenait beaucoup de jolies fleurs. J'y ai remarqué des mimosas jaunes et rouges, de différentes espèces, des alpinias, des lauriers roses, des hubèrias, des allamandas, des arums et divers genres de lis.

M. Bingham a dessiné; j'ai pris quelques photographies; le docteur Potter et les enfants ont fait la chasse aux papillons; le reste de la bande errait aux environs. Toutes les cinq minutes, un nègre arrivait avec une partie de nos provisions. L'un apportait un mouton, l'autre une chèvre laitière pour le baby; un troisième, deux noix de coco; un quatrième, trois mangues; celui-ci, un régime de bananes; celui-là, une douzaine de choux avec un morceau de porc, et ainsi de suite. Ce défilé était très-drôle, et le transport sur le *Sunbeam* n'a pas été moins pittoresque. La chèvre et le mouton bêlaient, les poules caquetaient, les canards nasillaient; les nègres riaient et jasaient en passant aux gens du bord le contenu de leur embarcation, bananes, pommes de terre, poissons, etc., plus un tout jeune noir qu'ils nous eussent volontiers laissé, j'imagine, si nous avions voulu le garder. Les prix ont été très-variables. Un poulet, vingt-cinq sous; un canard, six francs; le mouton, treize francs; la chèvre, trente-sept francs. Les légumes, les fruits et les fleurs n'ont presque rien coûté; mais on nous a pris près de cent francs pour l'eau : de l'eau puisée par nos hommes, et recueillie dans nos propres barils, avec le concours, d'ailleurs très-limité, de quatre ou cinq nègres. Notre yacht étant le seul, à une exception près, qui ait jamais visité cette île, il n'y avait qu'à se soumettre et à payer.

Jamais je n'ai eu aussi chaud qu'aujourd'hui sur la plage, bien que les gens du pays aient dit que les grandes chaleurs ne commenceront pas avant deux mois; jamais je n'avais vu de cocotiers;

jamais je n'avais mangé de mangues, avant d'en goûter ce matin. J'ai donc trois sensations nouvelles à porter au bilan de ma journée.

La nuit a été étouffante et orageuse; le thermomètre marquait 32° dans les cabines, bien que les claires-voies et les hublots[1] fussent

Dans la baie de Tarafal (Saint-Antonio).

demeurés ouverts. Jusqu'ici, nous avons eu moins chaud que nous ne le supposions, surtout à bord. Sur le pont, on trouve presque toujours une petite brise; en bas, on est moins à son aise.

Mardi, 1er *août.* — Le yacht a navigué à la voile, hier; mais il a fallu mettre à la vapeur aujourd'hui, le vent étant trop faible pour

1. Sorte de petite fenêtre pratiquée dans la membrure du navire et qui ouvre dans les cabines. On la ferme dès que la mer est grosse.

nous pousser. Nous avons eu une forte houle du sud, et la température est restée accablante. Trois des enfants couchent sous le rouf, avec fenêtres et portes ouvertes; quelques-uns d'entre nous dorment dans des hamacs, sur le pont. En prévision des pluies équatoriales qui, d'après le capitaine Lecky, pouvaient commencer aujourd'hui, on avait établi les tentes. La précaution a été bonne; car, avant minuit, il est tombé des torrents d'eau.

Mercredi, 2 août. — La pluie a continué. Elle tombe avec tant de force et tant de persistance que les mackintoshes sont impuissants à nous garantir. On a profité de ce déluge pour remplir tout ce qu'il y avait de vases et de barils disponibles à bord, la citerne, les embarcations. Nous sommes donc à la tête d'une bonne provision d'eau à laver [1].

Vendredi, 4 août. — Nous n'étions ce matin qu'à deux cent quatre-vingt-neuf milles de Sierra Leone, en sorte qu'à midi Tom s'est décidé à virer de bord, dans l'espoir d'aller plus vite; ce qui nous met maintenant le cap presque directement à l'ouest, avec une vitesse moyenne. Nous sommes encore dans le grand courant de la Guinée, et la température de l'eau reste à 28°, même le matin de bonne heure. La chaleur du soleil ne semble pas l'affecter beaucoup, car elle varie fort peu durant le jour.

Le soir, on a aperçu pour la première fois la croix du Sud [2]; mais cette apparition nous a moins frappés que nous ne l'eussions pensé. La croix ne demeure dans un plan vertical que fort peu de temps; au moment de son lever et de son coucher, elle incline presque toujours d'un côté ou de l'autre.

Mardi, 8 août. — Le *Sunbeam* a passé la ligne [3] aujourd'hui et cet événement n'a pas manqué d'exciter l'animation et la gaieté habituelles, parmi nous tous. Le fil traditionnel a été placé dans le

1. Les marins ne manquent jamais de recueillir l'eau de pluie pour se laver ou pour laver leur linge. L'eau de mer est seule allouée, par les règlements, à ce double usage; et elle lave mal.

2. Très-belle constellation de l'hémisphère austral.

3. Équateur.

télescope, à l'usage des innocents qui demandent à « voir la ligne ». Allen, un des hommes les plus grands du bord, a joué le rôle important du père Neptune : avec une longue barbe, un trident et un affût de canon en guise de trône.

Notre mécanicien M. Rowbotham s'est affublé d'une robe de chambre et appuyé sur un bâton, le corps voûté, le visage presque caché par une immense barbe, une boîte de pilules à la main, il s'est présenté comme docteur de Sa Majesté maritime. Enfin, un jeune matelot habillé dans les vêtéments d'une des femmes de chambre a rempli les fonctions de Mrs Trident. Les dessins donneront une idée de la scène, beaucoup mieux que mes descriptions.

Le Père Neptune.

Peu après cette solennité, nous avons aperçu un immense banc de *grampus* ou *dauphins gladiateurs*[1], mesurant bien sept mètres, avec les plus horribles mâchoires qu'on puisse rêver. Ces animaux qui tiennent du dauphin et de la baleine, passent pour particulièrement féroces ; ils attaquent les requins, les marsouins et la baleine elle-même, malgré sa taille. Nous avons vu aussi beaucoup de poissons volants, chassés sans doute à la surface par les dauphins et les bonites. Ils étaient plus gros et avaient des ailes plus fortes que ceux que nous avons rencontrés précédemment.

Les petits chiens de Lulu, nés hier, ont été nommés Papillon (qui n'a vécu qu'une heure), Poseidon, Aphrodite, Amphitrite et Thétis, noms suggérés par leur lieu de naissance, près du palais équatorial de Sa Majesté marine.

1. Dauphins de Hunter.

A midi, nous étions à deux cent cinquante milles de l'île Saint-Paul [1].

Dimanche, 13 août. — La navigation sous les tropiques a vraiment un charme inexprimable. Quand on se dirige vers l'ouest, on trouve

Le Docteur.

presque toujours, à cette époque-ci de l'année, une brise favorable [2] et le temps est généralement beau.

Nous avons eu deux fois l'office religieux : à onze heures et à cinq heures. Le chœur a fait de sensibles progrès ; un de nos hommes joue très-bien du violon, et accompagne souvent, dans leurs chants, les enfants et leur gouvernante. Quand par une belle soirée, sous le ciel des tropiques, ce petit groupe se forme sur le pont et dit, à la lueur d'une lanterne, quelques-unes de ses chansons, l'effet est à la fois touchant et pittoresque.

Le vent est tombé à dix heures du soir et nous avons horriblement roulé toute la nuit. Les voiles battaient, les cloisons criaient, les mâts craquaient ; on eût dit qu'ils allaient se rompre.

Lundi, 14 août. — Ce matin nous avons aperçu un petit schooner, et jugeant, d'après ses manœuvres, qu'il désirait communiquer avec nous, nous avons hissé notre numéro [3] et mis le cap sur lui. Mais, en nous approchant, nous avons reconnu que c'était un baleinier, à la chasse de deux gros dauphins. Deux hommes se tenaient en vigie sur les barres, dans une sorte de cage

1. Ile où l'expédition française a observé le dernier passage de Vénus sur le soleil ; sous la direction de l'amiral Mouchez, actuellement directeur de l'Observatoire.

2. Les vents alizés.

3. Chaque bâtiment a un numéro, exprimé par des pavillons ou drapeaux qui font reconnaître son nom et sa nationalité, avec l'aide d'un dictionnaire contenant, pour chaque nation, d'une part les numéros, d'autre part les noms correspondants.

de fer ; et une embarcation avec son équipage était prête à être amenée, dès que le bâtiment serait assez près de l'animal.

Ce soir, les étoiles étaient remarquablement brillantes, et nous avons passé plusieurs heures à essayer de dire leurs noms. Vega, qui est devenue pour quelque temps notre étoile polaire, avait un éclat particulier, et la croix du Sud se montrait à son avantage.

Mardi, 16 *août.* — A cinq heures du soir, a retenti le cri « la terre droit devant nous ! » Tom et le capitaine Brown ont couru à l'avant pour contrôler le rapport de la vigie, et ont aperçu, effectivement, le cap Frio, par bâbord, à trente-cinq milles environ. Après une quinzaine en pleine mer, la vue de la terre produit une sensation indescriptible. Lorsque, le soir après dîner, nous sommes montés sur le pont, nous avons regardé le phare avec tant d'attention et d'intérêt qu'on eût juré que nous n'en avions jamais vu auparavant. Il est probable que demain au petit jour, nous entrerons à Rio.

Jeudi, 17 *août.* — « L'homme propose ; Dieu dispose. » On a allumé les feux[1] à minuit ; mais, à cet instant, le vent s'est mis à souffler en tempête du sud-ouest, avec une mer si courte et si dure que l'hélice se trouvait à tout moment hors de l'eau, vu la rapidité et la violence des mouvements de tangage. De là des secousses terribles, quand le propulseur tournait dans l'air, avec une vitesse vertigineuse. Nous n'avancions guère, naturellement ; et, au lever du jour, nous nous sommes trouvés près du cap Frio au lieu d'être entrés à Rio.

Vers 8 heures, le vent a molli, en sorte que nous avons pu longer la côte, à la voile et à la vapeur, avec une vitesse de quatre à cinq milles. Bientôt, nous nous sommes engagés entre la Grande Terre et les îles de Maya et de Payo, où les plantations de bananiers et d'autres arbres faisaient triste figure sous l'action du vent. Les grands palmiers isolés dont les tiges et les branches, souples et élastiques, cédaient facilement à l'effort de la tempête, avaient l'air de grands parapluies retournés. Peu à peu, nous avons découvert

---

1. Mis à la vapeur.

le faux Pain de sucre, comme on l'appelle, puis le véritable, le
Gavia; enfin les chaînes de montagnes situées derrière, dont les
contours rappellent la figure d'un homme couché sur le dos. Le
soleil dorait le sommet de ces hauteurs; le ciel était rouge et nua-
geux; je crois que je n'ai jamais vu de spectacle plus grandiose.

Avant d'entrer dans le port, il faut franchir une barre : opération
toujours dangereuse. Les claires-voies, les écoutilles, toutes les
ouvertures, en un mot, ont donc été hermétiquement condamnées;
ceux de nous qui ne tenaient pas à se voir enfermés en bas, se sont
installés sur le pont. Pour la première fois depuis notre départ
d'Angleterre, j'ai éprouvé une véritable sensation de froid. Comme
le vent soufflait de terre, le passage de la barre s'est effectué sans
incident, et nous avons jeté l'ancre presque aussitôt, dans la baie
de Nictheroy : à l'endroit assigné aux bâtiments qui n'ont pas
encore obtenu « la libre pratique » ou qui sont mis en quarantaine. Un coup de canon du fort Santa-Cruz, auquel a immédiatement répondu un signal semblable parti du fort Santa-Lucia, a
annoncé notre arrivée.

Le beau port de Rio, ses rangées de becs de gaz qui font le tour
de la baie sur une longueur de plusieurs milles, la vue de la ville
et des faubourgs éclairés, sont d'un effet vraiment saisissant.

Chants du soir.

La Baie de Botafogo.

CHAPITRE QUATRIÈME

RIO DE JANEIRO

Vendredi, 18 *août*. — Les montagnes qui entourent la rade continuent d'être enveloppées de nuages qui se résolvent, de temps en temps, en torrents de pluie. Ce matin, au petit jour, nous avons levé l'ancre pour nous rendre, à la vapeur, au mouillage des bâtiments de guerre. Vers neuf heures et demie, les officiers de la santé sont venus à bord et, quelques instants plus tard, nous avons reçu la visite d'un employé des douanes qui a fait déclarer, par écrit et sous serment, à Tom : d'abord, que nous n'avions pas de cargaison, ensuite que le charbon, en provision sur le yacht, ne dépassait pas la quantité nécessaire à notre consommation.

A onze heures, nous avons revêtu nos *mackintoshes*, mis des chaussures à fortes semelles et, accompagnés d'un interprète qui avait surgi tout à coup sur le pont, en même temps que plusieurs blanchisseuses[1], nous sommes descendus à terre en traversant une nuée de petits bateaux chargés de légumes et de fruits. L'endroit où l'on débarque est très-près du marché, et fourmillait de noirs de toutes nuances et de toutes tailles. Sur les quais, on voyait d'énormes tas de fruits, oranges, bananes, cannes à sucre, apportés par les bateaux. Les rues avoisinantes étaient boueuses et souvent difficiles à traverser, la pluie y ayant fait, sur les côtés, de véritables ruisseaux.

Après avoir été demander au Consulat et à la Légation si on y avait reçu des lettres pour nous, nous avons visité quelques-unes des boutiques de la « Rua do Ouvidor », où l'on vend des fleurs artificielles, fabriquées avec des plumes d'oiseaux, naturelles. La gorge ou la poitrine d'un oiseau-mouche forme la pétale; des ailes de scarabée font les feuilles. Cette fabrication est la spécialité de la ville, et elle est poussée à un rare degré de perfection. Les prix, en revanche, sont étonnamment élevés. Pour cinq branches que j'avais été chargée d'acheter, on m'a demandé sept cent trente francs. Il est vrai que ces fleurs ont une durée exceptionnelle; j'en ai qui datent de neuf ans et qui ont conservé toute leur fraîcheur.

Samedi, 19 *août.* — Nous sommes allés en *bond* au Jardin botanique, à quelques kilomètres de la ville. Le *bond*, qui joue un grand rôle ici, est un vaste véhicule ouvert ou fermé, tiré par une, par deux, quelquefois par trois mules. Il va très-vite et on y est à l'aise. Les voitures ordinaires sont chères et, comme il y a des tramways partout, conduire devient une besogne délicate. Chemin faisant, nous avons passé devant de ravissants jardins. Les grilles d'entrée étaient couvertes, les unes de stephanotis blancs, ou de lapagéries rouges; les autres, de plantes grimpantes couleur orange, de bougainvillées lilas, ou de fleurs de la Passion de mille nuances. A l'intérieur, on apercevait de grands arbres rayés de

---

1. Tout bâtiment arrivant dans une rade étrangère est immédiatement envahi par des blanchisseuses qui exhibent des certificats d'officiers d'autres navires, attestant qu'elles ont rendu, sinon en bon état du moins intégralement, le linge qui leur avait été confié.

jaune et de vert, des crotons, des caladiums mouchetés et veinés, des dragonniers[1] : le tout ombragé par des orangers.

Le long de la baie de Botafogo, il y a une promenade magnifique, sous une superbe avenue de palmiers impériaux, qui s'étend jusqu'aux portes du Jardin botanique. Chaque tige se dresse droite comme une colonne de temple égyptien, et est couronnée par un dôme de grandes feuilles d'un vert sombre, ayant parfois neuf mètres de long. Les bouquets de bambous sont également très-beaux. Presque tous les arbres semblent couverts de curieuses orchidées et de parasites de toutes sortes.

Malgré la chaleur, les enfants se sont montrés infatigables dans leur chasse aux papillons ; ils en ont pris de très-jolis.

Lundi, 21 *août*. — Visite au marcne des légumes et à celui des poissons, le matin de bonne heure ; beaucoup d'animation et beaucoup de sujets d'observation. La poissonnerie regorgeait de monstres à nageoires, nouveaux et étranges pour nous, auxquels les Brésiliens ont donné les noms les plus baroques. Il y avait un énorme poisson, avec une tête hideuse et un dos luisant, qui pesait 136 kilogr. ; de larges raies, des seiches, des pieuvres, de grosses crevettes, très-chères, ayant 25 centimètres de long et des antennes de 30 à 40 centimètres. Leur saveur n'est pas proportionnée à leur taille ; elles sont même à peu près sans goût. Par contre, les huîtres, qui sont très-petites, sont excellentes. Elles proviennent d'un parc, situé dans la baie, où on les recueille sur des poteaux et sur les branches des mangliers qui trempent dans l'eau. Nous avons aperçu aussi beaucoup de maquereaux, des tortues, des marsouins et un certain nombre de requins, ayant la tête en forme de marteau, qui sont excessivement curieux.

Au marché aux fruits, se retrouvaient presque tous les produits familiers aux Européens ; car on est maintenant en plein hiver à Rio. De grosses négresses, portant des turbans sur la tête, des colliers de toutes couleurs autour des poignets et du cou, et de

1. La plupart de ces plantes ou arbustes poussent en serre chaude dans nos climats.

longs vêtements blancs qui paraissaient glisser continuellement de leurs épaules, faisaient les honneurs de leurs étalages d'oranges, de bananes, d'ananas, de tomates, de pommes, de cannes à sucre, de choux-palmiers et de fruits à pain.

Dans une autre partie du marché, on vendait des volailles vivantes de toutes sortes, ainsi que des animaux également vivants : tels que des daims, des singes, des chiens, des rats, des chats, des ouistitis, et un délicieux lion-singe, tout petit et un peu rouge, avec une magnifique crinière, qui rugissait exactement comme un vrai lion en miniature. Il y avait aussi des cages pleines de petits flamants, de bécassines, de petits oiseaux de différentes espèces, au plumage bleu, rouge, vert ; enfin des perroquets, des cacatoès et des *torchas* sur leurs perchoirs. La *torcha* est un oiseau noir et jaune, de la grosseur d'un sansonnet, qui incline sa petite tête et qui prend des mouches dans la main, avec une grâce charmante. Malheureusement, il est impossible de l'introduire en Angleterre, parce qu'il ne supporte pas un changement de climat.

Nous sommes partis, à onze heures, pour Petropolis, par le chemin de fer. Le train passe auprès de plantations de cannes à sucre et de caféiers, établies au milieu de forêts de palmiers où l'on a pratiqué de larges clairières. En vingt minutes, nous arrivions à la station, située au pied d'une colline, près de laquelle plusieurs voitures à quatre mules nous attendaient. La route de la gare à la ville, par-dessus les monts Organ, est superbe ; à chaque tournant, on jouit d'une vue nouvelle de Rio et de sa rade[1]. Sous ce soleil brûlant et sur des chemins aussi escarpés, l'agilité des mules est extraordinaire. La descente s'opère dans le creux des collines, avec une rivière au centre, et de belles villas des deux côtés. L'ensemble du paysage m'a rappelé Bagnères-de-Luchon ; mais l'effet général est gâté par les couleurs voyantes, même trop fantastiques, que l'on donne aux maisons.

Mardi, 22 août. — Réveillés à cinq heures et demie, nous sommes

---

1. On sait que la rade ou baie de Rio est la plus belle du monde. Elle renferme plusieurs baies intérieures, entre autres celles de Botafogo et de Nictheroy ; et elle est parsemée d'îlots.

montés à cheval pour aller voir la Forêt Vierge, à environ 10 kil.
de Petropolis; deux heures plus tard, nous entrions dans
l'ombre et dans le silence de l'immense bois. Une végétation
sauvage, luxuriante, déployait autour de nous, pêle-mêle, ses
richesses; partout, des palmiers géants, d'immenses fougères, des
parasites poussant là où il y a place pour leurs racines. Parfois
ces parasites tuent les arbres qu'elles honorent de leurs préférences (une entre autres, que l'on nomme « mata-pao ou tueur
d'arbres ») mais, le plus souvent, ils vivent tous en bonne intelligence et s'aident mutuellement à croître. La plus remarquable
de ces plantes grimpantes est peut-être la liane, dont les jeunes
pousses retombent droit vers le sol, en s'enroulant elles-mêmes
dans toutes sortes de sens. J'ai vu, suspendu à des arbres, à des
hauteurs de 15 mètres, de gros massifs de mousse d'où poussaient
des orchidées écarlates; on eût dit un grand panier de fleurs.
Les couleurs sont extrêmement brillantes au Brésil, qu'on les
observe sur les oiseaux, sur les insectes ou sur les fleurs. Le bleu,
le violet, l'orangé, l'écarlate et le jaune abondent; les teintes pâles
sont exceptionnelles. Le blanc lui-même est plus pur, et plus
foncé, si l'on peut ainsi dire, que celui des autres pays.

Nous nous sommes promenés longtemps dans cette forêt, malgré
l'humidité dont d'innombrables petits cours d'eau imprègnent les
mousses et les fougères; mais le fourré est si épais qu'il nous a été
impossible de quitter le sentier étroit que nous suivions. Arrivés à
une trouée d'où l'on a une vue superbe sur la mer, nous avons
rebroussé chemin et regagné la ville où les soins de notre corres-
pondance et la chasse au papillon ont rempli le reste de la journée.
Le soir, on m'a montré une curieuse race de chiens, descendant de
ceux dont on se servait jadis pour faire la chasse aux malheureux
Indiens.

Mercredi, 23 *août*. — De Petropolis, nous nous sommes rendus,
tant en voiture que par chemin de fer, à Santa-Anna, une dès plus
importantes *fazendas* de café, de cette partie-ci du Brésil. L'établissement forme trois côtés d'un carré, au centre duquel d'énormes
tas de café séchaient au soleil. Le bâtiment central renferme les

logements; l'aile droite est occupée par la chapelle et par les
boutiques des esclaves; l'aile gauche, par les écuries, par des
bureaux et par diverses installations pour les travailleurs.

La loi oblige le maître à accorder à ses esclaves un jour de repos
par semaine; ce qu'ils consentent à faire, ce jour-là, leur est payé

Le village des esclaves, Fazenda (Santa-Anna).

au même prix que le travail libre. Mais cette journée de repos n'est
pas nécessairement le dimanche; on s'arrange même pour que les
esclaves d'une fazenda ne soient pas libres en même temps que
ceux de l'habitation voisine, afin de les empêcher de se réunir et
de se concerter. Aujourd'hui, jeudi, c'était le jour de chômage
dans l'établissement que nous visitions, et nous vîmes bientôt les
esclaves s'assembler, en habits de fête, à l'ombre d'une des vérandas. On en passa l'inspection, et on les fit se placer en rangs:

les enfants en avant, les jeunes femmes derrière, les femmes âgées
ensuite; puis les vieillards, et finalement les jeunes gens. Ils
furent, dans cet ordre, à la chapelle, où un prêtre célébra la messe,
vêtu de superbes ornements. Les assistants donnaient la réplique
aux prières chantées de l'officiant; ils sont divisés en groupes,
selon la nature de leurs voix, et leurs chœurs sont souvent
excellents. A l'issue du service, le maître donna des poignées de
main à tout le monde, échangea des souhaits avec les esclaves et
les congédia. Tandis qu'ils se répandaient aux alentours ou qu'ils
causaient sous la véranda, j'examinai les enfants. Il y en avait de
toutes les nuances et de toutes les tailles : un, en particulier, noir
comme du jais, âgé seulement de trois semaines. Tous paraissaient
en bons termes avec le maître et avec les surveillants. On les
nourrit convenablement, et ils ont l'air sain et bien portant. Ils
déjeunent avec du pain et du café ; à dîner, on leur donne du porc
frais ou un morceau de bœuf conservé, avec des fèves; à souper,
ils ont du pain et du café, ainsi que du tapioca.

Après un très-beau déjeuner, couronné par un échange de *speeches*
congratulatoires, nous avons fait le tour de la fazenda, en commençant par l'école, où nous avons trouvé trente-quatre enfants qui
chantaient réellement fort bien. De là, nous avons visité l'hôpital,
bâtiment propre, aéré, où il n'y avait que très-peu de malades;
puis les nouvelles machines à moteur hydraulique, qui servent à
nettoyer le café et à le préparer pour le marché. La récolte dure
depuis mai jusqu'en août. La meilleure qualité de café se recueille
avant que le grain soit complétement mûr; on l'écrase pour le
séparer de sa cosse; puis, après l'avoir fait sécher au soleil, soit en
tas, soit par couches, on le place dans des paniers où il est soigneusement trié. Cette dernière tâche n'étant pas fatigante, est confiée
à de jeunes femmes mariées, en possession de *babies*. Dans une
salle, j'ai compté dix-neuf de ces petits êtres, près de leurs mères,
dans des paniers; dans une autre, il y en avait vingt, tout juste
capables de marcher.

Le manioc joue ici un rôle important, en matière d'alimentation;
aussi avons-nous assisté, avec intérêt, aux diverses opérations qui
servent à le transformer en farine, en tapioca ou en amidon. Puis-

qu'on l'exporte en grandes quantités, et qu'en même temps il s'acclimate à toutes les températures, je ne vois pas de raison pour qu'on ne l'introduise pas dans l'Inde. Nous avons également vu moudre le maïs, en farine fine ou grosse, pour les gâteaux et le pain; écraser la canne à sucre et transformer son jus en sucre et en rhum, pendant que son rebut servait à faire de la potasse. Tous les produits alimentaires fabriqués ici sont consommés sur la propriété; le café seul est exporté.

Nous sommes retournés à Rio, à l'issue de cette visite, et, bien que très-fatigués, nous avons assisté le soir, à une représentation exceptionnelle et privée, donnée au théâtre de l'Alcazar. Ni les acteurs, ni la pièce, n'étaient intéressants; aussi tout notre monde est-il rentré de bonne heure à bord, au clair d'une magnifique lune.

Lundi, 28 *août.* — Nous avons été tous tellement intrigués par les annonces d'esclaves à vendre ou à louer qu'on trouve quotidiennement dans les journaux, que quelques-uns de nous se sont arrangés avec un Brésilien, pour pouvoir assister à une transaction de cette espèce. Il est interdit aux Anglais d'avoir des esclaves ici; même, la légation est tenue de veiller à la stricte observation de cette loi, en sorte que nos amis durent cacher leur nationalité. L'un deux se fit passer pour un riche Américain qui avait acheté des terres entre Santos et San-Paulo et qui se proposait d'y employer des esclaves au lieu de coolies[1]. Il était censé venir à Rio pour y choisir ses futurs ouvriers, mais il ne pouvait rien décider avant d'avoir revu et consulté son associé. Ces messieurs furent menés à une petite boutique et introduits, presque aussitôt, dans une pièce au-dessus, où ils attendirent un quart d'heure. Vingt-deux hommes et onze femmes ou enfants leur furent alors présentés. Ils se déclarèrent aptes à toutes sortes de travaux, et semblaient regarder anxieusement les acheteurs, comme pour deviner quel sort les attendait auprès de ceux-ci. Un frère et une sœur, de quatorze à quinze ans, se montraient très-soucieux de n'être point séparés; les enfants paraissaient effrayés, lorsqu'un blanc les

---

1. Émigrants chinois.

touchait ou les interpellait. Après un choix simulé d'un certain nombre de sujets, la visite prit fin.

Ainsi que je le dis précédemment, les journaux brésiliens sont remplis d'annonces d'esclaves à vendre, mêlées aux annonces ordinaires. En voici un échantillon, emprunté au dernier numéro du *Jornal do Commercio* :

VENDE-SE uma escrava de 22 annos, boa figura, lava, engomma e cose bem; informa-se na rua de S. Pedro, 97.	**A VENDRE** une esclave de 22 ans, et de bonne constitution; lave, repasse et coud bien. S'adresser, pour renseignements, rua de S. Pedro, 97.
VENDE-SE ou aluga-se um rico piano forte do autor Erard, de 3 cordas, por 280 p. garantido; na rua da Quitanda, n. 42, 2 andar.	**A VENDRE** ou **A LOUER** Un magnifique piano à trois cordes, d'Erard. Prix 280 piastres. S'adresser, rua da Quitanda, 42, au second étage.
VENDE-SE por 1,500 p. um escravo de 20 annos, para serviço de padaria; na rua da Princeza dos Cajueiros, n. 97.	**A VENDRE** pour 1,500 p. un esclave de 20 ans. Conviendrait à un boulanger. S'adresser, rua da Princeza dos Cajueiros, 97.
VENDE-SE uma machina Singer, para qualquer costura, trabalha perfeitamente, por preço muito commodo; trata-se na rua do Sabão, n. 95.	**A VENDRE** dans de bonnes conditions, une machine à coudre de Singer, propre à tous les travaux. Fonctionne bien. S'adresser, 95, rua da Sabão.
VENDE-SE uma preta moça, boa figura e de muito boa indole, com tres filhos, sendo uma negrinha de 6 annos, um moleque de 5 e uma ingenua de 3, cabenda cozinhar bem, lavar e engommar; na mesma casa vende-se só uma negrinha de 12 annos, de conducta afiançada e muito propria para serviço de casa de familia, por ja ter bons principios, tendo vindo de Santa Catharina; na rua da Uruguayana, n. 90, sobrado.	**A VENDRE** Une femme noire avec 3 enfants: une fille de 6 ans, un garçon de 5 ans et un enfant de 3 ans. Elle est bonne cuisinière; lave et repasse bien. Dans la même maison, on trouvera aussi en vente, une petite noire de 12 ans; bonne conduite, apte à servir dans une famille et ayant été bien dressée; provient de Santa-Catharina. S'adresser, 90, rua de Uruguayana, premier étage.
VENDE-SE o diccionario portuguez de Lacerda, em dous grandes volumes, novo, vindo pelo ultimo paquete, por 30 p. custão aqui 40 p.; na rua do Hospicis, n. 15 2 andar.	**A VENDRE** Un dictionnaire portugais de Lacerda. Deux grands volumes, tout neufs, arrivés par la dernière malle. Prix 30 p.; coûte ici 40 p. n° 15, rua do Hospicio, deuxième étage.
VENDE-SE uma preta de meia idale, que cozinha, lava, e engomma com perfeição; para tratar na rua do Viscande de de Itauna, n. 12.	**A VENDRE** une négresse d'âge moyen; excellente cuisinière; lave et repasse bien. S'adresser, n° 12, rua do Viscande de Itaùna.
VENDEM-SE arreios para carrocinhas de pão; na rua do General Camara, n. 86, plaça.	**A VENDRE** harnais pour petites voitures de boulangers, n° 86, rua do General Camara.
VENDEM-SE 20 moleques, de 14 a 20 annos, vindos do Maranhão no ultimo vapor; na rua da Prainha, n. 72.	**A VENDRE** 20 jeunes noirs de 14 à 20 ans, arrivés de Maranham par le dernier steamer, n° 72, rua da Prainha.

Nous avons reçu beaucoup de visites dans la matinée, et il était presque deux heures quand nous avons pu descendre à terre, en route pour Tijuca. Qui pis est, une pluie tropicale s'est mise à tomber; et, comme nous étions à cheval, dans des costumes d'été, nous nous sommes trouvés trempés de la tête aux pieds, longtemps avant d'avoir atteint notre destination. Arrivés à l'hôtel, nous avons eu l'ennui de ne pas y rencontrer la voiture qui doit y porter nos bagages; et c'est dans des vêtements d'emprunt que nous avons paru à la table d'hôte.

Mardi, 29 *août*. — Après avoir eu de si belles journées, il est piquant de constater que la pluie d'hier persiste. L'hôtel où nous sommes, a le plus misérable des aspects; il se compose d'une série de bâtiments en bois, hauts seulement d'un étage, avec des vérandas des deux côtés, détachés l'un de l'autre et élevés autour d'une longue cour au centre de laquelle il y a un jardin et quelques grands arbres. Peut-être est-ce plutôt une pension qu'un hôtel, puisqu'on y impose un prix fixe aux voyageurs, lesquels, en outre, doivent être nantis d'une lettre d'introduction! On trouve, dans cet établissement, une piscine pour les femmes et une autre pour les hommes, qui sont vraiment bien installées. Deux grands réservoirs carrés reçoivent l'eau d'un torrent voisin, et l'on peut s'y ébattre à l'ombre des bananiers et des palmiers, tandis que orangers et daturas parfument l'air ambiant. Les abords de l'hôtel et la forêt au-dessus abondent en jolis points de vue; c'est, du reste, le cas de toutes les hauteurs, dans le voisinage de Rio.

Le ciel s'étant éclairci, nous avons été voir « les Grosses Pierres », énormes masses rocheuses provenant de la période glaciale ou projetées par quelque puissant volcan. Elles forment de grandes cavernes ou caves, recouvertes de plantes grimpantes et tellement obstruées, à l'entrée, qu'il est difficile d'y pénétrer. Les alternatives d'obscurité et de lumière, au milieu des plantes grimpantes dont quelques-unes s'allongent comme d'immenses serpents pendant que d'autres se pelotonnent avec la régularité d'une glène de cordages sur un navire de guerre, sont d'un fantastique effet. Chaque crevasse est pleine de fougères, d'orchidées, de plantes curieuses; des papillons de jour et de nuit voltigent dans toutes les directions. Qu'on imagine des papillons écarlates, mouchetés de tâches brillantes; des papillons jaunes avec des bords orangés; des papillons dont les ailes, bleu sombre en dessus, offrent, en

dessous, l'aspect de la plume du paon ; des papillons de nuit, gris ;
enfin, plus beaux que tous les autres, des papillons d'un bleu métallique, qui sont littéralement éblouissants, même quand on les
voit morts ! Qu'on se figure ce qu'ils peuvent être, lorsqu'ils volent
en tous sens, réfléchissant les rayons du soleil ou enveloppés dans
l'ombre de la forêt ! La plupart mesurent de 5 à 25 centimètres
d'envergure, et il y en a de plus petits qui ne sont pas moins
remarquables. Des papillons à « queue d'hirondelle », dont la
queue, par rapport au corps, est presque aussi longue que celle de
leurs parrains ailés ; et des « quatre-vingt-huit », avec le nombre 88
visiblement marqué sur le revers de leurs ailes bleues ou rouges,
complètent cette curieuse collection[1]. La nature, dans cette partie
du monde, semble affectionner les couleurs voyantes, ainsi que je
l'ai déjà fait remarquer.

Vendredi, 1er *septembre.* — Le temps est demeuré pluvieux pendant les deux dernières journées ; mais en me réveillant ce matin,
à trois heures, j'ai enfin aperçu un ciel pur, et le soleil s'est levé si
beau qu'immédiatement après le premier déjeuner, nous sommes
partis à cheval, pour le pic de Tijuca. Pas à pas, nous avons gagné
l'endroit appelé « les Bambous » ; site très-renommé, sur le bord
d'un cours d'eau, auprès duquel croissent les arbres si gracieux qui
lui donnent leur nom. On arrive au sommet du pic en gravissant
vingt-neuf marches en bois et quatre-vingt-seize en pierre, au bas
desquelles on laisse les chevaux. Une chaîne de fer est suspendue
le long d'un des côtés de cette espèce d'escalier, et aide à le franchir, en même temps qu'elle empêche les personnes disposées aux
étourdissements, de tomber dans l'immense précipice qui borde
cette dure montée. En haut, le panorama est magnifique ; des montagnes étagées en gradins l'une derrière l'autre, se montrent aux
quatre points de l'horizon ; au nord, on aperçoit le cap Frio ; au sud,
la vue s'étend jusqu'au Rio-Grande-do-Sul ; au-dessous, apparaît
la baie de Rio avec ses innombrables îles, ilots et échancrures.
Nous avons tous regretté de quitter ce tableau si attachant ; mais
l'heure nous rappelait à l'hôtel et de là à bord.

---

1. Il n'y a pas moins de 800 espèces de papillons particulières à l'Amérique du Sud.

Lundi, 4 septembre. — Nous étions tous debout de grand matin, aujourd'hui, pour surveiller les préparatifs de départ de notre fils aîné qui retourne en Angleterre.

Le yacht était pavoisé en honneur de l'anniversaire du mariage de l'Empereur ; mais les sentiments qui nous agitaient contrastaient tristement avec ces signes de réjouissance. Après le déjeuner, nous sommes allés à terre pour prendre deux lions-singes que Tab doit offrir au Jardin zoologique ; puis est venue l'heure des adieux : heure toujours douloureuse, quelque prévue qu'elle puisse être, mais plus pénible encore en pays étranger, avec la perspective d'un long voyage à faire de part et d'autre !

A deux heures précises, le *Cotopaxi* se mit en marche. Nous le vîmes rouler sur la barre, car, quoiqu'il fît calme dans la rade, il y avait une forte houle au large ; et, peu à peu, il disparut, avec celui que nous aimons : « *with all we love, below the verge..* » Peut-être fais-je bien de jeter un voile sur les instants qui succédèrent à ce douloureux moment !

Le soir, nous avons dû assister à un bal donné au Casino et auquel nous avions promis de nous rendre. La salle, très-richement décorée, a des fresques et des peintures sur les murs, et est entourée de galeries. Elle peut contenir quinze cents personnes et ce chiffre fut même dépassé, lors de la fête donnée, il y a quelques années, au duc d'Édimbourg. Il y avait peu de femmes, cette fois-ci ; mais il s'en trouvait de très-jolies, et toutes étaient habillées à la dernière mode de Paris. Les toilettes des jeunes filles sont simples ; celles des femmes mariées sont plus riches. Quoique les Brésiliennes sortent peu et restent en peignoir une grande partie de la journée, elles ont l'art de savoir choisir leurs costumes. L'orchestre était un peu trop bruyant et la façon de danser diffère de celle de nos pays.

Nous avons pris congé des personnes qui nous ont si aimablement accueillis durant notre séjour au Brésil, et sommes revenus au yacht, Tom et moi, de bonne heure, pour nous préparer au départ. Mais nos compagnons de voyage ont trouvé le bal si attrayant qu'ils ne l'ont quitté que beaucoup plus tard.

CHAPITRE CINQUIÈME

MONTE-VIDEO ET BUENOS-AYRES

Mardi, 5 septembre. — Le *Sunbeam* a mis en route à six heures du matin, et a échangé des saluts avec le *Volage* et le *Ready*, navires de guerre anglais, au mouillage dans la baie de Rio. Le temps était humide, brumeux; nous parvenions difficilement à distinguer les admirables sites que nous laissions derrière nous. Le pic de Tejuca et le sommet du Corcovado étaient à peine visibles; le Pain de sucre et le Gavia avaient l'air froid et gris, dans la brume du matin. Bientôt le roulis commença au passage de la barre, et s'accentua encore quand nous fûmes aux prises avec la grosse et dure mer qui nous attendait au dehors. L'un après l'autre, nous quittâmes le pont pour nous réfugier dans les cabines et j'avoue que, pour ma part, je me couchai à six heures. A dix heures, toutefois, on vint me réveiller pour me montrer de grosses bonites qui jouaient sous l'avant du yacht. Elles valaient vraiment la peine d'être vues, s'ébattant autour du navire : tantôt nageant gravement par groupes de quatre, tantôt s'élançant à la poursuite de l'une d'elles qui s'était permis de devancer les autres, toutes brillamment illuminées par la phosphorescence de l'eau.

Samedi, 9 *septembre*. — Les trois dernières journées ont été pluvieuses et marquées par des grains qui ont fini par dégénérer en tempête. Nous fuyons en ce moment devant le temps[1], sous une voilure de cape, escortés d'albatros et d'autres oiseaux de mer. Vers le soir, le vent a sensiblement molli et nous avons allumé les feux, de façon à être prêts à toutes les éventualitées ; car le *pampero*[2] succède souvent au calme dans ces parages-ci, et nous ne sommes pas loin de la côte.

Dimanche, 10 *septembre*. — Tom a été sur le pont presque toute la nuit. Les terres sont basses, très-difficiles à apercevoir, et le service des phares est mal fait. Quand le gardien a de l'huile et qu'il n'est pas à la chasse ou à la pêche, il allume exactement sa lampe ; autrement, il néglige cet important devoir. A cinq heures du matin, Kindred s'est précipité dans notre cabine et a jeté à Tom le cri de « la terre sous le vent[3] ». Les premières lueurs du jour lui avaient,

1. Quand un bâtiment est aux prises avec un coup de vent, il réduit successivement sa voilure : c'est ce qu'on appelle prendre la cape. Si la tempête persiste ou augmente, il « fuit devant le temps » ; ce qui signifie qu'il tourne, pour ainsi dire, le dos au vent et à la mer, sans essayer de lutter davantage avec eux. Cette manœuvre qui, d'ailleurs, devient impraticable, si l'on est près de la terre et que le vent pousse dans cette direction, évite au navire les formidables secousses qu'il éprouve quand il reçoit la mer obliquement ou en flanc, durant un gros temps.

2. Dans certains parages, d'ailleurs connus et étudiés aujourd'hui, il arrive que le vent, après avoir soufflé en tempête, tombe tout à coup, pour reprendre ensuite avec toute sa violence primitive. Ces brusques changements sont naturellement dangereux, surtout si le navigateur, mal édifié sur la région qu'il traverse, se laisse surprendre par eux.

3. Le côté d'un navire que le vent fouette directement, est le « côté du vent » ; l'autre est le « côté sous le vent ». Pour allumer une allumette dans la rue, on la place « sous le vent », par rapport à la main qui la protége. « La terre sous le vent » exige toujours une grande surveillance, puisqu'il est clair qu'alors le vent tend à pousser vers elle.

en effet, permis de voir que nous courions droit sur une côte sablonneuse et basse dont nous n'étions plus qu'à trois milles, un très-violent courant ayant entraîné le yacht à dix milles de sa route. Immédiatement on mit le cap au large, et la vapeur eut bientôt fait de nous tirer de ce mauvais pas. L'après-midi a été belle et le service religieux, ajourné le matin à cause du temps, a pu être célébré à quatre heures ; on y a chanté l'hymne « *For those at sea* » (pour ceux en mer). Dans la nuit, nous avons reconnu le phare de Flores, qui éclairait bien ; un peu plus tard, celui de Monte-Video.

Lundi, 14 septembre. — Vu du yacht, Monte-Video, où nous sommes arrivés ce matin au petit jour, n'a pas l'air imposant. A l'exception d'une colline appelée le Cerro, haute de 140 mètres, et d'une autre éminence, nommée le Cerrito, élevée de 60 mètres et située plus loin dans les terres, les environs de la ville sont plats. On n'aperçoit même pas un arbre, pour rompre la monotonie du paysage.

Tom, les enfants et moi, nous avons circulé en voiture dans les rues. Elles sont belles et larges ; mais mal pavées et tellement remplies de trous qu'on s'étonne que les ressorts d'une voiture puissent durer plus d'une semaine. Les maisons semblent bâties dans le style italien, avec des façades en beau stuc, des ornements en marbre et des cours pleines de fleurs. Toutes les fenêtres près du sol sont munies de forts barreaux : bonne précaution dans un pays aussi sujet que celui-là aux révolutions et aux troubles. Pour permettre aux habitants de humer la brise de mer, les toits sont plats, ce qui donne, de loin, à la ville, un certain aspect oriental. Il y a ici beaucoup d'émigrants italiens ; les travaux de plâtrerie et d'architecture sont généralement faits par eux.

Le Paseo-del-Molino est le plus beau quartier de Monte-Video ; les riches marchands y habitent dans des *quintas*, entourées de jolis jardins. On trouve là des façons de cathédrales gothiques, de palais de l'Alhambra, de cottages suisses, de villas italiennes et de mosquées turques : constructions qui, à défaut d'autre mérite, témoignent au moins de la variété et de la différence des goûts de leurs propriétaires. A notre sortie de ce faubourg, nous avons ren-

contré des charrettes revenant du marché. Ces énormes véhicules,
recouverts d'une bâche, sont tirés par des attelages variant de deux
à douze bœufs, réunis, par paires, sous des jougs ; un homme à cheval les conduit, armé d'un aiguillon. Vêtu de blanc, avec un *poncho*
éclatant et un curieux accoutrement de selle, ce personnage n'est
pas la figure la moins pittoresque dans ce genre de caravane. Sur
la grande place du marché, on trouve des centaines de ces charrettes ; leurs propriétaires campent autour.

Revenus sur le yacht, nous avons eu le regret de constater que
le supplice[1] du charbon, auquel nous espérions échapper grâce à
notre promenade, n'était pas terminé. Tout était noir sur le pont,
pendant qu'en dessous régnait une obscurité complète, les plus
petites ouvertures ayant été hermétiquement bouchées, pour empêcher la poussière de charbon de pénétrer dans nos chambres. On
nous avait promis que l'opération durerait deux heures ; elle en
prit plus de sept, ce qui nous a empêchés de partir aujourd'hui,
comme nous en avions le désir.

Mardi, 12 *septembre*. — L'ancre était levée et la machine fonctionnait déjà, lorsque je suis montée sur le pont, ce matin, pour voir les
premiers rayons de l'aurore teinter le ciel gris. Le Rio de la Plata
a ici plus de cent milles de largeur (environ 160 kil.) et ses rives
sont très-plates, en sorte qu'on n'aperçoit, en s'éloignant, que les
deux petites collines dont j'ai déjà parlé. Rien ne peut donner
idée du défaut de soin avec lequel sont placées les bouées, qui sont
censées indiquer la route à suivre pour éviter les bancs. Les ba-
teaux-phares sont de vieux pontons, sans signe distinctif qui les
fasse reconnaître pendant le jour ; ils ont souvent l'air de bâtiments
échoués et ne rendent aucun service.

La journée a été belle. A dix heures et demie du soir, nous avons
jeté l'ancre dans la rade de Buenos-Ayres, à huit milles de terre,
au large de tous les autres navires. Le bateau-phare ne portait

---

1. C'est effectivement un supplice, d'être à bord d'un navire, le jour où il renou-
velle sa provision de charbon. La poussière noire salit tout, pénètre partout, crie
sous le pied quand on marche ; quelque précaution que l'on prenne, on la retrouve
jusque dans les tiroirs de sa commode ou sur les planches de son armoire.

qu'un feu ordinaire, comme les autres bâtiments à l'ancre, de sorte
qu'il était impossible de mouiller plus près, à moins de bien connaître l'endroit.

Mercredi, 13 *septembre*. — C'est un capitaine allemand qui, étant
venu nous faire ses offres de services, nous a menés à terre; sa
baleinière[1], où nous avons pris place, a mis deux heures pour nous
y conduire. Notre premier soin, en débarquant, a été de demander
un pilote pour amener le yacht jusqu'à Rosario. On nous a présenté
le meilleur. Mais il a déclaré que l'eau étant très-basse en ce moment, nous courions le risque d'échouer sur un banc et d'y rester
plusieurs jours, si bien que Tom a renoncé à faire avancer le *Sunbeam*.

Nous sommes alors allés à la gare du Central-Railway, pour envoyer des télégrammes, puis à la Banque de la Plata. La caisse de
cet établissement renferme 600,000 livres, en souverains anglais;
plus, du papier-monnaie et des titres représentant une somme de
2,000,000 de livres. C'est à l'une de ses succursales qu'une force
armée, au service du Gouvernement, a volé récemment 15,000 livres
sterling; incident sans précédent dans l'histoire des nations, et
qui faillit provoquer l'intervention des puissances étrangères.
Comme toutes les villes de l'Amérique du sud, Buenos-Ayres est
divisé en petits carrés, remplis par des pâtés de maisons; les rues
s'y coupent exactement à angle droit. Il y a une belle place ornée
de statues et de fontaines, où sont situés la cathédrale et le théâtre.
Les banques avec leurs ornements en marbre, leurs colonnes
corinthiennes et leurs immenses salles, ressemblent plutôt à des
palais qu'à des centres d'affaires. Beaucoup de maisons particulières sont très-jolies. A l'extérieur, elles sont toutes revêtues de
marbre jusqu'à une certaine hauteur au-dessus du sol; à l'intérieur, elles renferment une série de cours qui rappellent les
maisons pompéiennes.

L'exposition d'agriculture, que nous avons visitée, n'offrait rien
de remarquable. Les chevaux et les bestiaux sont petits; mais cer-

---

1. Embarcation.

tains moutons sont très-curieux, notamment le *rombonellis* et le *negrellis* dont la longue et belle laine exige toutefois, pour être bien vue, qu'on la débarrasse, préalablement, de la couche de boue qui la recouvre. Nous avons vu aussi de singuliers animaux, particuliers au pays ; des vigognes, des lamas, des bisachos[1], des chiens et deux magnifiques chats persans.

Jeudi, 14 *septembre*. — Le pilote est venu ce matin sur le yacht pour nous rapprocher de la terre ; mais il n'a pas pu nous mettre à moins de cinq milles du rivage. Aucun navire tirant plus de trois mètres d'eau ne peut aller en dedans des bancs de sable ; et le voisinage de ces hauts fonds est toujours dangereux, surtout à cette époque-ci, où le temps est variable. On quitte le bord, le matin, avec un ciel clair ; et, avant d'y retourner, on est assailli par un coup de vent, accompagné d'une mer horrible. Aussi, les embarcations découvertes n'offrent point de sécurité ; et pour les communications avec la terre, il y a des bateaux à demi-pontés, attachés au service de chaque navire pendant son séjour en rade.

Nous avons été voir un magasin de *ponchos*, la grande spécialité de cette partie de l'Amérique du sud. Depuis le mendiant jusqu'au plus riche fonctionnaire, tout le monde en porte. Ceux de très-belle qualité sont faits avec la partie la plus fine de la laine de la *vicuña* (vigogne). Tissés à la main par des femmes, ils coûtent cher, et sont difficiles à trouver, même ici. Dans les boutiques, le prix varie habituellement de 750 à 2,000 francs ; on nous en a montré de moins dispendieux, valant de 500 à 1,500 francs. Ils sont doux comme de la soie, absolument imperméables et durent, dit-on, éternellement. On nous a engagés à ne point nous aventurer chez les Gauchos, ou Indiens à demi-sauvages des Pampas, avec des *ponchos* de belle qualité, attendu qu'ils les reconnaissent d'un coup d'œi et qu'ils ne reculeraient pas devant les moyens violents pour nous en dépouiller.

La majorité des *ponchos* portés ici est fabriquée à Manchester [2],

1. *Calomys bizcacha*. Sorte de gros lièvre avec une longue queue.
2. Comme la plus grande partie du vin de Madère consommé en Europe provient de Cette. Dans l'île de Madère même, on vend tranquillement des barils de vin portant cette marque.

avec de la soie ou de la laine teinte ; leur tissu est difficile à reconnaître du véritable, mais ils sont moins chauds, moins légers et s'usent très-vite. Au point de vue de la forme, ce vêtement est simplement un grand châle carré, avec un trou au milieu, pour le passage de la tête ; il est très-commode à cheval, parce qu'il recouvre le devant et le derrière de la selle et qu'il laisse aux bras toute leur liberté. Les gens du pays en portent, généralement, un deuxième qu'ils retroussent à la ceinture de leurs longues culottes de toile, de façon à former une sorte de second pantalon, court et large. Un pauvre se contente d'une chemise, d'un caleçon et de deux *ponchos*. Un riche a des rangées de frange et de dentelle au bas de son *calzoncillo*, et porte une veste courte avec des boutons d'argent et une large ceinture également en argent, couverte de dollars [1]. Les harnais de son cheval, ses étriers, ses éperons sont en argent ; ses armes sont incrustées du même métal. Il donnera 500 francs pour une paire d'étriers, et le reste de son costume est, proportionnellement, aussi coûteux ; car l'argent qui y entre est vierge de tout alliage. On fabrique à Birmingham un grand nombre de selles destinées à ce pays-ci.

A l'issue de cette promenade dans les magasins, nous sommes partis, par le train, pour Campana. La ligne passe d'abord dans les rues de Buenos-Ayres, puis débouche en pays découvert, pays admirablement vert et ondulé comme l'Océan. Près de la ville et du faubourg de Belgrano, il y a un grand nombre de plantations de pêchers : le fruit sert à engraisser les porcs ; le bois, à les rôtir. On y rencontre aussi des broussailles rabougries, et de grands arbres originaires de ces régions ; mais on laisse bientôt tout cela derrière soi, pour se trouver au milieu d'immenses et riches pâturages, coupés, de ci et de là, par des lagunes.

Pour la première fois, nous avons vu les trous des bisachos, ou « chiens des prairies », à côté desquels les petits « hiboux de prairies » montent la garde. Il semble y avoir toujours un ou deux de ces oiseaux en sentinelle, la tête inclinée, l'œil aux aguets :

---

1. Quand le porteur de cette ceinture a perdu au jeu tout le contenu de sa bourse, il détache les dollars qui font le tour de sa taille et les jette sur le tapis vert.

types de prudence et de vigilance. Le hibou et le chien de prairie sont de grands amis ; on les voit rarement l'un sans l'autre. Nous avons passé auprès d'immenses troupeaux de moutons et de bestiaux, sans gardiens le plus souvent, d'autres fois conduits par des hommes à cheval. Les lagunes, très-nombreuses, sont peuplées d'hôtes de toutes sortes : cygnes et canards sauvages, hérons gris, cigognes blanches, cormorans noirs, flamants rougeâtres, ces derniers debout sur le bord de l'eau, saisissant le poisson au passage ou plongeant parfois au-dessous de la surface. Au haut de poteaux télégraphiques, j'ai vu des nids d'oiseaux grimpeurs [1] ; on aurait dit des morceaux de bois sculpté, placés là comme ornement. Ces nids sont faits avec de la boue ; leur forme est parfaitement sphérique, et l'intérieur se partage en deux chambres distinctes.

On arrive à Campana vers quatre heures ; le train s'arrête au bout d'une jetée, où attendent deux bateaux à vapeur, appartenant à deux compagnies rivales. Voyageurs, bagages et marchandises passèrent immédiatement à bord ; et notre steamer, *l'Uruguay*, se mit aussitôt en route, entre les rives, chargées de saules, du large Parana. Nous avons dépassé plusieurs petites villes, entre autres, San-Pedro et San-Nicolas qui ont une certaine importance commerciale. De temps en temps, le navire stoppait pour recueillir des passagers venus, en bateaux, de villages situés sur les lagunes et inaccessibles au steamer. Le lendemain matin, à huit heures et demie, après une nuit de pluie et d'orage, nous arrivions à Rosario [2].

Vendredi, 15 septembre. — Comme Buenos-Ayres, Rosario est bâti par carrés. Les rues sont généralement bien pavées, avec des trottoirs en marbre blanc et noir ; toutefois, le milieu en est souvent rempli de trous et d'aspérités, en sorte que les jours de pluie, lorsqu'il faut traverser, on passe, d'une belle dalle, dans une boue désolante. L'universel tramway circule partout.

— Après le luncheon, nous sommes partis pour Caracaña, dans un train spécial qui emportait, en même temps que nous, des che-

---

1. Fournier roux (*Furnarius rufus*). Décrit par d'Orbigny et d'Azara.
2. Rosario est une ville de 40,000 habitants, située sur la rive droite du Parana.

vaux et une voiture ; et un très-court voyage à travers une contrée
riche, plate et verte, nous a amenés à Roldan, le premier établissement de la *Central Argentine Land Company* [1]. Là, on a descendu,
sellé, bridé les chevaux, attelé la voiture ; puis nous avons fait le
tour de la colonie qui est généralement entourée de routes, mais
qui était, aujourd'hui, bordée de flaques d'eau. Nous rencontrâmes
beaucoup de colons, depuis ceux qui occupent encore, au milieu
de terres à peine défrichées, le cottage à chambre unique, donné
par la Compagnie, jusqu'aux autres qui se sont bâti de jolies

Chiens et hiboux des prairies.

habitations avec de beaux jardins et des champs cultivés tout
autour. La promenade s'est terminée à une fabrique, appartenant
à un ancien officier de l'armée anglaise, qui s'est établi ici avec sa
femme et ses deux petits enfants. De là, nous avons repris le train
pour Caracaña, la première station sur la ligne ; mais, au lieu des
riches pâturages que nous avions traversés jusque-là, nous n'avons
plus trouvé qu'une région désolée, portant partout la trace du
pouvoir destructif de la sauterelle. Il y a moins d'une semaine,

1. Au moment de l'établiesement de la ligne de chemin de fer sur laquelle le
lecteur va voir les voyageurs du *Sunbeam* aller et venir, pendant plusieurs jours,
une partie des frais de construction fut payée en terres, situées le long de la voie
et embrassant, de chaque côté, une largeur de 45 kilomètres. Ces terres ont été,
depuis, colonisées par la Société connue en Angleterre sous le nom de *Central Argentine Land Company.*

disaient nos compagnons de route, les champs étaient verts, et les récoltes s'annonçaient bien ; dans l'espace de quelques heures, le travail de dix mois était anéanti, et les pauvres colons voyaient leurs terres converties en un désert inculte, par le terrible insecte.

Caracaña est le Richmond[1] de Rosario ; elle est située sur le Caracañal, et renommée pour ses asperges. On m'a raconté qu'hier les fêtes d'un mariage avaient été interrompues ou, tout au moins, contrariées, par une invasion de sauterelles : au beau milieu du jour et pendant plus de cinq heures, il a fallu allumer des lumières, tant le nuage qu'elles formaient, sur une lieue d'étendue, obscurcissait l'air. Il arrive, du reste, que des trains de chemins de fer soient arrêtés par ces insectes : ils empêchent de voir les signaux, et leur présence sur les rails rend ceux-ci tellement glissants que les roues de la machine n'ont plus de prise. Force est alors de ralentir considérablement la marche, et de jeter du sable devant le convoi. Les chevaux refusent souvent d'avancer, même pour rentrer à l'écurie, en face d'une nuée de sauterelles.

Nous sommes remontés dans notre train spécial, après avoir dîné à Caracaña, et à neuf heures et demie, nous revenions à Rosario, exténués de fatigue.

---

1. Richmond est, à son tour, le Saint-Germain de Londres.

CHAPITRE SIXIÈME

Samedi, 16 *septembre.* — Levés de grand matin, pour travailler,
nous avons pu reprendre à neuf heures le train de Carcaraña, où
nous sommes arrivés deux heures plus tard, après une courte halte
à Roldan. Une longue promenade à cheval dans la colonie de la
« *Land Company* » a fait suite au déjeuner ; puis nous sommes allés
à Candelaria, établissement purement espagnol.

J'avoue que j'étais demeurée légèrement sceptique à l'endroit des
histoires de sauterelles qui m'avaient été contées la veille, et que,
tout en maudissant le mal causé par ces redoutables insectes,
je désirais vivement les voir à l'œuvre. Mon souhait fut exaucé ; car
au cours de notre promenade, nous aperçûmes comme un gros
nuage pourpre que les personnes qui nous accompagnaient déclarèrent être un essaim de ces bêtes.

Bientôt nous les rencontrâmes une à une, puis par petits groupes,
puis par masses plus nombreuses, jusqu'à ce qu'enfin chaque pas
en avant devînt pénible, tant étaient secs les coups que nous en
recevions sur la tête, sur le visage et sur les mains. Nous nous
arrêtâmes un instant à l'*estancia* de M. Holt, et en remontant à
cheval, nous vîmes que le banc de sauterelles était plus compact
qu'auparavant, tout en changeant de position. Les effets produits
par ce déplacement étaient extraordinaires. Quand les insectes
passaient entre nous et le soleil, ils interceptaient complétement
le jour ; quand les rayons de lumière frappaient leurs ailes, on eût
dit un de ces nuages d'or que l'on voit, au théâtre, dans certaines
pièces féeriques ; de loin, et vus d'une éminence, ils ressemblaient
à une tombée de neige ou à un champ de marguerites blanches

auxquelles il aurait poussé des ailes. A terre, leurs ailes repliées
formaient une épaisse masse de petites taches brunes, cachant complétement le sol, herbes et tiges. Lorsque nous traversâmess leurs
rangs, et bien qu'un quart d'entre eux à peine pût se mouvoir,
faute de place pour les ailes, ils firent un nuage tellement
dense qu'il était impossible de rien voir et que les chevaux
se refusaient à avancer. Qui pis est, ils s'attachaient aux cheveux
et aux vêtements, et nous donnaient le frisson de la tête aux pieds.
Je crois que je rêverai longtemps de ces bêtes et qu'il ne m'ar-
rivera plus de désirer en voir ; j'en tiens, toutefois, de beaux
spécimens à la disposition des curieux.

Après avoir fait 45 kilomètres à cheval sous un soleil très-chaud,
nous nous sommes reposés un instant à Carcaraña, avant de re-
partir, chevaux, voiture et voyageurs, pour Rosario, autre colonie
sur la ligne.

Dimanche, 17 *septembre.* — Un obligeant ami nous a envoyé chercher en voiture, pour assister au service religieux célébré dans la
nouvelle église anglaise. Nous avons visité ensuite les « écoles du
dimanche », puis nous nous sommes fait mener à la *quinta* [1] du
baron Alvear. La route traverse la ville, passe par le champ de
courses, couvert ce jour-là de Gauchos en train de se livrer à leurs
jeux favoris, et débouche dans la campagne. En quelques endroits
les pâturages étaient d'une verdure éblouissante ; dans d'autres, le
sol était tapissé de verveines blanches, lilas et rouges, en pleine
floraison, car on est encore ici au printemps. De distance en
distance, apparaissait une pièce de terre dévastée par les sauterelles. Dans la *quinta*, des arbres de haute futaie avaient été complétement dépouillés par ces insectes. Au-dessus de la porte d'entrée, j'ai aperçu des nids d'oiseaux grimpeurs comme ceux que
j'avais déjà remarqués sur les poteaux télégraphiques. Un beau
Jaguar, enfermé dans une cage, au milieu d'une plantation d'arbrisseaux, suivait avec intérêt les mouvements d'un cheval : animal dont il fait grand cas, paraît-il, quand il peut se le procurer.

1. Maison de campagne.

Enfin, nous avons vu, en circulant, une grande quantité de *Martynia proboscidea,* cornes de diable ou gros ongle; le dessin ci-contre reproduit cette curiosité.

Franck Buckland prétend, non sans raison peut-être, que ces herbes sont créées avec cette forme parti-culière, afin de s'attacher aux lon-gues queues des chevaux sauvages qui parcourent le pays par troupes de plusieurs centaines. Ils les trans-portent à des distances énormes, et en répandent la graine partout où ils circulent, en quête d'eau et de nourriture.

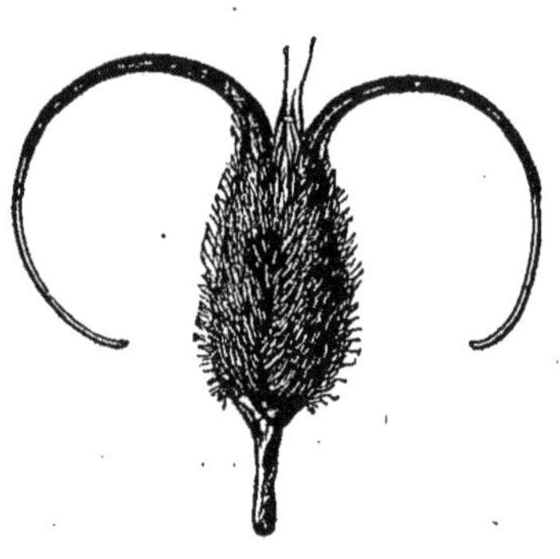

« Martynia proboscidea. »

Lorsque nous revînmes à Rosario, la piste était encore entourée de spectateurs et nous assistâmes à la fin d'une des courses. Elles se font sans selle, et la distance est courte. Comme les habitants de ce pays-ci se livrent perpétuellement à des luttes de vitesse, les chevaux ont l'habitude de prendre le galop dès qu'on veut leur faire quitter le pas. Toutefois le moindre geste du cavalier suffit à les arrêter, car ils sont merveilleusement dressés. On se sert, dans ce but de mors épouvantables; mais le dressage fini, la plus petite inclinaison du corps, la plus légère pression de la main sur la bride sont suffisants pour les guider. Ils garderont le petit galop presque indéfiniment, à raison de 12 à 15 kilomètres par heure, sans se fa-tiguer. Par exemple, ils n'aiment pas à demeurer immobiles, à moins que leur cavalier ne quitte la selle et ne leur laisse la bride sur le cou : auquel cas, ils ne bougeront pas pendant des heures.

Lundi, 18 *septembre.* — La matinée s'est passée comme celle de samedi : Tom allant aux bureaux de la *Land Company* [1], moi restant dans ma chambre pour écrire.

A neuf heures, nous sommes partis pour Tortugas (par la ligne maintenant familière à tous, de Roldan, Carcaraña, Cañada de

---

1. Mr Brassey avait été chargé d'une mission d'inspection auprès de la *Central Argentine Land Company.*

Gomez, etc.), et nous sommes arrêtés chez un des surveillants de la colonie dont la femme, une Française, nous avait attendus toute la journée de samedi. Il y a quelques semaines, la sœur de cette dame a été enlevée par des Indiens, avec d'autres femmes et des enfants. Entraînée à plusieurs lieues de distance, elle a pu jeter à bas de son cheval l'homme qui l'emportait, et s'enfuir au galop jusqu'à la colonie où elle passe à bon droit pour une héroïne.

Le voyage de Rosario à Cordova,[1] prend douze heures, par train ordinaire; et comme Frayle Muerto est juste à mi-chemin, le départ des convois est combiné, des deux côtés, de façon que les voyageurs s'y rencontrent et déjeunent ou dînent ensemble. Il y a un très-beau pont près de Frayle Muerto; mais cette localité est surtout célèbre pour avoir été choisie, comme centre d'émigration, par les jeunes gens de famille qui quittèrent l'Angleterre pour y chercher fortune et qui n'y trouvèrent que la ruine. Quant à Cordova, nous y sommes arrivés trop tard pour avoir pu en distinguer les abords; demain, nous ferons une promenade aux environs. C'est une des plus vieilles villes de l'Amérique du Sud, en même temps qu'une des plus malsaines, à cause de sa situation dans un creux où la brise pénètre difficilement.

Mardi, 19 *septembre*. — A peu de distance de Cordova, on rencontre un village d'Indiens; mais, nous n'en avons pas aperçu d'autres, durant notre longue promenade à cheval. Nous avons lunché dans une ferme-hôtel sur la Caldera; la vue des *Sierras* (montagnes) y est très-belle. Comme il faisait extrêmement chaud, on a mené les chevaux à l'eau; rien n'était plus curieux que de voir ces pauvres bêtes chercher les trous, pour pouvoir s'étendre et s'immerger complétement. En revenant, nous avons assisté à l'inondation de plusieurs terriers de bisachos. L'eau y est conduite à l'aide de tranchées; et, quand ils essaient de s'échapper par l'autre extrémité, les hommes et les chiens fondent sur eux, pen-

---

1. Tous les atlas mentionnent Rosario et Cordova. Pour pouvoir suivre M⁣ᵐᵉ Brassey dans ses pérégrinations, il suffit de placer par la pensée, sur la voie ferrée qui joint ces deux points, et dans l'ordre suivant, à partir de Rosario : Roldan, Carcaraña, Cañada de Gomez, Tortugas, Frayle Muerto et Cordova.

dant que les hiboux de prairie contemplent l'opération d'un œil mélancolique.

J'ai visité l'observatoire de Cordova, qui passe pour le meilleur du monde, quoiqu'il soit loin d'être le plus grand. En l'absence du directeur M. Gould, sa femme nous a fait les honneurs de l'établissement. On nous a montré de très-beaux instruments et une admirable collection de photographies des principales planètes. Il

La Calera (ou Caldera)[1].

était malheureusement tard et nous avons dû abréger notre visite pour nous rendre à l'hôtel et de là à la gare, où quelqu'un m'a donné le mors chilien qui a servi à dresser le cheval que je montais aujourd'hui. C'est un véritable instrument de torture. On a voulu aussi me faire don d'un *puma*[2] ou petit lion, âgé de quatre mois, et tout apprivoisé ; j'ai refusé, à cause des enfants.

Le train partait à huit heures et demie et il a mis une heure pour atteindre Rio Segundo, où nous avons trouvé du thé et du café. Nous nous sommes alors installés, pour la nuit, les uns dans le

1. *Caldera* ou *Calera* veut dire chaudron. Ce nom désigne ici une source dans un terrain de pierre calcaire.

2. *(Felis concolor).* Un des noms que les Américains donnent au couguar.

wagon-salon, les autres dans le fourgon des bagages, où l'on avait dressé des semblants de lits. Tom et moi avons trouvé asile dans deux couchettes, où nous avons dormi jusqu'à quatre heures et demie, heure de l'arrivée à Cañada de Gomez. La lampe s'était éteinte; il a fallu s'habiller dans l'obscurité et dans le froid; mais une tasse de café, prise au buffet, nous eut bientôt réchauffés. Tom va achever son rapport sur les colonies de la *Central Argentine Land Company;* le reste de notre bande attend le véhicule qui doit nous mener à l'*estancia* (habitation) de Las Rosas.

Mercredi, 20 *septembre.* — Partis vers six heures, dans une voiture légère mais solide, attelée de deux vigoureux petits chevaux, nous n'avons pas tardé à nous trouver dans les plaines solitaires et ondulées des Pampas où, pendant quelque temps, les seuls êtres vivants que nous aperçûmes, furent les *teru-teros* (sortes de pluviers) qui s'enfuyaient à notre approche; les perdrix, grosses et petites, que levait le chien de chasse qui nous accompagnait; des faucons de toutes tailles et de charmants petits oiseaux, avec deux grandes queues de plumes, mesurant quatre fois la longueur de leur corps. La première impression que cause l'immense prairie, avec ses teintes variées, est très-vive. Généralement l'herbe des Pampas est d'un vert poussiéreux, quand elle est haute; courte, elle est d'un vert plus éclatant. Grâce aux nombreux feux de prairies, accidentels ou intentionnels, il arrive souvent qu'on n'aperçoit qu'une vaste nappe de sol noirci, parsemée de touffes de gazon que la pluie a fait repousser, de ci, de là.

La route, si le chemin que nous suivions mérite ce nom, était en mauvais état, par suite du temps qu'il a fait; et, des deux côtés des cinq *cañadas,* ou petites rivières, que nous passâmes à gué, il y avait de profonds bourbiers, dont nous nous tirions comme nous pouvions, ayant de la vase jusqu'aux essieux. Juste avant d'arriver au point où l'on doit traverser le cours d'eau, on lance les chevaux au galop et on ne les arrête que de l'autre côté, pour les laisser souffler, ou pour réparer les avaries survenues durant le passage. Une fois, nous avons été retenus assez longtemps, par la rupture du bout du timon; sans un indigène qui nous vendit son lasso, nous eussions eu beaucoup de peine à le réparer. Cet homme est le seul être humain que nous ayons vu sur une distance de 45 kilomètres, à l'exception de celui qui nous amena des chevaux de rechange, à mi-chemin.

Au cours de notre excursion, nous sommes passés près d'une grande *estancia*. La voie qui y menait était marquée par les cadavres et les squelettes de pauvres bêtes, mortes dans les dernières sécheresses ; on les comptait par centaines. Une des *cañadas* que nous traversâmes charriait les carcasses de malheureux animaux, qui après s'être traînés jusque-là pour boire, n'avaient plus eu la force de sortir de l'eau. Nous avons croisé des troupeaux de bestiaux ; ils ont l'air chétif, et les vaches ne sont guère plus grosses que leurs veaux.

Voyager toute la nuit et faire ensuite 45 kilomètres, à l'air frais du matin, excitent l'appétit ; aussi étions-nous affamés en arrivant à l'*estancia*, où nous étions attendus. L'habitation se compose simplement d'une grande pièce, avec une veranda devant et derrière ; l'une donne sur la cour, l'autre sur un jardin plein de violettes et de fleurs variées. Dans de petites maisons détachées, se trouvent les chambres. Le propriétaire de cette *estancia* a les meilleurs chevaux de l'endroit ; et il s'est donné beaucoup de peine pour en améliorer la race, en les croisant avec des chevaux anglais. Il est à remarquer qu'ici, les colons et les indigènes font fi des juments ; on les laisse errer par troupes, à l'état sauvage, ou on s'en sert pour écraser le blé. Quelquefois aussi, on les tue et on les fait bouillir, pour vendre leur peau et leur graisse, au prix modeste de 12 francs par animal.

Les gens de cette région-ci passent leur vie en selle. Depuis la chasse jusqu'à la pêche, depuis la fabrication des briques jusqu'à celle du beurre, les chevaux servent à tout. Les mendiants eux-mêmes circulent, montés ; j'ai vu la photographie de l'un d'eux, avec une autorisation de mendicité suspendue à son cou. Les domestiques ont chacun leur cheval ; les femmes de chambre ont des amazones qu'elles mettent le dimanche, pour faire des visites, d'une *estancia* à l'autre. A la pêche, on pousse le cheval dans l'eau aussi loin que possible ; puis, le cavalier jette son filet ou sa ligne.

J'ai vu à Buenos-Ayres de pauvres bêtes traîner, presque en nageant, de lourds camions, depuis les navires mouillés dans la rade intérieure où il y a fort peu d'eau, jusqu'au rivage. Dans certaines parties des Pampas où la baratte n'a pas pénétré, on fait le beurre en mettant le lait dans une outre en peau de chèvre, attachée par un long lasso à la selle d'un homme qui se lance alors au galop, pour un certain nombre de kilomètres, pendant que l'outre bondit et rebondit derrière lui.

Dans l'après-midi, nous avons fait, à cheval, le tour des terres cultivées ; il y en a plus de 120 hectares, ayant tous le meilleur aspect. La luzerne y pousse admirablement ; on peut la couper sept fois par an. Chemin faisant, nous avons rencontré un certain nombre de grosses perdrix ; il est difficile d'imaginer des bêtes moins avisées, et un cavalier un peu exercé arrive à les prendre soit avec la main, soit avec un lacet. Après quelques efforts pour fuir, elles sont si épuisées et en même temps si terrifiées, qu'elles se laissent tomber sur le sol où l'on n'a plus que la peine de les ramasser. Les chiens ont tué un bisacho. Au moment où on l'étendait, mort, à nos pieds, son camarade le hibou est apparu, aux prises avec une évidente agitation. Il a plané au-dessus de nous, en jetant des cris perçants ; puis, choisissant un jeune terrier comme objectif de sa vengeance, il a fondu sur lui et l'a criblé de coups de bec. Les autres chiens le forcèrent à s'enfuir ; toutefois, plus d'une demi-heure plus tard et à 2 kilomètres de là, il revint bravement à la charge, et toujours aux dépens de sa première victime. Cet incident est une curieuse preuve de l'attachement qui existe entre ces singuliers animaux et les bisachos.

Jeudi, 21 *septembre*. — A cinq heures ce matin, quand je me suis réveillée, à l'issue d'une bonne nuit passée à l'*estancia*, il faisait tant de brouillard que je ne distinguais pas l'extrémité de la cour. On jugea donc prudent de différer le départ pour la chasse, décidée hier au soir, de peur de s'égarer dans les immenses plaines qui nous entourent. Trois heures plus tard, pourtant, la brume s'étant levée, la partie a pu avoir lieu, et elle a abouti à la mort de deux daims. Comme toujours, nos petits chevaux ont fait merveille.

A peine entendent-ils le premier cri de la bête, qu'ils s'élancent au galop : ventre à terre, littéralement.

Nous sommes repartis, après déjeuner, dans la voiture qui nous avait amenés et, dès cinq heures et demie, nous étions de retour à Cañada de Gomez, grâce au soleil qui avait déjà séché les chemins. En arrivant à Rosario, vers dix heures, nous avons trouvé, à la gare, des invitations à prendre le thé. Mais nos personnes étaient si fatiguées et nos costumes si peu présentables que nous avons préféré rentrer à l'hôtel et nous coucher.

CHAPITRE SEPTIÈME

Vendredi, 22 *septembre*. — Retour à Buenos-Ayres, par le bateau à vapeur le *Proveedor*. Tous nos amis de Rosario nous attendaient près du débarcadère, chargés de toutes sortes de souvenirs pour les enfants et pour moi : des fleurs en profusion, un oiseau-cardinal pour Muriel ; une paire de petites perruches à longues queues ; la peau d'un phoque, tué à la colonie Alexandria ; un magnifique *poncho ;* un mors, une cravache et des étriers à la mode argentine ; deux petits tatous[1], sortes d'armadilles ou cloportes, très en faveur ici, et divers autres présents qui me rappelleront les jours heureux que j'ai passés dans la République Argentine.

Le *Proveedor* ne marche pas tout à fait aussi vite que l'*Uruguay* qui nous a amenés, et le salon des passagers n'est pas aussi bien installé ; mais les cabines y sont plus grandes et plus confortables. Les deux steamers sont commandés par des Italiens, pleins d'attentions pour les voyageurs ; les prix et la nourriture sont les mêmes, en sorte qu'il n'y a pas de raison pour prendre l'un de ces navires de préférence à l'autre. Je me suis couchée de bonne heure, voulant me lever de grand matin pour voir le Tigré que nous n'avons pas aperçu en allant, puisque, pour gagner du temps, nous nous étions embarqués à Campaña qui est au-dessus de cette rivière.

1. Famille des *Edentés.*

Samedi, *23 septembre*. — A quatre heures environ, le capitaine m'a fait appeler, de crainte que je ne manquasse la vue du Tigré. A mon arrivée sur le pont, il m'a installée à l'avant, enveloppée dans des couvertures, et m'a envoyé un peu de café chaud qui n'était pas à dédaigner au milieu de l'air frais du matin. Des nuages rosés parsemaient le ciel, signes avant-coureurs d'un admirable lever de soleil. Le fleuve est étroit et monotone; les branches de saules qui le bordent frôlaient les flancs du navire. Bien que nous ne calions que 2^m,5, nous nous sommes envasés une fois, tant le chenal est étroit et peu profond.

A six heures et demie, nous atteignions le port de Tigré, où beaucoup de navires attendaient la marée pour se remettre en route. Dès que notre bagage fut débarqué, nous nous rendîmes à la gare où je trouvai une lettre de Tom m'informant que nous étions invités à déjeuner, à une *quinta* située près de Buenos-Ayres. Le train mit une heure et demie à nous y conduire, en nous faisant passer par un pays riche et fertile, qui est le vrai jardin de Buenos-Ayres ; et, le déjeuner fini, nous recourûmes au tramway pour nous ramener à la ville. Le contraste entre ce mode de locomotion et la circulation dans les autres voitures est des plus agréables. En vérité, il est moins fatigant de marcher que de subir les cahots auxquels l'effroyable pavage des rues expose les véhicules ordinaires.

Nous avons visité le marché. Il est bien approvisionné en produits de toutes natures, viande de boucherie, gibier, légumes, fruits, fleurs, et les prix sont modérés. Les loyers et les objets de toilette — ce que Muriel[1] appellerait les « *dandy things* » — sont très-chers à Buenos-Ayres, mais la vie matérielle est bon marché. Les gens de la moyenne et de la basse classe vivent beaucoup mieux ici qu'en Angleterre, et l'usage de la viande, dans tous les intérieurs, donne aux enfants une force musculaire très-remarquable. Malheureusement le climat et la rareté du lait pendant les

---

1. Le lecteur français, maintenant familiarisé avec les noms des enfants de Mrs Brassey, sera sans doute curieux de connaître les âges de ces petits navigateurs. Au moment du départ du *Sunbeam*, Allnutt Brassey avait treize ans ; Mabelle, onze ans; Muriel, quatre ans; Marie-Adélaïde, quinze mois.

chaleurs sont souvent funestes aux nouveau-nés. Les domestiques se recrutent difficilement, à moins de leur donner des gages élevés, parce qu'ils obtiennent aisément d'autres emplois qui les mettent à même de s'établir en peu de temps.

Ce soir, en revenant à bord, nous avons aperçu les bouquets destinés à Mme Almazilia, au bénéfice de laquelle le théâtre joue aujourd'hui. Il y en avait de toutes les formes : des tables, des chaises, des instruments de musique et autres dessins originaux, faits entièrement de violettes de Parme, entremêlées de camélias.

Dimanche, 24 septembre. — A l'issue du service religieux auquel nous avons assisté à terre, et au moment de retourner sur le *Sunbeam*, où Tom nous attendait pour compléter les apprêts de notre prochaine excursion, il s'est trouvé que le vent avait considérablement fraîchi, si bien qu'il nous a fallu plus de deux heures pour atteindre le yacht. Nous sommes arrivés trempés, à l'exception des enfants, qu'on avait casés, tant bien que mal, sous le faux-pont qui protégeait l'avant de notre baleinière ; et il a fallu recourir au champagne pour nous réchauffer et nous remonter. Une femme de chambre française et une autre domestique, venues le matin à bord pour passer la journée avec nos gens, gisaient, inertes, dans la cabine.

Le retour à terre aurait dû se faire plus facilement, puisque, ayant eu vent debout pour aller, nous avions maintenant vent arrière pour revenir. De fait, vingt-cinq minutes, malgré deux ris dans notre voile, suffirent à nous mettre à portée du rivage ; mais l'homme qui gouvernait manqua, par malheur, la jetée, et comme il n'était pas possible de songer à tirer un bord, force fut de mouiller le grappin [1] et d'attendre qu'un petit bateau vînt nous chercher. Pendant ce temps, nous fûmes secoués de la pire façon et quand le bateau arriva, ce n'était qu'une méchante barque, conduite par deux mauvais rameurs et incapable de prendre plus de trois personnes à la fois. Tom sauta dedans avec deux des enfants et les pauvres femmes de chambre malades, saisit la barre et partit.

---

1. Le grappin dans une embarcation, joue le rôle de l'ancre dans un navire

J'avoue qu'en les voyant aux prises avec cette mer énorme, je fermai les yeux de peur, pour ne plus les rouvrir qu'en entendant crier qu'ils étaient sains et saufs. Alors l'embarcation revint nous prendre, un peu mieux armée cette fois, et en deux ou trois voyages, Tom qui continua à gouverner, nous eut tous mis à terre, nous et le bagage.

Le train spécial qui nous a emportés, immédiatement après cet émouvant épisode, était des plus confortables. Nous y avons trouvé des glaces, des fleurs en profusion, des lavabos, des lits séparés

Indiens à Azul.

l'un de l'autre par des cloisons improvisées, et une véritable salle à manger, installée avec beaucoup de goût dans un wagon de troisième classe.

Lundi, 25 septembre. — Les enfants et moi avons si bien dormi qu'il a fallu nous réveiller ce matin à six heures, pour nous dire que nous étions arrivés à Azul, terme de notre voyage. Azul est situé à 450 kilomètres environ, au sud de Buenos-Ayres, sur la « ligne du Midi ». C'est une localité sans importance par elle-même, mais entourée de magnifiques pâturages où paissent d'énormes troupeaux de moutons et de bestiaux.

En attendant le déjeuner, nous avons été voir des juments employées à pétrir la boue qui sert à la fabrication des briques. C'est un spectacle curieux, et attristant à la fois. En dedans d'une enceinte circulaire, d'une quarantaine de mètres de diamètre, cinquante malheureuses bêtes, maigres et affamées, ayant de la vase jusqu'aux jarrets, tournaient autour de la clôture, aussi vite qu'elles pouvaient aller, sous la direction d'un homme à cheval qui se tenait hors de la barrière, assisté de cinq ou six individus à pied. Tous étaient armés de longs fouets, dont ils se servaient perpétuellement. Près de la gare, j'ai vu un cheval, attelé à une carriole, s'élancer au galop à travers les Pampas, vainement poursuivi par un cavalier. Une roue se détacha, puis l'autre, puis le véhicule lui-même; finalement — m'a-t-on dit ensuite — le fugitif arriva à son écurie, située à environ 7 kilomètres, n'ayant plus que sa bride.

Immédiatement après le déjeuner, sept grandes voitures sont venues nous prendre et nous ont menés chez un vieux chef indien qui s'est établi tranquillement sous une tente, avec ses quatre femmes, à peu de distance de la ville. Nous les trouvâmes accroupis en plein air, autour d'un feu au-dessus duquel chauffait un grand pot de fer qui, à en juger par son odeur, devait contenir quelque succulente préparation : ils avaient l'air de braves gens, et semblaient contents de leur sort. Poussant alors plus loin dans les Pampas, nous nous sommes rendus à l'*estancia* de M. Frer, grand cultivateur qui possède 24,000 moutons, 500 chevaux et nombre d'autres bestiaux. Les sauterelles n'ont pas visité cette partie du pays, et les pâturages comme les troupeaux sont d'un aspect satisfaisant. On nous a montré, en arrivant, une vaste *grasseria*; c'est là que l'on tue les moutons, qu'on les dépouille de leur peau et qu'on les fait bouillir pour en retirer la graisse, pendant que le résidu de la chair sert de combustible. Toutes ces opérations se font avec une incroyable rapidité; on tue jusqu'à sept bêtes à la minute.

Des dispositions avaient été prises pour nous initier le plus possible aux usages de la vie *d'estancia*, durant notre courte excursion. On avait, notamment, reculé le dîner des *peons* (paysans) pour que nous pussions voir la singulière façon dont ils cuisent et mangent leurs aliments; mais les hommes étaient si affamés et nous sommes arrivés si tard, que nous n'avons assisté qu'à la fin de leur repas. En revanche, nous avons vu lancer le lasso à des chevaux sauvages que Mr Frer avait fait venir de l'intérieur des Pampas, et un des meilleurs dompteurs des environs s'est livré devant nous à ses plus étonnantes prouesses. Voici ce qui s'est passé.

Une centaine de chevaux ont été introduits dans un vaste enclos, et plusieurs *gauchos* et *peons*, les uns montés, les autres à pied, leur ont jeté le lasso, pendant qu'ils circulaient à toute vitesse autour de cette sorte d'arène. Tantôt, c'était une des jambes de

Le lasso.

devant qui était prise, tantôt une jambe de derrière, tantôt le cou. Chaque fois, l'animal saisi faisait une chute effrayante, et il fallait toute l'habileté du cheval monté pour que celui-ci et son cavalier ne fussent pas renversés à leur tour. L'homme qui lance le lasso court aussi le risque d'être tué par l'instrument lui-même; s'il advenait que la corde s'enroulât autour de son corps, il serait pro-blement coupé en deux, par la secousse qui se produit à l'instant du jet. Un autre exercice fut de jeter le lasso à un *potro*, ou poulain sauvage, tandis qu'il galopait au centre de la troupe. Les deux jambes de devant de la malheureuse bête furent prises dans le nœud coulant, ce qui la fit rouler immédiatement à terre, les quatre pieds en l'air. On lui jeta un second lasso autour du cou; on lui passa dans la bouche un mors en cuir brut, assujetti par un nœud coulant; puis l'homme qui devait la monter, lui mit sur le dos une selle en peau de mouton, et prit position. Pendant tout ce temps, l'animal était resté couché, les jambes liées, tremblant, épouvanté, couvert de la sueur de la peur. Quand l'homme fit signe qu'il était prêt, le lasso qui retenait les jambes fut desserré suffisamment pour leur permettre de remuer; on conduisit le poulain hors de l'enceinte, et on retira brusquement les entraves. Aussitôt, l'animal s'élança, recula, rua, se cabra, sauta à droite, à gauche, en avant, en arrière, pour se débarrasser de son fardeau. Vains efforts! Le cavalier demeurait planté sur sa selle comme un roc, tirant sur la bride de toutes ses forces, pendant qu'un second dompteur, monté sur un cheval dressé, poursuivait la bête terrifiée, en la criblant de coups de fouet pour lui faire prendre la direction voulue. Au bout de dix minutes, le captif revenait épuisé et soumis, sans témoigner le moindre désir de rejoindre ses anciens compagnons. On nous a dit que pour compléter l'effet de cette première et dure leçon, on la renouvelait plusieurs jours de suite, en ayant soin de laisser l'animal attaché, dans l'intervalle, et de le maintenir à la diète.

Ces divers exercices terminés, nous sommes remontés dans nos équipages pour revenir à Azul, d'où un train nous a menés à Ensenada, point situé sur le fleuve et où le *Sunbeam* doit nous attendre. Notre intention est de consacrer la journée de demain à recevoir quelques personnes que nous avons invitées à venir à bord, et de reprendre après demain notre voyage.

Mardi, 27 septembre. — Dès que nos comptes ont été réglés, et que la patente de santé [1] a été prête, nous avons levé l'ancre. Entre une heure et deux heures, la machine commençait son service et la soirée n'était pas finie que nous étions déjà loin de la Plata, en route pour le détroit de Magellan.

---

1. En partant, les bâtiments se font délivrer une patente ou certificat, constatant l'état sanitaire de l'endroit qu'ils quittent. C'est d'après cette patente, complétée par les renseignements que fournit le capitaine ou le médecin du bord sur la santé de l'équipage, qu'un navire qui arrive dans un port, est mis en quarantaine ou admis à la « libre pratique ».

Le *Monkshaven* en feu.

CHAPITRE HUITIÈME

DE LA PLATA A PUNTA ARENA, DÉTROIT DE MAGELLAN

Jeudi, 28 *septembre*. — Beau temps ; forte brise. Il y a eu évidemment, ces jours-ci, une tempête dans le Sud ; car nous rece-
vons, de là, une houle terrible, qui ne laisse pas de nous incommo
der après notre long séjour à terre, et qui ralentit sensiblement
notre vitesse. Cependant, nous filons encore 13 nœuds[1] et demi
environ, à la voile.

Je m'étais étendue après le déjeuner, lasse de ce perpétuel mouvement du yacht, quand Mabelle est entrée dans la cabine en
criant : «Papa vous fait dire de monter tout de suite, pour voir le

1. Quand on dit qu'un navire fait tant de nœuds, il est sous-entendu qu'il les fait
en 30 secondes. Or, 30 secondes étant la 120ᵉ partie d'une heure, et le nœud
(15ᵐ,43) étant la 120ᵉ partie du mille marin (1,852 mètr.), les deux mots nœud et
mille ont, dans la langue pratique, une valeur équivalente. Dire, en d'autres termes,
qu'un navire file 13 nœuds (sous-entendu en 30 secondes), c'est la même chose que
de dire qu'il fait 13 milles (sous-entendu en 1 heure)

navire en feu. » Immédiatement, j'ai couru en haut, sans trop savoir s'il s'agissait du *Sunbeam* ou d'un autre bâtiment; et, en arrivant sur le pont, je trouvai tout le monde en train de regarder un navire qui naviguait toutes voiles dehors, avec le signal : « Feu à bord », en tête d'un de ses mâts. Ce signal fut bientôt remplacé par celui-ci : « Venez immédiatement à notre secours. »

Bien que l'on n'aperçût ni flammes ni fumée, nous manœuvrâmes de façon à nous en rapprocher; puis nous mîmes en panne[1], pour pouvoir lui envoyer une embarcation. On distinguait maintenant son nom — le *Monkshaven*, de Whitby — et au moment où notre canot accostait le long de son bord, nous vîmes une bouffée de fumée s'échapper de son pont. Bientôt, nos hommes revinrent, ramenant le second, un jeune Norwégien parlant bien l'anglais, qui nous apprit que son navire était parti, deux mois plus tôt, de Swansea pour Valparaiso, avec un chargement de *smelling-coal* (charbon fondant). Le feu avait été découvert dimanche dernier, et à six heures du matin, le lundi, l'équipage avait transporté sur le pont ses effets et les provisions, jeté à la mer tous les objets ou substances inflammables, et bouché toutes les ouvertures. Depuis, ils avaient vécu perpétuellement sur le pont, sans autre abri qu'un masque en toile, installé pour les protéger contre la mer et le vent. Tom et le capitaine Brown allèrent immédiatement à bord. D'épais nuages d'une fumée jaunâtre sortaient de l'intérieur de la coque dès qu'on entr'ouvrait une écoutille, et de la cabine du capitaine se dégageait un gaz délétère, qui y avait pénétré par les jointures des cloisons. Un homme essaya d'y entrer ; il faillit être asphyxié.

Sauver le bâtiment était manifestement impossible ; après avoir pris l'avis du capitaine Brown et celui de Tom, le capitaine se décida à l'abandonner et les embarcations procédèrent au transbordement des hommes. Les pauvres gens étaient si heureux de se voir en sûreté, après avoir passé par tant de cruelles angoisses,

---

1. Mettre en panne, c'est manœuvrer de façon à arrêter son navire. On laisse le vent *dans* les voiles de l'arrière; on oriente les vergues de façon qu'il frappe *sur* les voiles de devant. L'effort qui tend à pousser le bâtiment étant alors détruit par une force inverse, la vitesse est annulée.

qu'ils jetaient à la mer, dans l'excès de leur joie, beaucoup de choses qu'ils eussent pu utilement garder. A six heures et demie, tous étaient sur le yacht, avec les cartes, les chronomètres et les papiers du bord ; et un des pauvres canots du *Monkshaven* qu'on avait repoussé du pied, après qu'il avait aidé au sauvetage, s'en allait mélancoliquement à la dérive, comme pour rejoindre le beau navire qu'il venait de quitter. Celui-ci flottait maintenant sans maître, lançant, de temps à autre, un flocon de fumée. Le ciel était noir et tendu ; les nuages s'amoncelaient ; la mer avait une teinte sombre, parsemée de larges raies d'écume blanche ; le vent était complétement tombé. Quand nous eûmes mis à la vapeur et que nous pûmes, de nouveau, nous rapprocher du malheureux bâtiment, tout le monde grimpa dans les cordages pour le voir une dernière fois, et des bouffées de chaleur, avec des étincelles, arrivèrent jusqu'à nous.

L'équipage que nous avons recueilli, se compose de Danois, de Norwégiens, de Suédois, d'Écossais et de Gallois. Ce sont heureusement de braves gens ; autrement, leur présence parmi nous n'eût pas laissé d'être gênante et inquiétante. Dans leur empressement et dans leur joie, ils ont abandonné leurs provisions, en sorte qu'il va falloir aviser à nourrir quinze bouches de plus, avec ce que nous avons à bord. Déjà nous n'avons plus qu'une demi-ration d'eau douce, et on se lave avec de l'eau de mer.

Il paraît qu'avant de nous avoir rencontrés, le *Monkshaven* avait communiqué avec un bâtiment de Liverpool, qui lui avait offert de l'escorter, prêt à lui porter secours. Mais comme il n'était guère qu'à 120 milles de Monte-Video et que la brise soufflait dans la direction de ce port, le capitaine refusa et mit le cap de ce côté. Cela se passait le lundi. Dans la nuit, un coup de vent s'éleva (probablement celui dont nous eûmes la queue, en quittant Buenos-Ayres) ; la mer jeta le navire de droite et de gauche, balaya le pont, épuisa les forces de l'équipage en l'obligeant de pomper sans désemparer, et, pendant ce temps, le feu augmentait, au point qu'on s'attendait, à tout instant, à le voir éclater sur le pont et envelopper tout le navire dans un tourbillon de fumée et de flammes. Les matelots accusent un bâtiment américain d'être passé près d'eux, à cet instant critique, et de s'être borné à hisser son pavillon, en réponse à leurs signaux de détresse. « En le voyant disparaître, nous nous sommes crus perdus, a dit l'un d'eux, et chacun, de désespoir, s'est couché sur le pont. Mais notre capitaine qui est très-bon, nous a crié : « Il y a quelqu'un là-haut qui veille sur nous », et il avait raison, puisque, dix minutes plus tard, tandis que j'étais en train de dire au cuisinier que c'en était fait de nous tous, nous avons aperçu le *Sunbeam.* » Ces braves gens

Les naufragés venant à bord.

paraissent affectionner tout particulièrement deux jeunes garçons de quatorze à seize ans, qui remplissaient à bord les fonctions de novice. « Le moins âgé des deux est le fils unique d'une veuve, m'a rapporté un matelot ; et elle doit l'aimer bien tendrement, si j'en juge par la façon dont elle l'avait équipé, au moment de partir. Mais aujourd'hui la plupart de ses affaires sont perdues. Son coffre était resté en bas, et quand j'ai voulu installer ses effets dans un vieux sac à pain, il s'est trouvé trop petit pour contenir ses bottes de mer et son manteau : non pas un manteau de toile cirée comme les nôtres, mais... — « Un *mackintosh,* fis-je » — « Oui, c'est cela, reprit-il, et c'est vraiment dommage que tout ça soit perdu. L'enfant n'a jamais cru qu'il y avait du danger, jusqu'à ce que je lui aie dit que tout était fini, puisque l'américain nous avait abandonnés. — « Est-ce que le navire ira au fond ? » demanda-t-il. — « J'en ai peur, répondis-je ; mais nous avons des embarcations ; ainsi, aie bon courage, mon petit homme. Il ne dit plus rien ; seulement, il se recoucha sur le pont, et se mit à pleurer.» J'ai éprouvé une véritable et douce satisfaction à voir la physionomie rayonnante de ce pauvre petit, quand il est arrivé à notre bord. Un des hommes a été blessé au pied, par un coup de mer ; le capitaine, lui aussi, a la jambe endommagée ; voilà de la besogne pour le docteur.

Il a été presque impossible de dormir cette nuit, à cause du roulis ; jamais nous n'avions été autant secoués.

Vendredi, 29 septembre. — Belle matinée. L'orage redouté est allé éclater ailleurs ; la brise s'est levée ; à six heures, on a éteint les feux et remis à la voile.

L'ordre commence à se rétablir, à bord. Les magasiniers font le calcul des provisions qui nous restent, de façon à régler la ration pour une traversée de douze jours. Les « tribordais » et les «babordais [1] » du *Monkshaven* ont été répartis entre les sections correspondantes du *Sunbeam*. Le cook (cuisinier) du navire incendié aide son collègue du yacht ; les deux enfants, toujours radieux, se rendent utiles le plus qu'ils peuvent. Il n'y a plus guère que le pont qui ne soit pas aussi correct que d'habitude, à cause des coffres et des sacs des nouveaux venus qu'il a fallu y déposer, faute de place, en bas, pour les caser. Le capitaine Runciman vient d'écrire, les larmes aux yeux, le récit de la perte de son bâtiment. Il m'a dit qu'il avait noyé son chien, un superbe terreneuve, au moment de venir à notre bord, de peur que la pauvre bête, encore un peu sauvage, n'effrayât les enfants. Je regrette de n'avoir pas été mise à même de lever les scrupules de ce malheureux officier, qui se voit ainsi privé d'un fidèle et déjà ancien compagnon de mer.

---

1. L'équipage d'un navire est divisé en deux grandes sections : tribordais et babordais.

Cette journée-ci a été une des plus belles que nous ayons eues, depuis que nous avons quitté la région des tropiques. La mer était plate; le soleil brillait dans un ciel bleu; une jolie petite brise nous poussait doucement, à raison de neuf milles à l'heure. A minuit, cependant, la grosse voix de Powell nous a réveillés, Tom et moi, disant que « le baromètre descendait rapidement et qu'il y avait de larges éclairs dans le sud-ouest ». Quand nous montâmes sur le pont, quelques instants après, un spectacle grandiose s'offrit à nous. D'un côté, une épaisse masse de nuages noirs, s'approchant rapidement dans notre direction; de l'autre, un ciel illuminé, dans tous les sens, par de larges éclairs; enfin, le tonnerre grondant et éclatant presque sans intermittence. A la faveur du calme qui précède l'explosion, les hommes carguèrent les voiles en toute hâte, sauf la misaine et le foc; mais le grain fut moins fort qu'on ne le prévoyait et, dès qu'il nous eut dépassés, en nous enveloppant dans son atmosphère brûlante, la pluie tomba en torrent. Comme disent les marins, nous n'avions eu que la queue de la bourrasque.

Dimanche, 1ᵉʳ *octobre*. — Le temps a été si beau hier que j'ai pu prendre les photographies du capitaine et de l'équipage du *Monks-haven*. Aujourd'hui, à onze heures, le service religieux a été célébré; il y en a même eu un second, à quatre heures, au cours duquel Tom a fait un petit sermon, portant tout spécialement sur le sauvetage des hommes du navire en feu. Comme d'habitude, nous avons eu un léger orage après le coucher du soleil.

J'ai dit qu'on n'avait rien pu emporter du navire incendié, en fait de provisions. Au point de vue des hommes, il n'y a pas lieu de le regretter, car le bœuf salé qu'on leur donnait était si vieux et si raccorni, paraît-il, qu'au lieu de le manger, ils s'amusaient à y sculpter des tabatières et des petits modèles de navires. Le capitaine Runciman a pourtant réussi à sauver quatre excellents jambons d'York dont un a figuré ce soir sur notre table.

Jeudi, 5 octobre. — La journée d'hier a été marquée plusieurs fois par le cri: « la terre, devant nous » ! Vérifications faites, la côte ou le sommet, prétendûment aperçus, n'existaient que dans le monde des nuages[1]. Aujourd'hui, en revanche, la terre s'est montrée par tribord, basse, sablonneuse, avec une ligne de falaises grisâtres, à l'arrière-plan. Pas un signe de végétation ; je me demande où les autruches et les *guanacos*[2], qu'on dit abonder aux environs, trouvent à manger.

Vers midi, on a vu surgir dans le lointain des flocons de fumée ; ensuite, des mâts, une cheminée ; finalement, un grand steamer, qu'il était facile de reconnaître, à son gréement, pour un des paquebots de la *Pacific Company,* retournant en Angleterre. Dès que nous fûmes suffisamment près l'un de l'autre pour qu'il pût distinguer nos pavillons, nous avons hissé notre numéro avec le signal « nous désirons communiquer ». Puis, le voyant stopper et mettre le cap sur nous, nous avons amené une de nos embarcations où Tom, Mabelle et moi, avec le capitaine et quatre ou cinq hommes du *Monkshaven*, avons pris place.

Notre arrivée sur le paquebot causa, naturellement, un certain étonnement ; marins et passagers se penchaient par-dessus le bord pour nous voir, et lorsque nous fûmes sur le pont, chacun de nous eut son petit cercle d'auditeurs, anxieux de savoir ce qui nous amenait. Tom expliqua au capitaine de l'*Illimani* l'objet de notre visite, et ce complaisant officier ayant consenti à rapatrier nos naufragés, notre canot retourna au yacht pour y prendre le reste de l'équipage du *Monkshaven*, avec leurs coffres et leurs sacs, tandis que nous faisions le tour du bâtiment. La curiosité que nous excitions était vraiment amusante. Des passagers qui n'avaient pas quitté leurs lits depuis le départ de Valparaiso, ou qui faisaient la sieste pour occuper leur temps, entre le luncheon de midi et le dîner de quatre heures, accouraient sur le pont en robes de chambre, les cheveux en désordre, les yeux à peine ouverts, et semblaient ne rien comprendre à cette mystérieuse apparition de nouveaux hôtes, recueillis en pareil endroit.

Le capitaine du steamer eut l'amabilité de nous donner la moitié d'un buffle, abattu le matin, une douzaine de poules et de canards,

1. Il arrive, en effet, grâce à l'immobilité et à la forme bizarre de certains nuages, qu'on les confonde avec la terre.

2. Animal qui correspond au chameau de l'Orient, mais beaucoup plus petit.

et les derniers journaux qu'il avait reçus. Ainsi pourvus d'aliments matériels et intellectuels, nous retournâmes sur le *Sunbeam* et, moins d'une heure après, les deux bâtiments s'étaient perdus de vue. Les pauvres matelots du *Monkshaven* ne se souciaient guère de nous quitter, et plus d'un a fondu en larmes en prenant congé de Tom et de moi, auprès de l'échelle du steamer. Pour les deux mousses, la séparation a été d'autant plus dure que nous avons gardé le maître d'équipage qu'ils aimaient beaucoup [1].

A huit heures, le yacht a mouillé pour la nuit, dans la baie de la Possession. Soirée claire et froide, avec une lune superbe.

Vendredi, 6 *octobre*. — Nous avons remis en route à cinq heures trente minutes, en longeant à la vapeur la côte sablonneuse de Patagonie ou les montagnes arides de la Terre de Feu ; puis le yacht a franchi le Premier Goulet et le Second, jusqu'au cap Negro où, au lieu de broussailles, nous avons recommencé à découvrir des arbres. En défilant entre l'île de Santa Madalena et celle d'Elizabeth, ainsi nommée par Sir Francis Drake, nous avons vainement cherché les myriades de phoques, de loutres, et de lions de mer qu'on dit exister dans ces parages. Sept ou huit petites taches noires qui se montraient sur la rive, à quelque distance, ont disparu dans l'eau, à notre approche : ce fut tout.

---

1. Depuis leur retour en Angleterre, M[r] et Mrs Brassey ont reçu, des armateurs du *Monkshaven*, la lettre suivante :

« Withby, 30 juin 1877.

A THOMAS BRASSEY, ESQ.

Monsieur, votre lettre du 1er octobre nous est bien parvenue, et nous avons été heureux de recevoir d'une bouche aussi autorisée que la vôtre, l'assurance que rien n'avait été négligé pour sauver notre navire. Vous serez satisfait d'apprendre que le capitaine et l'équipage sont arrivés sains et saufs à Liverpool, par l'*Illimani*, pleins de reconnaissance pour vos bontés à leur égard. Notre malheureux bâtiment a dû sombrer peu après sa rencontre avec votre yacht, car nous n'en avons plus entendu parler. En vérité, il est bien heureux que vous vous soyez trouvé si près de lui, d'autant mieux qu'un navire américain auquel il avait fait des signaux de détresse, n'y avait pas pris garde. Comme armateurs, nous avons souvent l'occasion de constater que nos compatriotes sont plus empressés que d'autres à braver le péril pour secourir des navires en détresse, et nous sommes certains, qu'ainsi que vous le dites, vous avez éprouvé une véritable satisfaction à rendre ce service à nos hommes.

Recevez, etc.

SMALES, frères.

A trois heures, nous sommes arrivés à Punta Arena, le seul
point des détroits où l'on se trouve en contact avec le monde
civilisé. C'est un établissement appartenant au Chili, qui y a installé un grand pénitencier pour les condamnés. Un peu avant que
nous jetions l'ancre, le maître du port est venu à bord, suivi bientôt des officiers des deux navires de guerre chiliens, en station
ici. La pluie tombait à torrents, et nous sommes descendus à

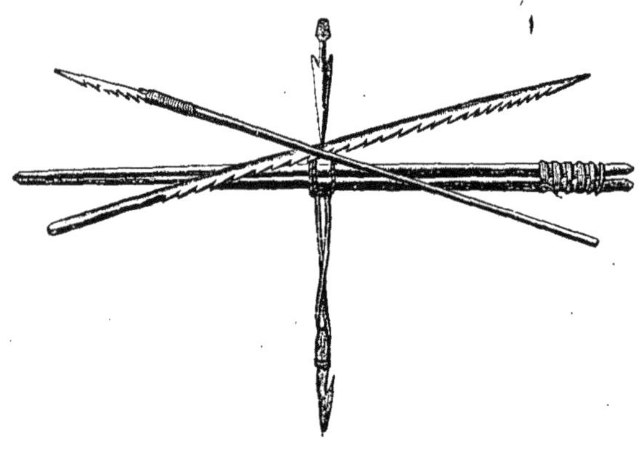

Armes fuégiennes.

terre sous un véritable déluge. Des huttes ou maisonnettes en bois,
couvertes en tuiles ou en ardoises, avec ou sans vérandas, composent la ville, qui renferme de 1,200 à 1,300 habitants. Elles n'ont
qu'un étage, et sont disposées en carrés, séparés l'un de l'autre
par de larges voies; de fortes palissades font le tour de la colonie.
A l'extrémité de la ville s'élève la prison, reconnaissable à sa tour ;
l'habitation du Gouverneur fait un certain effet, bien qu'elle soit
simplement en bois. Il y a une jolie petite église à côté, et une
caserne qui paraît bien tenue. Le vice-consul a promis de tâcher
de nous trouver des provisions; mais nous ne pouvons guère compter que sur des œufs, du bœuf salé, des biscuits de mer et de l'eau.
Rien d'intéressant dans cet endroit : sauf quelques œufs d'autruche nouvellement pondus et des poches pour la selle, spéciales
aux Patagons, qui sont assez curieuses. Quant aux Patagons eux-
mêmes, j'ai bien peur de n'en pas apercevoir; car ils ne viennent

ici que deux ou trois fois par an, pour acheter des vivres et pour vendre des peaux et des œufs d'autruche. Ce sont des Indiens, vivant dans les plaines situées au nord; on les dit, à l'heure qu'il est, précisément en route vers ce lieu-ci. Mais comme ils voyagent lentement, escortés de leurs familles, ils n'arriveront pas avant dix jours. Je le regrette d'autant plus que nous n'aurons peut-être pas l'occasion d'en rencontrer, aux endroits où nous relâcherons; ils habitent, en effet, si loin dans l'intérieur, qu'ils visitent rarement la côte.

En revanche, nous avons vu trois Fuégiennes, dans une maison appartenant au médecin de la colonie. Elles furent recueillies, il y a peu de temps, par un steamer, dans une pirogue où elles avaient cherché refuge, probablement pour se soustraire à quelque persécution. La plus forte des trois, une assez belle femme, avait à la jambe une blessure horrible, à peine cicatrisée; la plus jeune n'avait que huit ans. Elles semblaient gaies, contentes; mais on nous a dit que, vraisemblablement, elles ne vivraient pas longtemps. Après la vie libre et en plein air, l'habitation dans des maisons closes, avec des vêtements chauds, est presque toujours mortelle. Les poumons deviennent malades, et l'on meurt misérablement. Le teint de ces femmes est légèrement cuivré, leur chevelure, noire et épaisse; quoiqu'elles soient loin d'être jolies, je ne les ai pas trouvées aussi repoussantes que je l'eusse supposé, d'après les descriptions de Cook, de Dampier, de Darwin et d'autres.

Samedi, 7 *octobre*. — Mon jour de naissance. Tom m'a donné une magnifique robe en peau de *guanaco*; les enfants, deux couvertures en peau d'autruche. Le *guanaco* est une sorte de gros daim; les vêtements faits avec sa peau, passent pour les plus chauds qui existent. Les gens d'ici m'assurent qu'avec les poils tournés en dedans, ces robes leur ont permis de dormir en plein air, sans être incommodés, bien qu'ils fussent exposés à la pluie, à la neige et au vent. On les fabrique avec la peau des nouveau-nés, tués avant leur treizième jour, ou mieux encore avec celle d'animaux tués dans les entrailles de leurs mères. Ces bêtes sont d'un brun jaune sur le dos, et blanches en dessous; elles sont si petites qu'une fois pliée, lcur peau se réduit à deux triangles, de la largeur de la main. Au lieu de fil, les femmes indiennes se servent des petits nerfs de la patte de l'autruche, pour unir ces triangles l'un à l'autre. Les robes que mettent les chefs, ou *caciques*, ont généralement un dessin au milieu, une bordure brune et des taches, rouges et bleues, peintes sur la partie qui se porte en dehors. On se les procure difficilement, à cause du temps et de la peine qu'exige leur confection; les *caciques* ont chacun plusieurs femmes et elles travaillent sans cesse, soit à ces costumes, soit aux autres, plus ordinaires. Les couvertures en peau d'autruche qu'on trouve ici, sont plus élégantes, mais moins légères et moins chaudes, que les robes en *guanaco*. Elles sont faites avec la peau de l'autruche, dont les longues plumes de l'aile ont été préalablement

Arc et flèches des Fuégiens.

enlevées. On en a donné une à Mabelle, confectionnée avec les peaux de trente petites autruches, toutes du même nid, et tuées à quinze jours.

A onze heures, nous sommes descendus à terre, où le Gouverneur avait eu l'amabilité de nous faire préparer des chevaux. Il y a beaucoup de chevaux ici ; mais les seules selles et les seules brides qu'on puisse s'y procurer, sont celles dont se servent les indigènes. Les selles sont massives et disgracieuses, sans être, pour cela, incommodes quand on est installé dessus : elles se composent de deux pièces de bois, couvertes d'une douzaine de peaux de moutons et de *ponchos*. Des officiers de la garnison nous accompagnaient, ainsi que deux écuyers ou ordonnances, équipés à la chilienne, avec d'énormes étriers sculptés et des éperons encore plus gros que ceux que nous avons vus dans la République argentine. Après avoir franchi une plaine sablonneuse et deux ou trois petits cours d'eau, nous sommes arrivés à la lisière d'une grande

forèt, à travers laquelle nous avons fait quelques kilomètres. Le
chemin était difficile et nous avancions lentement, étant fréquem-
ment arrêtés, soit par un marécage, soit par le tronc d'un arbre,
tombé en travers du sentier et presque transformé en amadouvier,
sous l'action de l'humidité de l'atmosphère ou de la persistance de
la pluie. Des lichens de toutes les couleurs et de toutes les formes
rampaient gracieusement autour des pieds des arbres, pendant que
la longue *tillandsie*[1], semblable à une barbe de vieillard, pendait du
haut des branches les plus élevées. Quelques fleurs, messagères du
printemps, parsemaient le sol tapissé de mousse. On n'entendait
pas un son ; on ne voyait pas un oiseau, pas une bête, pas un insecte. Néanmoins cette forêt ne manquait pas d'une grandeur sauvage. Les plus gros arbres étaient principalement des hêtres d'une
espèce particulière et des cèdres rouges ; le sapin, le laurier-sau-
vage, et certains arbres verts qui restent dans nos pays à l'état d'arbrisseaux et qui atteignent ici des dimensions énormes. Il y a aussi
un arbre appelé le *Drimys de Winter*[2], dont les feuilles et l'écorce
sont chaudes et amères et peuvent remplacer la quinine. Mais les
berberis[3], les *mahonia*, et les *darwinia*[4] avec leurs fleurs orangées,
presque écarlates, qui pendent en grappes de la grosseur et de
la forme d'une petite grappe de raisin, nous ont surtout intéressés.

Notre retour s'est effectué le long de la côte, que la forêt vient
rejoindre en plusieurs points. Le ciel était clair, mais il soufflait
un vent très-froid et de violentes averses tombaient de temps en
temps : c'est ce qu'on nomme ici une belle journée. Nous avons
aperçu quelques oiseaux de mer, notamment des steamers ou frégates, ainsi appelés à cause de leur façon de se mouvoir dans l'eau.
Ils ne volent ni ne nagent ; mais ils se servent de leurs ailes comme
des palettes d'une roue de bateau à vapeur et vont très-vite, en
faisant un bruit très-marqué.

Un médecin qui est venu dîner à bord du yacht, nous a donné
de curieux renseignements sur les Patagons et les Fuégiens des

---

1. Famille des Broméliacées.
2. Famille des Magnoliacées.
3. Sorte d'épine-vinette.
4. Famille des Myrtacées ; plante dédiée à Darwin l'ancien.

environs de la colonie. Les premiers occupent un vaste territoire ;
ils sont presque constamment à cheval et ont pour tout abri des
tentes ou *toldos*, faites avec des peaux de vieux *guanacos*, soutenues
par des perches. Ils sont grands et forts ; leur taille est en moyenne
de 1^m,80, chiffre beaucoup au-dessous de celui qu'énonçaient les
anciens voyageurs. Les hommes et les femmes portent des manteaux flottants, en peau, qui tombent entre la taille et la cheville,
avec un grand morceau pendant, qu'ils jettent au besoin sur leur
tête et qu'ils y attachent à l'aide d'une large épingle faite en argent
brut ou avec un dollar aplati. Ils ne se lavent jamais ; mais ils

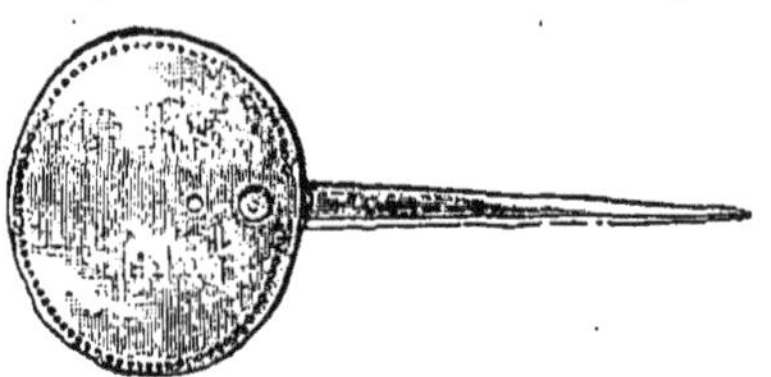

Épingle faite avec un dollar aplati.

s'enduisent le corps de graisse et de peinture, particulièrement les
femmes. Le couteau et la *bola*, qu'ils manient avec une merveilleuse
précision, sont leurs seules armes ; on les leur enlève, durant leurs
visites à la colonie, parce qu'ils sont extrêmement batailleurs, surtout lorsqu'ils sont ivres. La question de savoir s'ils ont une
croyance et des cérémonies religieuses, n'a jamais pu être résolue
en termes positifs. Ils se nourrissent principalement de viande de
jument, de poisson, d'œufs d'oiseaux, de la chair de l'autruche, qui
passe parmi eux pour un mets délicat. Les légumes leur sont
inconnus, et ils ne mangent pas de pain.

Les Fuégiens ou Indiens des pirogues, comme on les nomme
généralement à cause de leur habitude de vivre sur l'eau, sont
beaucoup plus petits que les Patagons. Toutes les fois qu'un navire
est en détresse ou que des naufragés sont jetés sur la côte, ils sur-
gissent de tous côtés, appelés par les feux qui s'allument, comme
par enchantement, sur les hauteurs. Par contre, il arrive souvent
que des bâtiments traversent les détroits sans apercevoir un seul
de ses hôtes, ces sauvages et leurs pirogues restant cachés, le long

de la rive, dans les massifs d'arbres. Ce sont des cannibales, et Darwin les place au bas de l'échelle des divers types humains. Ceux qui hantent la partie orientale des détroits, portent — s'ils portent quelque chose — un manteau en peau descendant à la taille ; ceux de la partie occidentale ont des manteaux en loutre. Mais la plupart sont nus. Ils vivent de coquillages, « d'œufs de mer » que les femmes vont chercher en plongeant avec une rare dextérité, et de poisson que leurs chiens les aident à prendre. Les chiens sont mis à l'eau, à l'entrée d'une petite baie ou d'une crique étroite, et rabattent le poisson vers le bord, où on l'attrape.

L'évêque Stirling, des îles Falkland, qui croise dans ces parages depuis douze ans, dans un petit schooner, a réussi, nous a dit le Gouverneur, à civiliser quelques indigènes ; mais il lui a fallu une rare énergie pour braver les périls et les fatigues qu'il a eus à subir. Les Fuégiens n'ont, que l'on sache, aucune religion à eux.

Bateau et avirons fuégiens.

CHAPITRE NEUVIÈME

DE PUNTA ARENA A LA BAIE DE LOTA

Dimanche, 8 octobre. — Le *Sunbeam* a levé l'ancre à six heures, pour poursuivre son voyage. Peu après avoir dépassé Port-Famine, nous avons découvert le cap Froward ; et Tom a fait stopper la machine pour permettre à M. Bingham de dessiner, et à moi de photographier le magnifique paysage qui s'étendait devant et derrière nous.

Dans l'après-midi, comme nous étions dans l'*English Reach*[1] où tant de navires se sont perdus, nous vîmes poindre une pirogue

1. Les noms anglais donnés aux différentes parties du détroit de Magellan ayant été adoptés, pour la plupart, dans la marine française, le traducteur les a généralement maintenus dans le texte et dans les cartes qui l'accompagnent. *Reach* correspond ici au mot bassin ou nappe; *Sound* indique le plus souvent un enfoncement de la mer dans les terres, anse ou baie, quelquefois un détroit ou un canal; *Narrows* veut dire passe ou goulet. Il faut se défier des noms qui se répètent, tout en désignant des endroits différents.

presque droit devant nous. Elle sortait du canal de Barbara et, comme elle paraissait gouverner sur le yacht, Tom ordonna à la machine de marcher doucement. Sur quoi les occupants de la pirogue redoublèrent d'efforts et s'approchèrent de nous en poussant des cris inhumains, pendant que l'un d'eux agitait une peau au-dessus de sa tête, avec des gestes si énergiques que l'équilibre de l'esquif faillit s'en trouver compromis. C'était une frêle barque, faite de planches grossièrement reliées les unes aux autres avec des nerfs de bêtes. Même, il fallait que l'un des hommes s'employât constamment à en enlever l'eau, pour qu'elle pût se maintenir à flot.

Nous leur lançâmes une corde et ils vinrent le long du bord en demandant du « tabaco » et de la « galeta » qu'on s'empressa de leur donner en échange des peaux qu'ils tendaient; ce que voyant, deux hommes se dépouillèrent de leurs manteaux [1] et les offrirent en réclamant un supplément de tabac qui leur fut aussitôt jeté, avec des grains de collier et des couteaux. Finalement, la femme, influencée par cet exemple, se sépara de son unique vêtement, pour un peu de tabac et quelques miroirs que je laissai tomber dans la pirogue.

La barque était montée par un homme, une femme et un jeune garçon. Jamais, je crois, je n'ai vu de mines plus réjouies que celles de ces gens quand, pour la première fois de leur vie, sans doute, ils manièrent les colliers de verroterie que nous leur avions donnés. Ils nous quittèrent complétement nus, mais si contents que nous eûmes toutes les peines du monde à leur faire larguer l'amarre qui les retenait au yacht. Leur physionomie n'a rien de repoussant; le visage de la femme prit même une expression agréable tandis qu'elle souriait aux boules de verre, bleues, rouges et vertes de son collier. Le fond de la pirogue était garni de branches, mêlées aux cendres d'un feu récent; les pagaies consistaient simplement en branches d'arbres, terminées par un morceau de bois plus large, attaché avec des nerfs d'oiseaux ou de bêtes.

1. Ces manteaux se composent de huit à dix peaux de loutres, dont Mᵣˢ Brassey fixe, dans une note, le prix à 100 francs pièce, d'après une estimation faite à Londres.

Le Cap Froward.

Après avoir dépassé Port-Galant et aperçu l'île de Carlos III, ainsi que les Pics Thornton, nous avons mouillé, à sept heures, dans le petit port de la baie de Borja. Entouré d'une végétation luxuriante, suspendue, pourrait-on dire, au-dessus de l'eau, ce point est comme une perle au milieu des masses de granit qui l'avoisinent et des sommets neigeux qui l'environnent.

Notre charpentier avait préparé une planche, avec le nom du yacht et la date peints dessus, pour être placée sur le rivage, en souvenir de notre visite. Dès que l'ancre fut au fond, nous fûmes à terre, les *gentlemen* armés de leurs fusils, l'équipage muni de carabines et de pistolets en cas d'accident. Le débarquement se fit sans peine ; mais la végétation était si épaisse et si dense, qu'on ne pouvait avancer qu'avec de grandes difficultés. De gros arbres tombés et pourris sur place, sous l'influence de l'humidité de l'atmosphère, servaient de berceau, pour ainsi dire, à des milliers d'arbustes, plantes, fougères, mousses et lichens. Parfois, nous avions l'air de marcher sur le sommet des arbres, ou nous sentions nos pieds s'enfoncer dans des profondeurs inconnues. Une promenade, dans ces conditions, devait nécessairement être courte ; une fois nos paniers pleins de mousses et de fougères, parmi lesquelles nous avons trouvé plus tard de curieux coquillages et des moules excellentes, nous sommes retournés à bord. Les traces d'un feu récemment éteint étaient visibles sur la plage ; dans la nuit, la vigie, qui fut doublée et bien armée, perçut des cris venant de terre. Les sauvages n'étaient donc pas bien loin de nous.

Lundi, 9 *octobre*. — Ce matin, à six heures, nous avons continué notre voyage. Il fait très-froid ; comme nous naviguons entourés de glaciers et de montagnes couvertes de neige, il n'y a pas lieu de s'en étonner.

Nous avons passé d'abord devant le *Snowy Sound*, au bout duquel se montre un immense glacier bleu ; puis est venu le cap Notch, ainsi appelé parce qu'on dirait qu'on en a coupé un morceau. Près de la mer, à quelques mètres des glaciers environnants, la végétation est abondante, même semi-tropicale en maint endroit : ce qui s'explique par la douceur relative des hivers, les étés tempérés, l'humidité du climat et la richesse du sol de ces régions. Au sortir de *l'English Reach*, nous avons pris le *Long Reach*, où nous avons aperçu pour la première fois l'Océan Pacifique, entre le cap Pillar d'un côté, et l'île de Westminster-Hall, la baie de Shell, la pointe Lecky de l'autre côté. Gouvernant alors au nord et laissant ces terres à

Échanges avec les Fuégiens.

notre gauche, nous sommes sortis des détroits de Magellan pour entrer dans le Canal de Smyth, où nous avons d'abord rencontré la Baie des Glaciers et le *Sound* du Glacier, noms qui parlent par eux-mêmes. Le mont Joy, le mont Burney aux sommets couverts de neige et hauts de 1,800 mètres, furent successivement dépassés ; puis, après avoir circulé dans un labyrinthe de petites îles, nous avons jeté l'ancre, pour la nuit, dans la baie Otter, à l'entrée du canal de Mayne, si justement renommé pour les difficultés qu'il présente au navigateur.

Bien qu'il fît presque noir quand nous arrivâmes, les enfants, le

capitaine Brown et moi descendîmes à terre. Mais comme des traces
de feu étaient encore visibles sur la plage, nous nous sommes
bornés à recueillir quelques mousses ou fougères, sans oser nous
aventurer plus loin. Les hommes de quart, la nuit, ont entendu
des cris; si donc nous n'avons pas vu de Fuégiens depuis deux
jours, du moins est-il certain qu'il y en a auprès de nous.

Les Pics Thornton.

Mardi, 10 *octobre.* — Le temps était beau ce matin, quand nous
avons remis en route; mais il soufflait, des montagnes, un vent qui
nous glaçait, bien que le thermomètre (dont la moyenne annuelle
est, je crois, de 7 à 10° dans ces parages) ne fût pas réellement bas.
La zone des neiges perpétuelles commence ici à des hauteurs de
700 à 1,000 mètres seulement, circonstance qui ajoute beaucoup
à la beauté du paysage; en ce moment, comme le printemps dé-
bute à peine, on voit encore de la neige à moins de 140 mètres
du rivage. Les énormes glaciers tombent à pic dans la mer; des
masses de glace, parfois plus grosses qu'un navire, s'en détachent

à tout instant, avec un bruit de tonnerre, et viennent s'abîmer dans
l'eau, en produisant de hautes vagues qui se propagent jusqu'à
l'autre rive. Quelques-uns de ces glaciers, entièrement composés
d'une glace bleue ou verte et d'une neige éclatante, ont des longueurs de 20 à 30 kilomètres. Ce sont les plus beaux que j'aie vus;
même ceux de la Suisse et de la Norwége ne peuvent leur être
comparés. Les montagnes de ces régions-ci sont moins hautes que
celles de l'Europe, mais elles paraissent plus élevées, parce que
toute leur surface, depuis le bord de l'eau jusqu'au sommet, est
visible. Celles qui nous entourent actuellement, se terminent généralement en pics : des pics vierges, pourrait-on ajouter, sur lesquels
l'œil de l'homme s'est rarement arrêté et que son pied n'a jamais
foulés. Il paraît qu'ils sont souvent cachés par des nuages de brouillard et de neige, et que c'est une chance exceptionnelle de les voir
aussi distinctement.

Après avoir quitté le canal de Mayne et dépassé les *Sounds* de
l'Union et de Collingwood, nous nous sommes trouvés au-dessous
des magnifiques Cordillères de Sarmiento, le long desquelles sont
les plus gros glaciers que nous ayons encore vus; ensuite, nous
avons aperçu l'île d'Owen, dont une extrémité a été appelée Mayne
Head, et l'autre cap Brassey, par le capitaine Mayne, durant l'expédition hydrographique du *Nassau* en 1869. Près de l'île de l'Espe-
ranza, les nuages s'étant dispersés et un soleil splendide s'étant mis
à briller, nous avons joui d'une vue incomparable, complétée par
la présence de nombreux bancs de glace qui flottaient çà et là.
Quelques-uns de ces bancs, par un effet de mirage, semblaient
aussi hauts que des montagnes; d'autres avaient pris, en fondant,
des formes fantastiques, cygnes, navires, châteaux, clochers, etc.
Les enfants étaient en extase, en les regardant.

Au mouillage de Puerto-Bueno, où nous avons jeté l'ancre, il y
avait un bâtiment, le *Dacier*, dont les officiers nous firent les honneurs du rivage, à titre de premiers arrivés. Nous comptions trouver
des canards sur un petit lac d'eau douce, situé dans l'île; mais il n'y
en avait pas. Comme le lac vient tomber dans la mer, la guigue[1]

1. Embarcation.

fut conduite sous cette chute d'eau, remplie jusqu'au bord et re-
morquée au yacht, où son contenu fut vidé dans nos caisses;
nous sommes donc à la tête d'une bonne provision d'eau. Le capi-
ture du *Dacier* a dîné avec nous; il a donné à Tom d'excellentes
cartes chiliennes du canal de Darien, partie qui n'a pas encore
été complétement explorée par les hydrographes du gouvernement
anglais. Son navire a une énorme banquise à côté de lui, et l'équipage a passé une partie de nuit à briser la glace, à la lueur des
torches et des lanternes.

Mercredi, 11 *octobre.* — Jamais je n'ai vu de tableau comparable à
celui qui m'est apparu quand je suis montée sur le pont, ce matin,
à quatre heures et demie. La lune, pleine en ce moment, luisait
au-dessus de nos têtes, haute et brillante; les premiers rayons de
l'aurore teintaient la neige des pics; plus bas, le feuillage, les rocs
et les bancs de glace gîsaient dans l'ombre. La beauté de la scène
augmenta encore avec le lever du soleil, quand la lumière, partant
du faîte des montagnes, se répandit dans les vallées et en illumina
les moindres détails; nous étions, à cet instant, dans les Passes
ou *Narrows* de Guia. Qu'on imagine des champs de glace; des glaciers à pic au-dessus de la mer, marquant l'entrée de chaque petite
baie; des falaises et des rocs, couverts de lichens aux mille
nuances; chaque rive, chaque promontoire, tapissés d'une végétation présentant toutes les variétés du vert; des bancs de glace flottants; l'étroit canal lui-même, bleu comme le ciel au-dessus, parsemé de petites îles, toutes chargées de verdure, et réfléchissant
les moindres objets avec une telle netteté qu'il était difficile de
séparer l'image de la réalité! Je ne vois rien, en vérité, qui puisse
donner l'idée d'un pareil spectacle, et de ces merveilleux effets
de réflection. La baie Unfit, dans l'île Chatham, et le mont Lad-
der dont le flanc a l'air d'être découpé en escalier, défient toute
description. Mais les dessins de M. Bingham, pris sur place
et reproduits ici, suppléeront à l'insuffisance de ma plume.
L'un d'eux représente la Montagne aux deux pics, dans l'île
de Wellington; on eût dit les deux flèches de la cathédrale de
Tours.

Le temps demeure superbe. Le ciel garde une teinte bleue qui peut rivaliser avec le bleu classique du ciel d'Italie. Le soleil est chaud et brillant. Quand il fait du brouillard, la navigation est impossible dans ces parages; on stoppe, en envoyant des hommes à terre pour allumer un feu qui sert de point de repère, et on

Glaciers. « Snowy Sound. »

attend une éclaircie pour se remettre en route. Combien je suis heureuse que nous ayons pu franchir cette série de détroits, dans des conditions si favorables ! Grâce à cette circonstance, cette partie de notre voyage n'a été qu'une succession rapide de merveilleuses visions, dont le souvenir restera ineffaçable.

Le yacht a mouillé pour la nuit à Port Grappler, après avoir contourné l'île Saumarez en passant par le *Chasm Reach*. Nous aurions voulu y passer la journée de demain, pour permettre à Tom de se

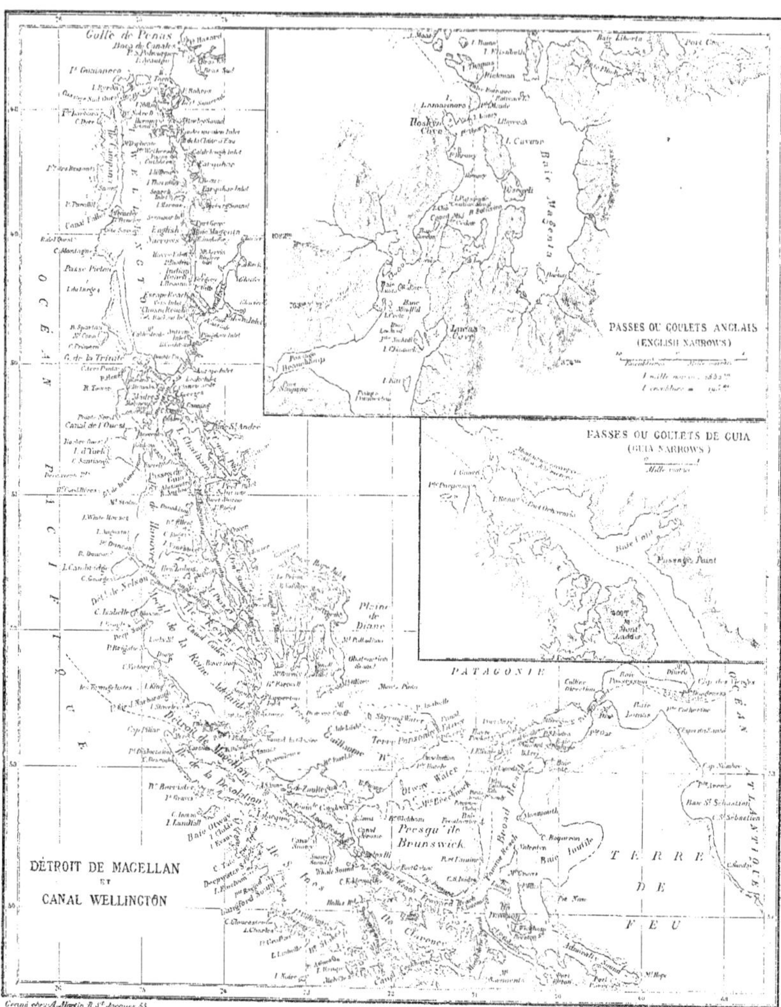

Golfe de Penas
PASSES OU GOULETS ANGLAIS
(ENGLISH NARROWS)
PASSES OU GOULETS DE GUIA
(GUIA NARROWS)
PATAGONIE
DÉTROIT DE MAGELLAN
ET
CANAL WELLINGTON
Presqu'île
Brunswick
TERRE
DE
FEU
OCÉAN PACIFIQUE
OCÉAN ATLANTIQUE

reposer[1] ; mais il craint d'être pris par le mauvais temps et nous repartons à cinq heures.

Jeudi, *12 octobre*. — Rien ne peut égaler en splendeur la partie des détroits que nous avons traversée hier au soir, notamment le *Chasm Reach*. Le contraste entre l'éclat des sommets de neige, éclai-

Baie Unfit.

rés par le coucher du soleil, et les teintes sombres des parties basses, déjà plongées dans l'ombre de la nuit, était impressionnant au plus haut degré. Nous avons suivi, tout le long d'une montagne,

1. Obligé d'être toujours sur le pont, ses cartes devant lui, et de fixer à tout instant la position de son navire pour éviter les endroits signalés comme dangereux, le navigateur subit des fatigues tout à fait exceptionnelles, dans des détroits comme ceux dont on vient de lire la fidèle et intéressante description. Mr Brassey dut même être d'autant plus éprouvé, sous ce rapport, qu'il a suivi, dans certaines parties de cette traversée, une route peu fréquentée et, par conséquent, peu étudiée. Aussi, les journaux de Londres ont-ils rendu un hommage spécial aux qualités nautiques qu'il a déployées dans ces difficiles parages.

la trace, profondément marquée, d'une énorme avalanche récemment détachée du sommet. Elle doit avoir bloqué, pour un instant, l'étroit chenal. Quel sort pour le navire qui se trouverait placé, à ce moment, sur son passage!

Nuit froide et claire; journée aussi belle que celle d'hier. Partis à cinq heures, nous avons rebroussé chemin pendant quelques milles, pour contourner ensuite la pointe de l'île Saumarez et pénétrer dans l'étroit canal qui conduit à l'*Indian Reach*. Il faut ici la plus grande attention pour éviter des roches sous-marines, sur lesquelles ont péri plusieurs navires ; entre autres, un steamer allemand, l'année dernière. La surface de l'eau, aussi calme que traîtresse, réfléchissait l'image des falaises et des arbres ; et sa tranquillité n'était troublée que par l'apparition soudaine d'un phoque en quête d'air frais, ou par le vol des steamers, des cormorans et des fous qui se décidaient, toujours tardivement, à nous faire place.

Après avoir accompli heureusement le passage de l'*Indian Reach* et, comme nous passions devant *Eden Harbour* [1], le cri d'« une pirogue, droit devant », se fit entendre. Un bateau, en effet, se dirigeait vers nous, contenant environ six sauvages, armés d'arcs et de flèches, et de longues cannes de pêche qui dépassaient un des côtés de l'embarcation. Notre machine stoppa, et la pirogue vint le long du bord. Six créatures à moitié nues, dont trois femmes et un enfant, en composaient l'équipage; deux chiens, assez semblables à ceux des Esquimaux, bien qu'un peu plus petits, y répondaient par de vigoureux aboiements aux saluts de nos tou-tous. L'un des hommes portait une sorte de robe en peau de loutre, lacée par devant; deux des femmes avaient des peaux de moutons; les autres étaient complétement nus. Tous avaient les cheveux noirs, des voix gutturales et demandaient, en gesticulant, « tabaco » et « galeta. » Malheureusement pour eux, ils manquèrent l'amarre qu'on leur lança du bord et, comme nous n'avions pas de temps à perdre, nous dûmes nous éloigner sans pouvoir leur faire aucun cadeau : circonstance qui nous valut force imprécations de leur part, soulignées par des gestes menaçants. Peut-être est-il heureux

---

1. Le havre Eden.

que nous ne nous soyons pas arrêtés pour communiquer avec eux ;
car on a aperçu, du haut des mâts, un grand mouvement de pirogues
dans les criques le long du rivage, en sorte que nous aurions pu
être entourés.

Tout près d'ici, se trouvent les *English Narrows :* passage scabreux,
mais très-intéressant pour le navigateur. D'abord, on y rencontre
un courant violent ; ensuite, pour éviter certain haut-fond, il faut
se rapprocher tellement près de la rive ouest, que les branches des
arbres s'accrochent dans le gréement, pendant que les flancs du
navire frôlent les rocs. Deux hommes furent placés au gouvernail ;
le yacht mit le cap à toute vitesse, sur la terre ; puis, tout à coup,
Tom donna l'ordre de venir en grand[1] sur un bord, et le *Sunbeam*
franchissant, sain et sauf, le point dangereux, se retrouva, de
nouveau, dans des eaux plus saines et plus larges. C'est justement
en cet endroit que le capitaine Trivett fut renversé par une branche
d'arbre, sur le pont de son navire : accident qu'il raconta à Tom
avant notre départ d'Angleterre.

Dans ces Passes anglaises, tout était clair et brillant derrière nous,
mais noir et sombre, devant ; le ciel et le soleil étaient voilés ; les
sommets des montagnes, cachés ; les vallées, chargées de brouil-
lards et de nuages. Tout cela semblait bien annoncer un changement de temps, quoique le baromètre se maintînt haut ; et en effet,
comme nous étions auprès de la baie Liberta, par 48°50' lat. S. et
74°25' long. O.[2], une trombe, non pas d'eau, mais de poussière et de
cendre, fondit sur nous, à l'improviste. En admettant que cette
poussière soit d'origine volcanique, elle doit avoir fait un immense
trajet pour venir jusqu'ici ; car le volcan le plus rapproché de nous,
en ce moment, est celui de Corcovado, dans l'île de Chiloé, dont
nous sommes séparés par près de 300 milles. Le même phénomène
se produit, du reste, à Buenos-Ayres, au point d'occasionner une
obscurité complète pendant dix à quinze minutes ; mais cette ville
est située sur le bord d'un fleuve et adossée à d'immenses plaines
sablonneuses dont le sol n'a d'autres éléments d'agrégation que les

---

1. Tourner brusquement d'un côté.

2. Les longitudes citées dans ce texte sont comptées à partir du méridien de
Greenwich ; cette remarque s'applique aussi aux cartes.

herbes légères des pampas, tandis que la poussière qui vient ici, a eu à franchir deux chaînes de montagnes neigeuses, hautes de 1,800 à 2,000 mètres, larges souvent de plusieurs kilomètres, et à traverser ensuite une vaste région, pour atteindre le canal Messier.

Malgré cet incident, cependant, le temps était si beau et le baromètre si haut, que Tom se décida à aller de l'avant, au lieu de passer la nuit à Hale-Cove, comme nous devions le faire primitivement. On remit donc en place les vergues et les flèches, de façon

La Montagne aux deux pics.

que le yacht fut prêt à affronter de nouveau la haute mer et, quelques instants avant le coucher du soleil, nous découvrions l'Océan Pacifique. J'espère qu'on m'excusera si je me laisse aller à exprimer ici mon admiration de la façon dont Tom a dirigé le *Sunbeam*, dans les difficiles parages que nous venons de traverser. Jamais il n'a paru embarrassé ; jamais il n'a hésité un seul instant, et je me sens certaine qu'il n'est pas de marin de profession qui ne lui rende, à ce propos, le même hommage que moi. Malheureusement, sa tâche a été fatigante, l'ayant retenu sur le pont presque tout le temps.

La distance du cap des Vierges, qui marque l'entrée des détroits, au golfe de Peñas (659 milles), a été parcourue en 76 heures ; le yacht a mouillé six fois. En évaluant notre journée à onze heures seulement, nous avons mis sept jours pour franchir les détroits, à la vapeur ; et comme nous avons stoppé deux ou trois heures, en différents endroits, pour prendre des photographies ou des croquis et pour communiquer avec les Fuégiens, notre vitesse moyenne a été de 9 nœuds et demi. Parfois elle s'est élevée jusqu'à 12 et 14 nœuds, quand le courant nous poussait ; d'autres fois, elle était à peine de 6 nœuds, lorsque nous luttions contre lui.

La chasse aux oiseaux de mer.

Le soir, nous sommes passés entre l'île Wager et le canal de Cheape, où un de nos navires de guerre s'est perdu : le *Wager*, capitaine Cheape. Pendant la nuit, nous sommes restés en calme, dans le golfe de Peñas.

Vendredi, 13 *octobre*. — Le yacht a éteint ses feux et établi ses voiles, ce matin à sept heures ; mais la brise était faible et, malgré les efforts de nos navigateurs pour utiliser ses moindres souffles, nous avons fait peu de chemin. Quelques regrets que nous laissent les splendides paysages des détroits, nous ne sommes pas fâchés de sentir le soleil devenir, peu à peu, plus chaud, et de pouvoir envisager, sans effroi, le bain du matin. Ce changement est également apprécié par les divers animaux du bord, surtout par les singes et par les perroquets, qu'on voit maintenant se chauffer sur le pont, au moindre rayon de chaleur. Dans les détroits, le soleil était chaud ; mais la présence d'énormes masses de neige et de glace, des deux côtés, rendait le vent glacé.

Samedi, 14 *octobre*. — Calme, ou brises légères, toute la journée. Le yacht était si immobile que de grosses baleines se sont ébattues tout autour, nageant le long de ses flancs ou plongeant sous sa quille, sans paraître troublées, le moins du monde, par notre présence. De temps en temps, elles lançaient d'énormes colonnes d'eau, rappelant les jets d'eau de Crystal-Palace. D'autres fois, elles écartaient leurs énormes mâchoires pour engloutir les petits poissons qui nageaient à portée d'elles. Ce spectacle a beaucoup amusé les enfants, et *baby* y a appris un nouveau tour. Quand on lui demande : « Qu'est-ce que font les baleines ? » elle ouvre la bouche le plus qu'elle peut, étend les bras, souffle bien fort, puis regarde la galerie, en quête d'applaudissements. A huit heures, le vent étant complétement tombé, nous avons remis à la vapeur.

Dimanche, 15 *octobre*. — Calme plat. Hymnes et litanies à onze heures ; prières, hymnes et sermon à cinq heures. Nous avons dépassé l'île de Chiloé, où il pleut toujours et où, conséquemment, la végétation est magnifique. Elle est habitée par une tribu d'Indiens, exceptionnellement civilisés, qui cultivent la terre et qu'on dit affables pour les étrangers. Darwin et Byron parlent en bons termes de cette île ; elle doit s'être encore améliorée depuis eux, puisqu'il y a maintenant un bateau à vapeur qui va, chaque semaine, de Valparaiso à San-Carlos, chercher des fruits et des légumes. La pomme de terre y pousse naturellement.

Mardi, 17 *octobre*. — Nous avons aperçu ce soir l'île de Mocha où l'on trouvait autrefois, dit-on, des troupeaux de chevaux et de porcs sauvages.

Un de nos amusements, durant les heures de calme, est la chasse

aux oiseaux de mer, pigeons du cap, goëlands et albatros, avec une
ligne et un hameçon. Nous en avons pris beaucoup de cette façon;
d'autres, qui venaient s'abattre à bord, ont été attrapés avec les
filets à papillons. Allen, le patron de la guigue, s'entend très-bien à
les dépouiller de leur peau. Si nous avons la chance de prendre un
albatros, il se promet de faire des blagues à tabac avec la peau des
pattes [1] et des tuyaux de pipes avec les os des jambes.

1. Cette peau est si fine qu'il suffit souvent que l'albatros pose ses pattes sur le
pont, pour qu'elle soit endommagée.

Cap Brassey.

Cottages, ou huttes, de « huassos. »

CHAPITRE DIXIÈME

LE CHILI

Mercredi, 18 *octobre*. — A trois heures trente minutes, nous étions près de la terre au sud de la baie de Lota ; à quatre heures, on stoppait, à cause du brouillard ; à six heures, nous remettions lentement en route, quoique la côte fût à peine visible. Le passage dans la baie, entre l'île de Santa-Maria et la pointe Lavapié, est étroit et semé de récifs sous-marins, dont la position n'est pas encore complétement déterminée. Tom dit qu'il n'a jamais franchi une passe plus difficile, par un temps plus brumeux ; néanmoins, il s'en est tiré avec son bonheur accoutumé. Juste comme nous entrions, le soleil a percé le brouillard et a laissé voir une belle baie, entourée de trois côtés par des collines bien boisées, et abritée contre tous les vents, sauf contre ceux du nord. Le grand établissement de Mme Cousiño, consistant en mines de charbon, en immenses ateliers de fusion et en vastes poteries, en occupe un des coins ; les vapeurs sulfureuses qui s'en échappent, ont complétement détruit toute végétation, sur le versant auquel il se trouve adossé. Près de l'établissement, il y a un village pour les ouvriers et leurs familles. Au milieu d'un grand parc et sur une éminence, se montre l'habitation de Mme Cousiño, entourée de jardins magnifiques. L'aspect général de la côte, avec ses falaises de granit, son sol rouge et ses arbres allant jusqu'au bord de l'eau, rappelle la côte de Cornwall. Sur les moindres élévations de terrain, on aperçoit de petites maisons d'été.

Notre premier soin, en descendant à terre, fut d'aller visiter les jardins de M^ma Cousiño. Une centaine de travailleurs, dirigés par d'habiles jardiniers écossais, y sont constamment employés. On y trouve des plantes de toutes les parties du monde, de la Nouvelle-Zélande, de la Polynésie et de l'Australie; des grottes, des fontaines, des statues; des escaliers descendant à la baie, ou montant vers le bois; des siéges de toutes les formes, *sous*, *dans* et *sur* les arbres; des pavillons et des pagodes, dans tous les angles, dans tous les coins, d'où l'on jouit d'une belle vue de la mer ou de la terre.

Un des directeurs de l'établissement était malheureusement très-malade, en sorte que M^mo Cousiño, occupée à le soigner, n'a pas pu nous recevoir; mais elle nous a fait envoyer, à bord, des fleurs et des fougères, et un luncheon a été servi à notre intention, d'après ses ordres, dans la *Casa de la Administracion*. C'est un édifice destiné aux principaux employés, pourvu d'un grand billard, d'une belle bibliothèque et de chambres à coucher pour les visiteurs.

Nous avons visité les ateliers où l'on fait fondre le cuivre, accompagnés d'un administrateur qui nous a expliqué très-clairement tous les détails de l'opération. Rien qu'en regardant un morceau de minerai, fraîchement extrait de la mine, il pouvait dire la quantité de fer ou de cuivre qu'il contenait. La moyenne varie de 10 à 75 °/₀ du poids brut. Les hauts-fourneaux restent allumés jour et nuit et sont desservis par trois équipes; la quantité de cuivre produite annuellement est si considérable, qu'on peut dire qu'elle alimente les trois quarts de la consommation de l'Europe. Le minerai arrive de divers points du Chili et du Pérou, dans des navires appartenant pour la plupart à Mme Cousino. Quant au charbon, on le trouve en telle abondance et si près de la surface que l'opération de la fonte n'entraîne aucuns frais. Cette après-midi passée au milieu de la fumée, de la chaleur, et d'ouvriers à demi-nus, dirigeant, avec une surprenante dextérité, les jets enflammés de minerai fondu, a fait un singulier contraste avec notre promenade du matin.

La visite aux usines terminée, un petit chariot, tapissé de drap

« Huasso » du Chili.

rouge et attelé à une locomotive, nous a conduits aux mines de charbon. On traverse d'abord le parc ; puis, on suit une longue vallée, près de la mer, remplie de fleurs sauvages, de fougères et d'arbres tout couverts de *copigues*. Ce nom désigne une plante grimpante qui est spéciale à ce pays-ci, et qui donne un caractère particulier au paysage durant le mois de mai, époque où elle se couvre de fleurs roses et rouges. Le peu de temps dont nous disposions nous a empêchés de descendre dans les puits : ils sont généralement profonds de 900 mètres et s'étendent sous la mer, à une certaine distance.

A notre retour à bord, le vent a changé et la pluie a commencé à tomber ; il y a quelque temps déjà que nous n'en avions eu.

Jeudi, 19 *octobre.* — On nous a décidés à visiter l'intérieur du Chili, plus longuement que nous n'en avions l'intention. Nous irons donc, par terre, à Santiago, en suivant une route qui nous permettra de voir la Cordillère des Andes, les Indiens araucaniens de la frontière et les bains de Cauquenes. Tom conduira le yacht à Valparaiso et viendra nous rejoindre, dans cinq ou six jours, à Santiago. L'exécution de ce programme a commencé ce matin : l'ancre était levée et la brigantine[1] bordée, comme nous débarquions sous une pluie battante.

Il y a une diligence de Lota à la Concepcion, notre première étape ; mais nous avons trouvé plus commode de louer un véhicule spécial. C'était, tout simplement, une grande caisse en bois, suspendue par de larges courroies à des ressorts en C, sans portière et sans glace. Deux ouvertures, longues et étroites, y donnaient accès, et un rideau de cuir servait à la clore, au besoin. L'intérieur était spacieux et convenablement installé.

Après avoir descendu la colline qui conduit à la *Playa Negra,* nous avons longé la mer pendant quelque temps ; la pluie avait détrempé les routes, et notre coche glissa et s'embourba plusieurs fois. Cependant nous sommes arrivés, sans accident, au petit bourg de Coronel, situé en haut d'une route très-escarpée, avec un fossé d'un côté et un précipice de l'autre, qu'on prend en quittant la côte. Coronel domine une petite baie qui porte son nom. Tandis qu'on changeait les chevaux, nous avons aperçu le *Sunbeam* sortant de la baie de Lota. Amarrée à la jetée, il y avait une barque remplie de légumes de toutes sortes, et de petites piles d'œufs marins[2], dépouillés de leurs épines, et réunis avec des joncs en paquets de trois. Les gens du pays semblent les préférer crus, arguant qu'ils sont plus nourrissants ; mais ils les mangent aussi cuits dans leurs coques, ou en omelettes. Coronel est un grand centre houiller, et la baie, qui est entourée de cheminées, de tuyaux et de jetées, était pleine de steamers et de navires charbonniers. On traverse, en quittant ce point, des pâturages parsemés de gros arbres ; l'aspect

---

1. Voile de l'arrière.
2. Aussi appelés châtaignes de mer, ou oursins.

général est celui d'un grand parc. Des verveines rouges, des *ca.ceo-laires* jaunes, des bruyères blanches croissent des deux côtés de la route ; des myrtes, des mimeuses et d'autres arbrisseaux s'enla-cent avec des *nasturces* couleur orange et avec un certain *trophis* rouge foncé, avec une bordure bleue, dont j'oublie le nom. Sous les arbres, le sol est recouvert d'une épaisse couche de fougères, du genre *adiantum*. Chemin, d'ailleurs, pitoyable : on y est telle-ment cahoté que nous avons eu de la peine à assujettir le panier contenant nos provisions de voyage, et à luncher.

A mi-chemin, entre Coronel et la Concepcion, nous avons rencontré la diligence : on aurait dit un coche du temps de la reine Élisabeth. La caisse, longue et basse, et garnie tout autour d'ouvertures sans glaces, était peinte en rouge, avec des devises flamboyantes ; d'innom-brables courroies servaient à la suspendre à d'énormes ressorts en forme de C. Les siéges, disposés de chaque côté, pouvaient contenir trois personnes ; au milieu était un banc, comme dans le carrosse du lord-maire, sur lequel quatre voyageurs étaient assis dos à dos.

Il était six heures du soir quand nous atteignîmes le Bio-Bio, cours d'eau peu profond, qui coule à l'entrée de la ville de Concepcion ; nous dûmes le traverser en bac, et, comme il était déjà tard, on eut beaucoup de peine à recruter des hommes pour effectuer l'opé-ration. Nous y réussîmes pourtant ; et, après un débarquement long et pénible, causé par l'impossibilité où fut le chaland de s'approcher jusqu'à la rive, — ce qui obligea la voiture et les chevaux à entrer dans l'eau, — nous arrivâmes au grand galop devant l'hôtel *del Commercio*, où nous trouvâmes de bonnes chambres et un bon dîner nous attendant. Malheureusement, le propriétaire nous apprit que la circulation était interrompue sur la ligne d'Angol, en raison de la rupture d'un pont, et qu'à l'exception du train de l'entrepreneur des travaux, qui part une fois par semaine, il n'y avait aucun moyen de communication. « C'est demain vendredi, ajouta M. Le-tellier, et nous sommes si près de lundi que Madame fera mieux d'attendre ici, jusque-là. » Pour me consoler de ma déception, le maître d'hôtel me dit qu'il n'y avait plus d'Indiens maintenant à Angol, les Chiliens les ayant refoulés plus loin ; mais que si nous tenions toujours à y aller, nous pourrions nous rendre en bateau à Nacimiento et nous procurer, là, une voiture. Il paraît que l'eau est basse en ce moment, et qu'on court le risque de rester échoué deux ou trois jours. Tous comptes faits, le mieux est de renoncer à cette partie de notre programme, sous peine de ne pas être à Santiago au jour dit; dans tous les cas, notre voyage sera beaucop plus long que nous ne le pensions.

Vendredi, 20 *octobre.*—Promenade sur la *Plaza,* avant le déjeuner. Elle est bordée de plates-bandes où poussent de magnifiques rosiers, à côté d'orangers, de grenadiers et de *deutzias.* Chaque plate-bande appartient à une des principales familles de la ville, et c'est à qui y entretiendra les plantes les plus rares et les fleurs les plus belles. La Concepcion a souffert et souffre encore beaucoup des tremblements de terre; la ville actuelle ne date que de trente-cinq ans. Les maisons ont seulement un étage, et les rues, ou plutôt les voies qui les séparent, sont particulièrement larges, afin de laisser aux habitants la chance de se sauver, s'ils sont surpris dans leurs demeures par une secousse soudaine. En été, tout le monde se précipite dans la rue, à quelque heure que ce soit, dès que les premiers symptômes d'un tremblement de terre se font sentir; en hiver, où les secousses ne sont ni aussi violentes ni aussi dangereuses, on a moins peur. L'ancienne ville s'élevait à 3 kilomètres de celle-ci, près d'un endroit appelé Penco; mais après avoir été démolie de la façon habituelle, elle s'est abimée dans une dernière secousse qui a fait disparaître toute trace de son existence.

Une voiture nous a menés à l'*hacienda* de M. Mackay, à Puchacai : charmant *cottage,* couvert en chaume, dressé au milieu d'un jardin, où le laburnum et le lilas poussent à côté du grenadier et de l'oranger. De grands chênes anglais et des pins de Norfolk qui s'élèvent autour du jardin, donnent à ce petit coin de terre un aspect britannique qui n'a pas manqué de nous impressionner. On nous a servi, entre autres bonnes choses, du *pejerey* frit, qui passe, ici, pour le roi des poissons, et auquel on ne peut refuser de justifier cette prétention. Dans l'après-midi, nous avons visité les écuries, les étables et plusieurs fermes qui dépendent de la propriété. Les paysans de cette partie-ci du Chili font une dentelle particulière

connue sous le nom de *miñaque;* on nous en a offert quelques
échantillons. Il y en a de diverses espèces; les unes très-com-
munes, servent à couvrir les meubles; d'autres, plus soignées, se
portent comme ornement. Cette dentelle est très-bon marché, très-
solide, et ressemble beaucoup à la dentelle-torchon, actuellement
employée à Paris et à Londres pour garnir les jupons et les robes
des enfants. Les femmes s'entendent aussi très-bien à filer, à tein-
dre et à tisser la laine de leurs moutons, dont elles font les *ponchos*
que portent les hommes en toute saison. Ils ne valent pas ceux de
la République Argentine, mais ils sont cependant plus originaux et
plus jolis, en raison de leurs brillantes couleurs.

Après le dîner, nous avons fait une provision de photographies :
elles sont, généralement, excellentes au Chili, mais elles coûtent
le double des prix de France ou d'Angleterre.

Samedi, 21 *octobre*. — Quoique je sois seule de notre bande à
parler un peu l'espagnol, nous avons pris bravement, ce matin, le
train de Linares, sans interprète et sans guide. La ligne court le
long du Bio-Bio jusqu'à San-Romde, flanquée des deux côtés par
des collines peu élevées, sur les flancs desquelles on aperçoit des
vignes en très-grand nombre. A San-Romde, on quitte la rivière
pour traverser une zone de terres bien cultivées, qui aboutit à Chillan
où nous avons fait halte.

Chillan dérive d'un mot indien, signifiant « selle du soleil », et
on lui a donné ce nom parce que les rayons lumineux y arrivent
à travers une gorge, dans la chaîne des Andes, qui a la forme d'une
selle. Comme la Concepcion, la ville actuelle est bâtie à peu de distance de l'ancienne, détruite, il y a trente ans, par un tremblement
de terre. On voit encore des maisons qui, plus solides que les
autres, ont résisté à la secousse; les murs en sont lézardés de haut
en bas, et elles ne sont occupées que par des pauvres. Il y a chaque
samedi un grand marché de chevaux et de bestiaux à Chillan,
marché si important qu'on chiffre à 100,000 dollars les affaires qui
s'y traitent au cours d'une seule matinée. Nous n'avons, nous, rien
vu de curieux dans la ville, sauf des éperons, des mors et des
étriers en argent, que fabriquent les Indiens.

Pendant que mes compagnons de voyage fumaient, j'ai été voir un pauvre mécanicien anglais, auquel est arrivé un terrible accident. On l'a envoyé, il y a huit jours, sur une locomotive, porter un message pressé; un essieu se mit à grincer, durant le trajet; il descendit pour voir ce qui se passait, en se bornant à réduire la vitesse, et la roue du tender lui passa sur le pied. Personne n'était là qui pût le panser; il remonta sur sa machine, et poursuivit sa route courageusement. Mais voici qu'un peu plus loin, la locomotive déraille; le malheureux est obligé d'envoyer son chauffeur chercher du secours à plusieurs kilomètres de là, si bien que c'est seulement après quarante-deux heures qu'il a pu voir un médecin. Son état est, pourtant, aussi satisfaisant que possible, et je suis aise d'avoir à dire qu'il se loue beaucoup des attentions dont il est l'objet de la part d'un Français qui tient l'hôtel, et de la femme de celui-ci, une Espagnole qui l'a soigné comme une mère. Singulière rencontre! Pendant que j'étais dans la chambre de ce pauvre homme, un de ses camarades est entré qui s'est souvenu de m'avoir vue en Angleterre et qui m'a nommé effectivement, deux ou trois personnes de nos connaissances, entre autres l'administrateur des chantiers de Messrs. Bowdler et Chaffer, où le *Sunbeam* a été construit.

Dimanche, 22 octobre. — C'est aujourd'hui dimanche; néanmoins, il a fallu se décider à voyager, sous peine de ne pouvoir plus partir que mardi. Nous étions donc debout à cinq heures du matin; avant sept heures, nous arrivions à la station et, moins de quatre heures plus tard, nous atteignions Linares, en passant par San-Carlos. Linares est beaucoup plus petit que Chillan, mais il est bâti exactement sur le même plan : *Plaza*, cathédrale et le reste. Les rues étaient pleines d'hommes à cheval qui menaient leurs femmes à la messe, assises en croupe derrière eux. La route que nous avons suivie en voiture pour aller à Talca, traverse un pays riche, entrecoupé de petits cours d'eau; au fond, on aperçoit la chaîne neigeuse des Andes et, de tous côtés, des plantations de peupliers, à l'ombre desquels poussent de magnifiques rosiers. Nous avons croisé beaucoup de *huassos*, à pied ou à cheval, en habits de fête; des buveurs, des causeurs, et des joueurs remplissaient tous les cabarets. Les cottages, ou huttes, qu'on voit de la route, sont faits généralement avec des branches d'arbres plantées dans le sol, de la terre glaise en guise de chaux, et des roseaux comme toiture. Deux tonnelles, composées de quelques pieux en bois attachés ensemble et tapissés de fleurs, tiennent lieu de salon et de cuisine; le fourneau est toujours placé à l'extérieur, afin que l'officiant souffre moins de la chaleur.

Les femmes jeunes ont une physionomie très-agréable ; le teint est brun l'œil brillant ; les cheveux, très-abondants, tombent

Chiliennes attendant le train.

derrière le dos en deux longues tresses qui descendent au-dessous de la taille. Les hommes ont aussi très-bon air. De fait, le pays est sain et tout y revêt un aspect prospère. Les animaux disparaissent jusqu'aux genoux dans de riches pâturages ; les chevaux sont bien nourris ; les moutons, les porcs, etc., sont en parfait état.

Avant d'arriver à Talca, on traverse le Maule [1], fleuve large et profond, où le courant est rapide ; mais le bac dans lequel nous l'avons passé est adroitement manœuvré, et nous avons atteint l'autre rive sans encombre, pendant qu'auprès de nous des mules faisaient, avec succès, la même traversée à la nage.

1. Le Bio-Bio (ou Biobio) et le Maule sont les deux cours d'eau les plus importants du Chili : au moins les seuls navigables.

Il est de règle, dans ce pays-ci, que tous les Italiens qui y tiennent un hôtel, l'intitulent « Hôtel de Colomb » ; bien que les Espagnols leur contestent toute parenté avec le grand navigateur, sous prétexte que Gênes, où il est né, constituait, alors, un état indépendant. L'établissement où l'on nous a conduits en arrivant, appartenant à un nommé Gassaroni, portait, conséquemment, le nom sacramentel. En attendant le dîner, nous nous sommes promenés dans la ville ; elle ressemble tellement à la Concepcion et à Chillan, au point de vue du percement des rues, des constructions et des plantations, que je ne suis pas sûre que quelqu'un, familier avec ces trois endroits et transporté à l'improviste dans l'un d'eux, pourrait dire immédiatement où il se trouve. Talca dérive d'un mot indien qui signifie tonnerre : les orages y sont, en effet, aussi violents que fréquents.

Lundi, 23 *octobre*. — Un peu après minuit, j'ai été réveillée par un grand bruit. Tout d'abord, j'ai cru que je rêvais ; mais des coups de grosse caisse s'étant fait entendre distinctement, j'allai voir à la fenêtre ce qui se passait. Un orchestre militaire de vingt-cinq musiciens était réuni dans la cour, et se disposait à exécuter les plus jolis morceaux de son répertoire, en honneur de la *prima donna* qui habite, paraît-il, notre hôtel. L'incident n'avait rien de plaisant, après une journée fatigante et un prochain départ en perspective ; comme il

Un voisin de wagon.

fallait, bon gré mal gré, s'y résigner et que dormir était impossible, je me mis à écrire, jusqu'à ce que l'air national chilien eût signalé la fin du concert et le rétablissement du silence.

A sept heures trente minutes, nous prenions le train pour Cauquenes. Un Chilien qui voyageait avec nous et qui est très-bon patriote, comme tous ses concitoyens, nous a donné d'intéressants détails sur le pays. Il m'a paru particulièrement fier de l'état prospère des finances et, à diverses reprises, il a exprimé son étonnement que les Anglais s'obstinassent à utiliser leurs capitaux dans la République Argentine ou au Pérou, au lieu de les employer ici où ils pourraient les placer, en toute sécurité, à 8 et 10 p. %. Le même langage nous a été tenu par diverses personnes ; et il semble, effectivement, que le Chili soit le pays de l'Amérique du Sud où le capitaliste est le plus à l'abri des révolutions. A Curico[1], nous avons déjeuné et bu du vin chilien ; il est vraiment excellent, mais si bon marché que les maîtres d'hôtels s'abstiennent, le plus souvent, d'en servir à leurs clients.

Il n'y a pas de gare à Cauquenes ; mais, comme le train s'y arrêtait et que nous voyions BAINS DE CAUQUENES sur l'enseigne d'une auberge, nous prîmes sur nous de descendre. La machine se remettait en route au moment où le dernier de notre bande quittait le wagon, et nous avons cru un instant que nous allions perdre notre bagage. Heureusement, des voyageurs qui virent nos signaux de détresse, parvinrent à se faire entendre du conducteur, et le train stoppa, de nouveau, pour nous restituer nos valises. Quelques instants plus tard, un véhicule loué à l'auberge, et où nous ne pûmes monter qu'à l'aide d'une échelle, nous emportait au trot de quatre bons chevaux. La route monte et descend, traverse divers cours d'eau, mais est généralement bonne. Nous changeâmes une fois d'attelage à une *hacienda* ; cela s'est fait très-lestement. Une soixantaine de chevaux circulaient en liberté dans une grande cour ; un homme est arrivé et a jeté le lasso, avec une adresse étonnante, aux quatre dont nous avions besoin. J'ai remarqué les selles de plusieurs cavaliers arrêtés auprès de la porte ; elles se composent d'au moins douze peaux de moutons, placées l'une sur l'autre. Le jour, ces peaux constituent un siége aussi doux qu'on le peut souhaiter ; la nuit, on est bien, dessus, pour dormir.

L'après-midi était peu avancée quand nous avons aperçu, au loin, des bâtiments que nous jugeâmes, de suite, être les Bains de Cauquenes. Quelques moments plus tard, nous franchissions la porte de l'établissement, à côté de laquelle se trouve un roc où on

---

1. Nom indien, signifiant « eaux noires », qui a trait aux sources minérales des montagnes voisines. (Note de l'Auteur).

lit, peint sur ses flancs, ce mot engageant : « Bienvenue » ; deux heures environ avaient suffi pour nous faire parcourir près de 37 kilomètres. Il y a beaucoup de monde ici ; ce soir, nous étions soixante-dix à la table d'hôte, et nombre de baigneurs se font servir à part. Après le dîner, nous nous sommes promenés dans le jardin ; diverses personnes qui avaient ouï parler de notre voyage, nous ont longuement questionnés sur le Détroit [1].

Les Bains de Cauquenes.

Mardi, 24 octobre. — Que je décrive l'établissement : il en vaut vraiment la peine, quoiqu'il soit simplement en bois. La partie centrale est un carré, d'une soixantaine de mètres de côté, entouré d'une seule rangée de chambres, dont les portes ouvrent sur la cour et dont les fenêtres ont vue, soit sur la montagne, soit sur

1. La question du détroit de Magellan est une de celles qui occupent l'opinion publique au Chili. Ce pays qui a, comme on l'a vu, établi une colonie pénitentiaire dans le détroit et qui voudrait occuper, seul, des îles à guano, limitrophes du rivage patagonien, argue de droits que lui conteste la Confédération Argentine.

l'eau. Au milieu du carré, il y a un pavillon contenant deux billards ; une tonnelle, qui ressemble à un immense massif de jasmin blanc et de chèvrefeuille ; des plates-bandes, pleines de rosiers et d'orangers ; enfin, au haut d'une perche, un pauvre diable de singe, qui sert à l'amusement de tous les visiteurs. J'ai essayé de plaider sa cause ; mais le maître d'hôtel m'a répondu en français : « Il faut bien que tout le monde s'amuse. » De l'établissement central, un escalier de marbre conduit à une grande salle, avec des bains en marbre de chaque côté, pour les hommes et pour les femmes. L'eau, quand elle sort du roc, est presque bouillante ;

elle contient, je crois, beaucoup de magnésie et d'autres sels, et on la recommande aux rhumatisants et aux goutteux. Sa température élevée fait qu'elle imprègne l'air d'une humidité désagréable ; nous nous sommes sentis, tous, un peu mous, pendant notre court séjour dans cet endroit. Il est vrai que nous avions peut-être abusé des bains.

Nous sommes allés à cheval, dans la journée, voir un célèbre point de vue, dans les Andes. Le temps était, malheureusement, brumeux ; mais les coins de

Cactus de la Cordillère.

paysage que l'on découvrait, malgré le brouillard, permettaient de deviner la beauté de l'ensemble. Des condors planaient au-dessus des pics rocailleux ; des cactus, hauts de 6 à 9 mètres, se dressaient de tous côtés, isolés ou réunis en groupes de dix à douze, et donnaient au panorama un air de tristesse qui nous a vivement frappés. Bien qu'on dise qu'il ne pleut jamais au Chili, nous avons été surpris par une forte averse ; heureusement, le maître de l'hôtel a eu la bonne idée de dépêcher un groom, à cheval, avec nos parapluies.

Mercredi, 25 octobre. — Le bain était si bon ce matin, que nous avons tous regretté que ce fût le dernier. Il faudrait rester huit ou quinze jours à Cauquenes, pour pouvoir visiter toutes les jolies vallées des Andes, qu'on aperçoit aux environs. A dix heures et demie, nous sommes partis en voiture pour la gare, en suivant la même route que nous avions prise pour venir. Vers cinq heures,

Une vue dans les Andes.

nous arrivions à Santiago. A peine notre wagon était-il arrêté, qu'il fut envahi par des commissionnaires et des porteurs, habillés de blanc avec un bonnet rouge sur la tête, et ayant au bras un numéro en cuivre qui sert à les faire reconnaître. Nous leur abandonnâmes notre bagage, pour suivre le propriétaire de l'Hôtel Ingles, M. Tellier, qui était venu à notre rencontre et dont l'établissement passe pour le meilleur de la ville, depuis la faillite du Grand Hôtel.

Les chambres de l'Hôtel Ingles sont bonnes et les domestiques
sont prévenants ; mais la cuisine et l'ensemble du service laissent
à désirer. Qui pis est, j'ai eu beaucoup à me plaindre du maître
de la maison. — « Mr et Miss Brassey sont-ils arrivés? fis-je, dès
qu'il se fut nommé à la gare. » — « Oui, Madame, et ils sont repartis ce matin. » — « Sans laisser de lettre ? » — « Non ; mais
Monsieur revient demain. » — Qu'on imagine ma surprise et mon
désappointement ; mais je n'avais qu'à me résigner et à attendre.
Plus tard, j'ai découvert que Tom *avait laissé une longue lettre pour
moi, et qu'il n'avait jamais parlé de revenir*. Le maître d'hôtel gardait
la lettre, dans l'espoir de me retenir plus longtemps chez lui, et il
s'abstint, dans le même but, de transmettre le télégramme que je
lui avais remis à l'adresse de Mr Brassey.

Notre bagage arriva à temps, pour nous permettre de nous
habiller avant le dîner de la table d'hôte. Le soir, nous avons
circulé dans les rues, où il y a beaucoup de jolies boutiques. La
cathédrale et le palais épiscopal ont un certain air de grandeur ;
mais ils sont faits en briques et leur aspect est triste. Les jardins
étaient vraiment charmants à la lumière du gaz, et le parfum des
roses embaumait l'air du soir.

CHAPITRE ONZIÈME

SANTIAGO ET VALPARAISO

Jeudi, 26 octobre. — Mme Cousiño ayant eu la bonté d'envoyer des ordres pour qu'on mît ses voitures à notre disposition pendant notre séjour à Santiago, son régisseur est venu nous prendre ce matin dans un grand break, qui nous a conduits d'abord à la Compañia, vaste square planté de fleurs où s'élevait l'église des Jésuites, brûlée le 8 décembre 1863. Bien que cette tragique histoire soit très-connue dans son ensemble, quelques détails recueillis sur les lieux mêmes peuvent présenter de l'intérêt. C'était la fête de la Vierge, et une foule énorme, composée surtout de femmes, se pressait dans le temple. Des draperies employées à la décoration de l'édifice prirent feu ; et les flammes ayant brûlé, en se répandant, les liens qui supportaient les lampes remplies de paraffine ou d'huile, le contenu de celles-ci tomba, enflammé, sur l'assistance. Le portail s'ouvrait de dehors en dedans ; en se précipitant vers cette issue, la foule la ferma et la maintint hermétiquement close. En même temps, le clergé, anxieux de sauver les trésors et les reliques de l'église, fermait la grande grille du milieu de la nef, malgré les cris des victimes. Toutes les ouvertures par où la fuite était possible se trouvaient donc condamnées.

M. Long nous a raconté que, le jour de la catastrophe, il se promenait sur l'*Alameda* avec des amis, entre sept et huit heures du soir, quand il vit des tourbillons de fumée s'élever de la partie de la ville où il habitait. Lui et ses compagnons coururent dans cette direction, jetant l'alarme sur leur passage ; et, en approchant de l'église, ils remarquèrent que les portes étaient fermées, pendant que des cris épouvantables s'échappaient de la nef et que les flammes jaillissaient des fenêtres. Ils réunirent quelques hommes et montèrent avec eux sur l'église, en passant par les maisons adjacentes ; puis, ayant fait un trou dans la toiture, ils réussirent à sauver plusieurs femmes, en leur lançant des lassos dont ils avaient pris soin de se munir. Malheureusement, on n'en put retirer ainsi que quelques-unes ; de pauvres créatures, folles de terreur, se cramponnaient aux corps de celles que le lasso avait déjà soulevées et leur arrachaient littéralement les membres ; d'autres se ruaient en si grand nombre sur la corde, que celle-ci se brisait et les laissait retomber dans la fournaise. Quiconque a vu le lasso mâter un cheval sauvage ou un taureau furieux, comprendra quelle force énorme il faut exercer sur lui, pour le rompre. Le lendemain matin, l'intérieur de l'église présentait un spectacle horrible. On y voyait, nous a dit M. Long, une masse compacte de femmes, pressées debout l'une contre l'autre, les mains étendues dans une pose suppliante, le visage et le buste complétement carbonisés, le reste du corps intact, depuis la taille jusqu'aux pieds.

Les restes des victimes furent déposés au cimetière de la Recoleta, dans une large fosse carrée, couverte en ce moment de fleurs de toutes sortes, ombragée par des saules, des grenadiers et des cyprès, et entourée d'une grille que des plantes grimpantes cachent presque entièrement. Au centre est une grande croix ; sur chaque face de la grille, il y a une plaque de marbre avec cette inscription, touchante dans sa simplicité :

INCENDIO DE LA IGLESIA

DE LA COMPANIA

8 DE DICIEMBRE 1863,

RESTOS DE LAS VICTIMAS;

2000, MAS O MÈNOS.

(Incendie de l'église de la Compañia, 8 décembre 1863. Restes es victimes ; 2,000, environ.)

Presque toutes les familles de Santiago furent atteintes par ce désastre. Une charmante jeune fille de dix-sept ans fut enlevée par le toit, et portée chez Mme Cousiño, où elle demeura près de quinze jours. Elle mourut des suites de ses blessures; mais elle conserva sa connaissance jusqu'au dernier moment et fit un récit détaillé des effroyables scènes dont elle avait été le témoin. L'emplacement de l'église est aujourd'hui un terrain ouvert, entouré de plates-bandes, au milieu duquel s'élève un beau monument.

Nous avons visité ensuite le palais du Congrès, l'église de la Recoleta et le cimetière du même nom. En circulant dans la ville, on traverse un très-beau pont, orné de statues et de petites niches; mais il n'y a plus, dessous, qu'un torrent desséché. On raconte, à ce propos, qu'un Américain qui se promenait de ce côté, avec un de ses amis de Santiago, s'écria en riant : « que la ville devrait vendre son pont, ou bien acheter un cours d'eau ».

Dans la journée, nous sommes allés voir une ferme-modèle, fondée par feu don Luis Cousiño. On nous y a montré de très-beaux chevaux, et, en nous promenant dans les immenses champs qui entourent l'établissement, nous sommes entrés dans un atelier pour la fabrication des lassos. Les meilleurs se composent de petites bandes de cuir séché, larges d'environ 6 millimètres et soigneusement tressées; les autres, plus communs, sont faits avec de la peau de vache non préparée, découpée en spirales. Ils sont d'un seul morceau et ont plusieurs mètres de longueur. Si bien organisée que soit cette ferme-modèle, elle offre, en somme, peu d'intérêt, à cause de ses proportions qui, trop considérables, empêchent qu'on se rende compte de l'ensemble; on ne sait jamais où l'on est. Par exemple, les fleurs y abondent; les champs eux-mêmes sont séparés par de gros buissons de roses.

Vendredi, 27 *octobre*. — Encore pas de nouvelles de Tom; mais je lui ai envoyé un autre télégramme et, cette fois, j'ai eu soin de l'expédier moi-même. M. Long m'a fait voir le marché, belle construction en fer, commodément installée, qui a été faite en Angleterre et montée ici, pièce par pièce. Il y a, tout autour, des stalles où l'on peut se procurer, à bon compte, un bifteck tendre, des légumes, du café et des rôties; à l'heure de notre visite, toutes étaient occupées, et un de nos amis qui y a déjeuné, s'est déclaré très-satisfait. Le marché est très-bien approvisionné en viande, poissons, légumes, fruits et fleurs de toutes sortes; les haricots verts et les fraises se montrent en profusion. On y trouve aussi des paniers qui ont des formes très-bizarres, et de la poterie faite par les religieuses, avec un ciment particulier. Des hommes et des femmes circulaient au dehors, promenant des *ponchos* confectionnés par eux à la campagne. Nous en avons acheté quelques brillants spécimens, destinés aux enfants; emplette qui nécessita un certain temps, chaque vendeur n'ayant qu'un

Eperon chilien.

poncho à offrir. Ce sont les femmes qui les fabriquent, dans les heures de loisir que leur laissent les soins du ménage; dès qu'elles en ont terminé un, elles le vendent pour acheter ce qu'il leur faut pour en faire un second. On fabrique également ici des étriers en bois sculpté, qui ont la forme de petits seaux à charbon; ils sont lourds et gênants, quoique très en faveur auprès des indigènes. Nous en rapportons plusieurs paires.

Du marché, je suis allée entendre la grand'messe, à la cathédrale. C'est un bel édifice; mais l'intérieur est un peu sombre. Des centaines de cierges garnissaient le maître-autel et projetaient leur lumière sur une foule agenouillée de femmes vêtues de noir, avec des voiles noirs sur la tête. Un orgue très-bon et très-bien joué, remplissait la nef de ses accords. L'ensemble ne manquait pas d'une réelle grandeur, quoique le contraste entre les dorures des murs et les costumes foncés des assistants, frappât désagréablement l'œil. En sortant, ce matin, j'ignorais que nous irions à cette cérémonie, et ce fut seulement en voyant tous les regards se porter sur moi, que je m'aperçus que j'avais commis la terrible inconvenance de paraître à l'église en chapeau et sans voile. Un homme qui entrerait, la tête couverte, dans un temple ne se rendrait pas cou-

pable d'une infraction plus grave aux règlements ecclésiastiques,
que celle dont j'étais l'auteur involontaire. En nous plaçant dans
un coin, nous finîmes, cependant, par demeurer inaperçus, et nous
sortîmes avant qu'aucune des autorités de l'endroit eût eu le
loisir de me remarquer et de m'adresser des reproches. Les femmes
de Santiago sont généralement jolies, quand elles sont jeunes : vêtues
de longues robes noires, enveloppées dans des *mantos* qui les
couvrent presque entièrement, de la
tête aux pieds, elles ont l'air de glisser,
lorsqu'elles passent dans les rues, et
leur démarche est très-gracieuse.

L'après-midi a été remplie par une
excursion à Santa-Lucia ; c'est la seule
éminence aux environs de Santiago,
en sorte que les habitants en sont
particulièrement fiers. En revenant,
nous avons vu le parc Cousiño, situé
auprès de l'Alameda [1] ; il a été installé
par feu don Luis, et donné par lui à
la ville. Enfin, M. Long nous a menés
à une sorte de foire, où l'on vend les
chapeaux qui portent le nom de

La messe du matin, à Santiago.

Panama, quoiqu'ils se fabriquent à Lima, à Guayaquil et dans
d'autres parties du Chili, aussi bien que dans la première de ces
villes. Ils sont faits avec une herbe particulière, extrêmement fine,
et presque tout le monde en porte ici. Les meilleurs coûtent environ 1600 francs ; mais on peut en avoir de très-bons pour 1200 francs,
et ceux de qualité inférieure valent seulement 50 francs. Ceux que
les hommes achètent généralement, à Santiago, sont de 500 à
800 francs ; ils sont légers, flexibles, élastiques, et se lavent comme
un mouchoir de poche. On peut les rouler, s'asseoir dessus, les
maltraiter de toute façon, sans les déchirer et sans les déformer ;
bref, ils durent éternellement. Ce genre de couvre-chef, toutefois,

1. Toutes les villes espagnoles ont une promenade appelée l'Alameda.

constituerait un mauvais placement sur le yacht, où tant de coif-
fures s'envolent par-dessus le bord. J'ai découvert, en rentrant à
l'hôtel, qu'on m'avait pris un *poncho;* mais le propriétaire a refusé
de s'employer à le retrouver, sous prétexte qu'il « était invraisem-
blable que personne eût songé à s'emparer d'un objet qui n'a pas
de valeur ici. » Or, la vérité est qu'un poncho en peau de *guanaco,*
coûte ici deux fois plus que de l'autre côté des Andes.

Après dîner, j'ai assisté à la représentation de la *Sonnambula.*
La troupe est italienne, et très-bonne; mais les décors laissent à
désirer. La salle est richement décorée, beaucoup trop même,
parce que toutes ces dorures, peintures, etc., nuisent à l'effet des
toilettes des femmes. Au-dessous de la loge du Président, qui m'a
paru commode et luxueuse, figurent les armes du Chili : on dirait
une loge royale. La ville contient un très-beau club, où nos compagnons de route ont retrouvé des Anglais qui les ont vivement
engagés à prolonger leur séjour ici, pour chasser le *guanaco* dans
la montagne. D'après ce qu'ils disent, on en trouve à vingt-quatre
heures de Santiago; et, un peu plus loin, on les rencontre en troupes
énormes. Il y a aussi des chevaux et des ânes sauvages. Quant aux
quaggas et aux *huemuls,* la race en est à peu près éteinte; le second
de ces animaux ressemble dans tous ses détails à un cheval, mais
il a le pied fourchu. C'était une bête spéciale aux montagnes du
Chili; elle figure dans les supports des armes de ce pays. .

Samedi, 28 *octobre.* — Nous sommes partis ce matin de bonne
heure, littéralement chargés de fleurs; encore n'ai-je pas pu emporter toutes celles qu'on avait eu l'amabilité d'envoyer pour moi, à
l'hôtel. Le matériel du chemin de fer est de fabrication anglaise;
c'est donc dans le wagon familier au lecteur, — étroit, étouffant
et fermé à clef, — que nous avons fait le trajet de Santiago à
Valparaiso. Passant, presque tout le temps, dans des gorges de montagnes, la voie a dû présenter de grandes difficultés d'établissement.

Tout le pays est couvert, actuellement, d'*espinosas,* dont les
fleurs répandent partout une teinte dorée. Les petites boules
jaunes qui précèdent les feuilles sur cet arbuste, et qui poussent,

sans tige, le long de ses branches épineuses, sont tellement compactes qu'on jurerait un buisson d'or. Ici on dit « buisson de feu », et le bois passe pour être le plus dur du pays. Souvent on cueille les fleurs et on les fait sécher; elles servent, dans cet état, à parfumer le linge et à préserver des mites. Les bergers et les propriétaires de troupeaux se plaignent des épines qui déchirent leurs vêtements, comme ils galopent dans la plaine. Qu'on me pardonne de parler aussi souvent des fleurs; elles jouent un grand rôle dans les pays que je visite, et que j'essaie de décrire avec fidélité. Le Chili notamment est la terre fleurie par excellence. L'air y est embaumé de la senteur des roses : de grosses roses doubles, roses le plus souvent, mais quelquefois aussi rouges et blanches. Les rosiers poussent en haies, le long des routes; on en trouve qui grimpent le long des arbres, à 9 et 10 mètres de hauteur, et dont les longues branches retombant ensuite vers le sol, couvertes de boutons, donnent l'illusion d'une muraille de roses. D'autres espèces de fleurs sauvages abondent aussi dans le pays : le lis blanc ou rouge, le pied d'alouette, la primevère, l'*eschscholtzia*, etc.

A Llaillai, où le train s'arrête quelque temps, nous avons eu l'occasion de voir les jeunes marchandes, à demi-indiennes, qui viennent offrir aux voyageurs des fruits, des fleurs et des gâteaux. Quelques-unes sont remarquablement jolies, et leurs costumes très-pittoresques ; la chevelure est bien arrangée et ornée de fleurs; le visage est net et souriant. Un peu plus loin, à Quillota, où nous étions vers onze heures, le train fut assiégé par des marchands de tous les âges et des deux sexes, qui présentaient aux portières soit des bouquets, soit des paniers de fruits et de légumes : fraises, bananes, oranges, melons, morceaux de cannes à sucre, *cherimoyas*, asperges, haricots verts, etc. On y voyait jusqu'à des œufs et du poisson : de jolis petits *pejereyes*, tout fraîchement pris dans le cours d'eau à côté. Les voyageurs eurent, d'ailleurs, bientôt fait de vider les paniers, ce qui montre que les Chiliens qui traversent cette région ont l'habitude d'en profiter pour s'approvisionner.

Je n'ai jamais vu un pays comme celui-ci, pour les poules et les œufs. Une poule n'a jamais moins de dix petits autour d'elle, et j'en ai compté plusieurs fois jusqu'à vingt et vingt-cinq. Quoi qu'on ait pu manger à déjeuner ou à dîner, les domestiques viennent demander, le repas fini, non pas si l'on veut des œufs, mais comment on les désire : frits, à la coque, pochés ou en omelette. Si l'on refuse, on n'en trouve pas moins quelques instants plus tard, auprès de soi, deux œufs passés à l'eau chaude, dont on vous presse de boire le contenu. C'est une habitude invariable, de terminer les repas par l'absorption d'un œuf, sous une forme ou sous une autre.

La célèbre « Cloche de Quillota », montagne qui tire son nom de son aspect particulier et qui indique au navigateur l'entrée du port de Valparaiso, se voit très-bien du chemin de fer, un peu au-dessous de la station de Quillota. Nous nous sommes encore arrêtés à Limache et à Viña del Mar ; puis nous avons longé la mer, où nos yeux ont vainement cherché le yacht. A l'arrivée du train, une nuée de porteurs fondit sur nous ; un cocher et un agent de police se livrèrent à un formidable pugilat, qui se termina par un échange de poignées de main, après avoir occasionné le bris des glaces du véhicule ; Tom, Mabelle et Muriel apparurent sur les entrefaites. Si courte qu'eût été notre séparation, c'est toujours une vraie joie de se revoir.

Valparaiso ne se compose guère que de deux rues interminables qui courent le long de la mer, juste au pied de collines sur le versant desquelles s'élèvent les villas des gens riches. Très-peu de personnes habitent la ville elle-même ; mais on trouve, dans celle-ci, de très-belles boutiques, où l'on peut se procurer à peu près tout ce qu'on veut, à condition de payer des prix doubles de ceux de Londres. Une coupe de cheveux coûte 5 francs ; un chapeau à haute forme se vend 75 francs ; une plume d'oie, six sous ; une ramette de vingt-cinq feuilles de papier à lettre ordinaire, vaut 6 francs. Tout le reste, en proportion.

Tom est ici depuis plusieurs jours avec le yacht ; il est même venu à Santiago, dans l'espoir de me rejoindre. Mais j'étais alors à Cauquenes, et on se souvient que le maître d'hôtel a jugé bon de supprimer la lettre qu'il avait laissée pour moi.

Lundi, 30 *octobre.* — Si nous avions pu oublier que nous sommes dans un pays où les tremblements de terre sont fréquents, une prière dite hier à l'office, immédiatement après les Litanies, nous l'eût rappelé. Ce petit détail est le seul que j'aie à relever dans notre journée de dimanche. Aujourd'hui, nous devons partir dès que la brise se fera, c'est-à-dire vers onze heures ; et comme j'avais beaucoup de lettres à écrire, je me suis levée à quatre heures, de façon à avoir terminé mon courrier avant le premier déjeuner. La route que nous suivrons est maintenant fixée : nous passerons par les îles de la Société[1], par celles des Amis[2] et par l'archipel Sandwich. Notre intention était, d'abord, de voir Juan Fernandez (l'île de Robinson Crusoé) qui n'est qu'à 270 milles d'ici ; mais elle a le tort, pour nous, d'être située en dehors de la zone des vents alisés et, d'ailleurs, l'amiral Simpson qui y a passé quinze jours, nous a engagés à ne pas nous y arrêter, disant qu'elle n'a rien de curieux et qu'on s'expose à y perdre toutes ses illusions d'enfance. J'ai essayé de persuader à Tom de faire, à la vapeur, cinq ou six cents milles, de façon à gagner du temps ; mais il tient à faire tout le voyage à la voile[3], et il prend même très-peu de charbon pour que le yacht, étant moins chargé, se trouve dans de meilleures conditions de navigabilité.

Avant de lever l'ancre, nous sommes allés à terre, mettre nos lettres à la poste. Soit dit en passant, j'espère que nos amis y attacheront un certain prix, car nous avons payé près de 250 francs pour les envoyer en Angleterre. Celles qui nous ont été adressées nous ont coûté 200 francs, bien qu'on en eût réglé le port avant de les expédier. Un remorqueur est venu nous prendre à trois heures et demie, pour nous mettre en dehors du port. Nous voici de nouveau sur l'immense Océan.

---

1. Ou archipel Tahiti.
2. Iles découvertes par Cook, qui portent aussi le nom d'îles Tonga.
3. Un des côtés remarquables de ce voyage, c'est qu'il a été fait presque entièrement à la voile et, malgré cela, dans un très-court espace de temps.

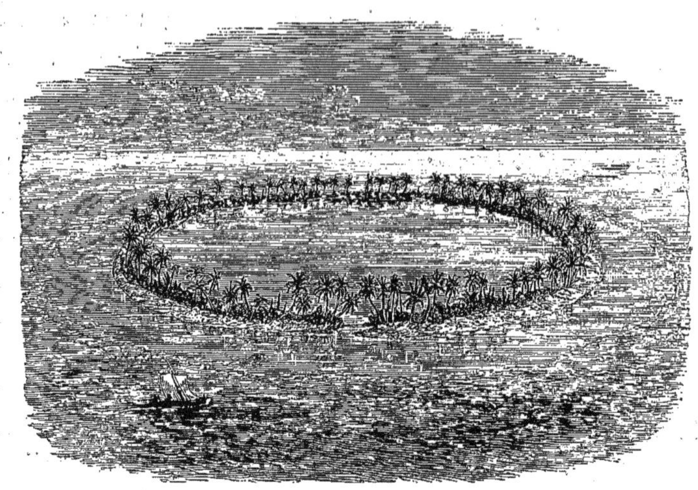

Ile Tatakotoroa, ou Ile de Clarke.

CHAPITRE DOUZIÈME

Jeudi, 2 novembre. — Nous n'avons guère eu que du calme ou des brises contraires, depuis avant-hier. Ce matin, il y avait de la houle; mais la mer est devenue plus calme, vers le soir. Superbe coucher de soleil; ainsi qu'il arrive dans ces latitudes, le ciel et l'eau s'éclairent de teintes indescriptibles, sous les feux du crépuscule. Nous avons vu beaucoup de pétrelles; je ne me lasse jamais d'admirer la délicatesse infinie avec laquelle ces oiseaux effleurent le sommet des vagues, pour reprendre ensuite leur vol avec un nouvel élan. Tous nos hommes se sont transformés en tailleurs; n'ayant pas reçu les vêtements que nous avions fait venir pour eux, nous avons acheté de l'étoffe, dont ils sont en train de se faire des costumes.

Dimanche, 5 novembre — Cet océan-ci est plus impressionnant que l'Atlantique; on le sent plus vaste, et on s'y trouve plus solitaire.

Le « SUNBEAM », toutes voiles dehors.

Peut-être cette sensation provient-elle simplement de ce que
nous nous rendons mieux compte des proportions de cette mer
immense; toujours est-il qu'elle est commune à chacun de nous. Il
a fait très-chaud aujourd'hui. A onze heures, on a dit les Litanies ;
à quatre heures, les prières du soir, suivies d'un court sermon.
Pas un navire en vue, depuis notre départ de Valparaiso; des albatros, des fous, et les petites pétrelles dont j'ai déjà parlé, deux
baleines et un banc de marsouins sont les seules créatures vivantes
que nous ayons aperçues.

Lundi, 6 *novembre*. — Un trois-mâts gouvernant au sud nous a
croisés ce matin. Comme d'habitude, nous avons échangé avec lui
une brève conversation, à l'aide du Code de signaux de la marine
marchande. Cette coutume de communiquer avec tous les bâtiments que nous apercevions nous a été bien utile : ainsi, quand
le bruit courut en Angleterre (je pourrais dire dans le monde
entier, car le télégraphe avait porté la rumeur dans tous les ports
où nous relâchâmes ensuite) que le *Sunbeam* s'était perdu corps et
biens, l'anxiété de nos amis fut promptement allégée par la nouvelle de notre rencontre dans le détroit de Magellan avec le steamer
allemand *Sakhara*, à une date postérieure à celle qu'on assignait à
notre disparition. Le temps continue à être beau, et le vent à nous
être contraire. Nous comptions, en partant, faire 200 milles par jour
et, depuis une semaine que nous tenons la mer, nous n'avons guère
franchi, utilement, que 700 milles, tout en en parcourant réellement plus de 800. Nos navigateurs n'en sont pas moins très-satisfaits ; ils trouvent qu'il faut que le yacht soit un voilier très-remarquable, pour avoir donné ces résultats, dans des circonstances aussi
défavorables. D'ailleurs, quand le ciel est beau et que l'on a des
livres à lire, des notes à écrire et pas d'interruptions à redouter, la
journée passe vite. Lorsque la cloche sonne, à six heures et demie,
pour rappeler qu'il est temps de faire la toilette du soir, on est tout
étonné de voir l'après-midi déjà si avancée.

Mercredi, 8 *novembre*. — Encore calme plat. A midi, et à la
grande joie de tout le monde, Tom s'est décidé à allumer les feux.

L'empressement avec lequel on a serré les voiles et chargé les foyers, a pu lui montrer combien cette résolution était agréable et approuvée à bord. En attendant que la machine fût prête à marcher, il a fait amener son embarcation particulière et j'y ai descendu avec Tom et Muriel, pour circuler autour du yacht. La possibilité d'une pareille promenade, dans une guigue dont le plat-

Une conversation à la mer,

bord n'est pas à plus de 10 centimètres au-dessus de l'eau, donnera une idée plus exacte de la tranquillité de la mer, que toutes les descriptions que je pourrais essayer. Je dois dire, cependant, qu'une fois au large du *Sunbeam*, celui-ci nous parut beaucoup moins immobile que quand nous étions à bord. Le charbon de Lota, noir et salissant au delà de toute expression, brûle très-bien; moins d'une heure après avoir allumé les chaudières, nous avions de la pression. Actuellement, notre proue est tournée droit dans la direction de Tahiti, au lieu d'avoir pour objectif le point de l'horizon qu'il plaisait aux vents de lui assigner.

Dimanche, 12 novembre. — Dès jeudi, Tom a voulu remettre à la voile, malgré mes instances pour continuer à la vapeur. Il y a des instants où nous filons plus de 11 nœuds ; dans d'autres, le loch[1] n'en accuse que 3 ou 4. Ce matin, juste avant le service religieux, quelqu'un a ouvert le robinet des bains, dans la chambre des enfants, et a oublié de le refermer, si bien qu'à l'issue de l'office nous avons eu le plaisir de trouver tout inondé. A quelque chose malheur est bon. Cet accident a obligé à faire monter sur le pont toutes les provisions, et l'on a pu constater ainsi que, grâce au départ de notre magasinier et à la maladie de son successeur, les vivres avaient été tant soit peu gaspillés : ceux de l'équipage particulièrement. Les matelots sont de grands enfants, qui demandent à être surveillés constamment. Tant qu'il y a de l'eau dans les caisses ou des boîtes de conserves sur les étagères, ils en usent largement, pour peu qu'on les laisse faire ; et l'idée ne leur vient pas de songer au lendemain[2].

Lundi, 13 *novembre.* — Nouvelle inspection des provisions, et nouvelles découvertes justifiant ce que j'ai dit de l'imprévoyance des gens de mer. Heureusement, on a déniché, dans les recoins du bord, des caisses qui ne figuraient pas au bilan des provisions et qui boucheront une partie des brèches faites. Je me demande comment faisaient les anciens navigateurs, qui n'avaient ni conserves, ni récipients commodes pour le transport de l'eau, ni vapeur pour courir au port le plus proche, et qui restaient, cependant, plusieurs mois de suite en mer ; qui, même, réussissaient, comme les Espagnols, à transporter dans le Nouveau-Monde des chevaux

---

1. Instrument qui sert à mesurer la vitesse d'un navire.
2. Observation bien judicieuse. Mais cette indifférence, qui est la faiblesse du marin, est aussi le secret de sa force, en face des dangers de la vie de mer.

suffisamment nourris pendant les traversées, pour pouvoir, dès leur débarquement, aller au travail ou à la guerre !

Le vent a augmenté dans la soirée, et, dans la nuit, une vergue s'est brisée avec un craquement tel qu'il nous a réveillés. Cette avarie, la première que nous ayons éprouvée, malgré le roulis et le mauvais temps, a été promptement réparée.

Mercredi, 15 novembre. — Si jamais ces lignes sont publiées, je crains que le lecteur ne trouve bien monotone cette partie, au moins, de mon récit. Pourtant, je ne saurais dire avec quelle rapidité s'écoulent les heures passées sur le Pacifique, ni avec quels regrets nous accueillons la fin de chaque journée. C'est un temps qu'il faut, j'en ai peur, se résigner à ranger dans la catégorie des choses qui ne reviennent pas. En tout cas, nous ne retrouverons jamais, au cours de nos vies occupées, une occasion aussi propice pour nous livrer à la lecture ; et nous en profitons, Tom et moi, pour lire le plus possible des sept cents volumes que nous avons emportés. Le temps favorise, d'ailleurs, nos dispositions laborieuses ; il fait chaud assurément, mais la température n'a jamais pris ces proportions excessives et accablantes dont on nous avait menacés. Seul, le roulis, presque incessant, trouble le calme et le charme de notre existence présente ; on ne sait plus quelle position prendre pour se soustraire à ce mouvement. La cuisine ne se fait qu'avec des prodiges d'équilibre ; manger, est difficile ; le soir, à la partie de cartes, il faut mettre ses jetons dans sa poche et se tenir comme l'on peut.

Samedi, 18 novembre. — Les deux perruches vertes qu'on m'a données à Rosario « Meta » et « Coco », deviennent de charmantes petites bêtes, malgré leur tendance à voler les crayons, les plumes, le papier et le sucre. Elles sont en liberté, me suivent partout et me comblent de caresses. De leurs autres compagnons de voyage, elles s'occupent médiocrement ; cependant, elles sont polies pour tout le monde et très-douces envers les enfants, qui ne laissent pas, je le crains, de les taquiner, sous couleur de lés caresser. Mes autres oiseaux vont à merveille ; j'espère les amener sains et saufs en Angleterre. Il y a eu, à un moment, une vingtaine de perroquets sur le yacht, appartenant à l'équipage ; on leur avait rogné les ailes, et ils circulaient à l'avant. Plusieurs ont disparu par-dessus le bord. Les chiens conservent leur bonne santé et leur entrain. Félise a rajeuni ; elle et Lulu font des courses interminables autour du pont.

Dimanche, 19 novembre. — Ma vieille ennemie, la fièvre de Syrie, m'a éprouvée ces jours-ci ; ce matin j'allais mieux, et j'ai repris ma place à table. Le vent est très-variable, et notre vitesse change de 8 nœuds à 3 nœuds, d'une heure à l'autre. Notre moyenne est, néanmoins, satisfaisante. A l'issue du service religieux, on a calculé que nous étions à 3057 milles de Valparaiso, — dont 1335 ont été parcourus depuis dimanche dernier, — et à 1818 milles de Tahiti. L'île de Pâques, la plus méridionale des îles de la Polynésie, n'est pas loin de nous, à l'heure qu'il est. On y trouve de curieuses inscriptions, analogues à celle dont le dessin figure plus loin et que j'ai recueillie, un peu plus tard, dans les mêmes parages.

Cette après-midi, on a serré la brigantine qui ne rendait aucun service èt on a pu, ainsi, établir la tente, derrière. C'est un bon endroit pour s'asseoir et pour faire jouer les enfants, lesquels, du reste, n'ont pas l'air de s'apercevoir de la chaleur.

Jeudi, 23 novembre. — Vingt-trois jours de mer ! Tom commence à regretter de n'avoir pas mis à la vapeur en sortant de Valparaiso, de façon à attraper plus tôt les vents alizés. Toutefois, c'est une satisfaction, pour lui et pour nous tous, de constater les qualités du *Sunbeam* et de les développer par une bonne distribution de la voilure. Tout le monde, à bord, est émerveillé de voir le yacht filer 4 ou 5 milles à l'heure, dans des moments où la brise est trop faible pour éteindre une bougie. Plus d'une fois, tandis que le loch accusait une vitesse de 5 nœuds, j'ai promené une lumière sur le pont, sans même essayer de l'abriter ; elle n'a jamais été éteinte.

Le coucher du soleil a été superbe, et un magnifique albatros, le plus grand que j'aie encore vu, qui semblait flotter dans les nuages empourprés, ajoutait encore à la majesté du spectacle. Il paraissait si grand, si calme, si solennel, qu'on eût dit l'aigle de Jupiter. Où est la demeure de ces oiseaux ? Jusqu'à quelle distance s'écartent-ils de leurs gîtes ? Nous en avons aperçu à des distances d'au moins 2000 milles de la terre la plus proche.

Lavage du pont.

Dimanche, 26 novembre. — Voici le quatrième dimanche que nous passons sur le Pacifique, sans avoir aperçu la terre. A midi, les observations astronomiques ont donné le résultat suivant : latitude, 15°47' Sud ; longitude, 135°20' Ouest. Nous sommes maintenant à 715 milles de Tahiti, et à 200 milles de l'île de Tatakotoroa, que nous reconnaîtrons probablement demain.

Lundi, 27 novembre. — Nous étions tous debout, de grand matin, aujourd'hui, anxieux de revoir la terre après vingt-huit jours de traversée ; pour ma part, j'étais sur le pont, avant quatre heures. Le temps était superbe, la brise favorable ; nous faisions 11 nœuds et demi, avec voile et vapeur. Un poisson volant est venu se prendre dans la garniture de ma robe ; c'est un beau spécimen du genre, mais ses ailes seulement lui survivront, Muriel devant le manger ce soir à son dîner. Deux fous se sont perchés dans la mâture, et un matelot a essayé de les attraper. Ils suivaient de près ses mouvements, et paraissaient surtout intéressés par son béret ; en le voyant s'approcher, ils se sont enfuis l'un après l'autre, pour revenir ensuite à leur première position. L'homme a fini par en prendre un qu'il a rapporté en triomphe, malgré de vigoureux coups de bec. On l'a enfermé dans la cage à poules — maintenant vide, hélas ! de ses hôtes habituels : c'est un bel oiseau gris, avec de larges yeux bleus et le regard du faucon.

Inscription recueillie dans l'île de Pâques.

A une heure, nous étions à l'endroit où Findlay place Tatakoto-poto (ou Ile anonyme) ; mais nous n'avons rien aperçu de semblable, quoique Tom soit monté plusieurs fois dans la mâture, d'où l'on a vue à des distances de 10 à 15 milles. Il est donc évident, soit que la position de ce point a été mal déterminée, soit que l'île a été submergée. J'imagine, du reste, qu'il y a dans cette zone-ci des îles marquées sur la carte qui n'existent pas ; pendant que d'autres, qui existent, ne sont pas indiquées. De là, nécessité de surveiller constamment l'horizon. Quelle attrayante besogne ce serait, de refaire l'hydrographie de ces parages, et que j'aimerais à être un des officiers de marine chargés de cette mission !

Vers une heure et demie, la terre a été signalée de la mâture ; à deux heures, j'ai aperçu, du pont, comme une couronne de plumes noires émergeant de la mer appelée aussi île de Narcisse ou de Clarke, dans l'Est des Paumotou. Les « *Instructions nautiques* » gratifient les habitants de l'épithète «hostiles», et sir Edward Belcher rapporte qu'ils essayèrent de s'emparer d'embarcations envoyées par un navire de guerre pour faire de l'eau. Nous avons donc renoncé à débarquer ; mais nous nous sommes approchés de très-près. Entourée d'un rempart de corail blanc comme la neige, bordée de palmiers et de cocotiers, couverte de végétation, la plage était bien tentante ! Dans la baie intérieure, auprès d'une grande hutte, on apercevait quelques pirogues ; des naturels vinrent nous regarder, puis disparurent, en courant, dans les bois ; des flocons de fumée indiquaient la présence d'autres huttes, dissimulées, sans doute, par les arbres.

Tom m'a fait hisser, après le luncheon, au haut du mât de misaine, dans ce qu'on appelle, à bord, «une chaise» : c'est une simple planche de bois, suspendue aux quatre coins par des cordes,

C'était l'île de Tatakotoroa.

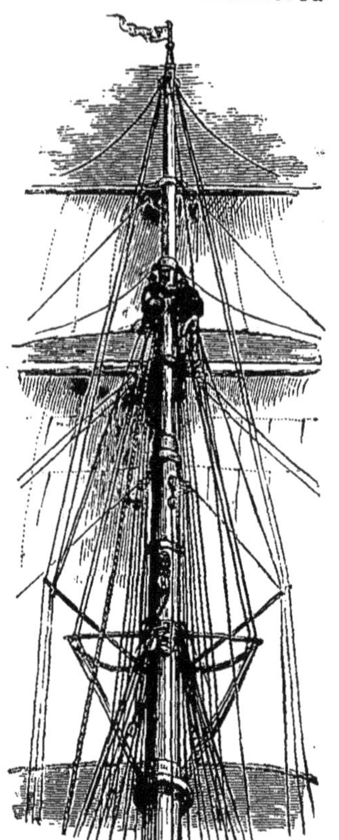

Ascension dans la mâture.

Les enfants regardant en haut.

dont les hommes se servent lorqu'ils grattent les mâts. La première sensation n'est pas agréable ; mais une fois habituée aux dimensions de mon siége, à son élévation et à son balancement, j'ai beaucoup joui de mon ascension. Tom s'était, d'ailleurs, empressé de venir me rejoindre, en grimpant aux haubans. De notre observatoire, nous distinguions parfaitement tous les détails de l'île, sa forme, la lagune du milieu, la bande de corail qui l'entoure : couronne étroite et nue en quelques points, large et chargée de palmiers en d'autres. La théorie de la formation de ces étranges îles me semble maintenant très-compréhensible.

Les deux plus jeunes enfants et les chiens ont pris un grand intérêt à mon expédition aérienne, et ils n'ont pas cessé, ceux-là de m'appeler, ceux-ci d'aboyer, jusqu'à ce qu'ils m'aient revue au milieu d'eux. Dès que notre inspection de l'îlot a été terminée, on a éteint les feux qui avaient été allumés pour la faciliter. Nous voici de nouveau à la voile, dans le silence et dans la nuit de l'océan.

CHAPITRE TREIZIÈME

Mardi, 28 *novembre*. — On a reconnu Anaa, ou île de la Chaîne, pendant le quart du jour[1] ; et, avant le déjeuner, Tom a aperçu, de la mâture, Amanu ou île Möller. Comme nous ne devions la voir qu'entre dix et onze heures, quelqu'un fit la remarque qu'elle avait l'air d'être venue au devant de nous. Le récif qui entoure cette île varie beaucoup en hauteur et en végétation. Ici, on y découvre de grands arbres ; là, la mer se brise avec un bruit de tonnerre sur le lit de corail, à demi submergé, qui s'avise de lui barrer le passage, après qu'elle a fait 4000 milles sans rencontrer aucun obstacle.

Amanu était encore visible, quand l'île de Hao (la Harpe) s'est montrée par bâbord. J'ai tellement insisté auprès de Tom pour qu'il nous laissât descendre à terre que, malgré sa répugnance à nous voir nous aventurer au milieu des indigènes, il a consenti à faire amener la guigue, en nous recommandant d'être prudents et de rebrousser chemin immédiatement, au moindre geste douteux des insulaires. L'équipage de l'embarcation fut armé de carabines, qu'on devait tenir cachées sous les bancs des rameurs, s'il n'y avait pas urgence à les montrer ; nos compagnons de voyage prirent des pistolets ; Mabelle et moi, nous mîmes dans nos poches deux petits revolvers ; ma femme de chambre Philipps, et Muriel, furent les seules de la bande qu'on n'arma pas. Je remplis un sac, de cou-

---

1. C'est le quart qui se fait de quatre à huit heures du matin, et durant lequel a lieu le lever du jour.

teaux, de miroirs, de verroterie et d'images, pour faire des échanges
et des présents; puis tout le monde étant à son poste dans la
guigue, nous nous approchâmes de la terre, en nous dirigeant
vers un point de l'entrée de la lagune, où l'on apercevait des naturels agitant quelque chose de blanc. Bientôt, nous nous sommes
trouvés au milieu de brisants, et il fallut beaucoup de prudence et
d'habileté, de la part de l'homme de barre, pour gouverner sur ces
flots agités, entre le courant de la marée d'un côté et l'espèce de
chute d'eau formée, de l'autre côté, par le banc de corail. Ce point
difficile fut pourtant franchi heureusement; l'embarcation doubla
la pointe sans encombre, et rencontra aussitôt les eaux tranquilles
de la lagune. Nous eussions préféré débarquer en dehors, pour ne
pas perdre de vue le yacht; mais les intentions des habitants
étaient évidemment des plus paisibles, et plusieurs se mirent
même dans l'eau jusqu'à la ceinture pour nous aider.

En vérité, je crois impossible de décrire la beauté du tableau qui
se déroula devant nous. Des forêts sous-marines de corail aux mille
nuances, parsemées de fleurs d'un éclat féerique, fleurs marines, anémones, *échinides;* des poissons aux brillantes écailles, s'ébattant de tous côtés; des coquillages de toutes couleurs, se mouvant
lentement, entrainés par leurs hôtes vivants, voilà ce que l'œil
découvrait quand nous regardions, par dessus la guigue, le fond
au-dessous de nous. La surface de l'eau reflétait toutes les teintes
imaginables, depuis le bleu pâle de la turquoise jusqu'au bleu
foncé du saphir, depuis le vert tendre de l'aigue-marine jusqu'au
vert brillant de l'émeraude. De petites taches de corail rouge, brun,
vert, émergeant des massifs du fond, émaillaient cette nappe
incomparable. Devant nous, sur le rivage, s'étalaient les richesses
de la végétation tropicale, ombragées par les cocotiers et les palmiers, animées par la présence des insulaires, en costumes bigar-
rés, qui arrivaient pour nous offrir leurs fruits, leurs volailles et
leurs poissons.

Lorsque nous eûmes mis pied à terre, les hommes s'avancèrent
pour nous tendre la main, et nous conduisirent à un groupe de
huttes en feuilles de palmier (faites de la façon qu'indique le dessin

joint à ce texte), où attendaient les femmes et les enfants. Là, les poignées de main recommencèrent; et la plus âgée des femmes, ayant fait étendre une natte devant sa hutte, m'invita à m'asseoir auprès d'elle. Sa physionomie était vraiment agréable; elle portait une robe de calicot, de couleur claire; deux longues tresses de cheveux pendaient derrière son dos. Pendant ce temps, un petit cercle

Notre première visite aux îles de la Polynésie.

se formait autour de nous : je vis une femme dont la chevelure était littéralement hérissée sur sa tête, une autre qui avait le nez coupé et qui tint le pan de sa robe devant son visage, jusqu'à ce que mes compagnons se fussent écartés. En général, elles ont bon air, le teint basané, les cheveux abondants et bien nattés; il y avait là beaucoup d'enfants de tous les âges et des deux sexes, de jeunes garçons portant pour tout costume, comme quelques-unes des femmes âgées, une branche de palmier autour des reins, mais nous n'avons pas aperçu une seule jeune fille. Sans doute, elles avaient été écartées avec intention, à l'approche du yacht.

Dès que nous fûmes assis, la femme qui semblait investie du droit de commandement, invita l'un des hommes à abattre des noix de coco et nous en fit boire le lait : lait d'autant plus agréable et plus frais, qu'il provenait d'un fruit incomplétement mûri. En même temps, les gens de l'île arrivaient avec du poisson et de la volaille, qu'ils déposaient à nos pieds. Certains de ces poissons étaient d'un brun foncé, comme la brême ; d'autres, longs et minces, avec un nez retroussé en forme de pipe, avaient quatre nageoires, qui rappelaient les ailes du poisson-volant.

Apercevant de la fumée au-dessus d'un bouquet de palmiers, nous nous dirigeâmes de ce côté : c'était un groupe de huttes dont les habitants, malheureusement, étaient absents. Des nattes en guise de lits, des noix de cocos servant de tasses, des coquilles en nacre comme plats, et des coraux de toutes formes pour ustensiles de cuisine, composaient l'ameublement.

Nous avons rencontré trois femmes, l'une très-âgée, n'ayant qu'une natte en feuilles de palmier pour se couvrir, les autres, vêtues du costume ordinaire, lequel consiste en une robe claire, attachée autour des épaules et retombant de là jusqu'au sol, sans même laisser voir la pointe des pieds. J'imagine que ces étoffes viennent d'Angleterre ou d'Amerique ; en tout cas, le coton dont elles sont faites, porte les dessins les plus bizarres que j'aie jamais vus. Le rose mêlé de blanc, le bleu foncé rayé de jaune, le rouge avec des pois jaunes, le bleu avec des croix orangées, sont les bigarrures les plus goûtées. Les femmes paraissent douces et aimables ; elles ont été ravies des miroirs et des verroteries que je leur ai données, en retour des coquillages qu'elles nous ont apportés. Il ne semble pas qu'on cultive la terre, dans l'île ; en fait d'animaux, nous n'avons rencontré que des poulets et quatre porcs. Mais on trouve, dans les broussailles, une grande quantité de gros crabes-hermites, rampant, courant, parfois se livrant, entre eux, à des combats. Nous avons ramassé au moins vingt échantillons différents de coraux, — tout en gémissant sur l'état dans lequel ils mettaient nos chaussures, — et des coquillages en profusion, de toutes les formes et de toutes les nuances. Je signale notamment, parmi ceux-ci, un gros *univalve* en spirale, long de 30 centimètres, marqué de taches et de raies brunes, sur un fond café au lait, comme la peau d'un léopard ou d'un tigre.

Pendant que nous revenions vers notre embarcation, les naturels nous ont fait comprendre qu'il y avait, dans l'île, un blanc qui occupait une sorte de maison que nous avions remarquée en débar-

Maitea.

quant. C'est, sans doute, un de ces aventuriers, américain ou anglais, dont parlent tous les livres traitant de ces parages-ci ; qui servent d'intermédiaire entre les équipages des navires et les insulaires, et qui excellent dans l'art de s'enrichir à ce métier. Un autre sujet, auquel les mêmes ouvrages accordent une large place, est celui des... cochons. Jugeant que nous ne pouvions pas nous dispenser de suivre l'exemple de nos devanciers, nous en avons acheté deux petits, pour cinq francs. C'étaient, évidemment, les favoris de l'endroit, car on les laissait s'étendre sur les nattes en dehors des huttes, et ils accouraient comme des chiens quand on les appelait. Le premier que j'achetai, semblait tout aise d'être porté sous mon bras.

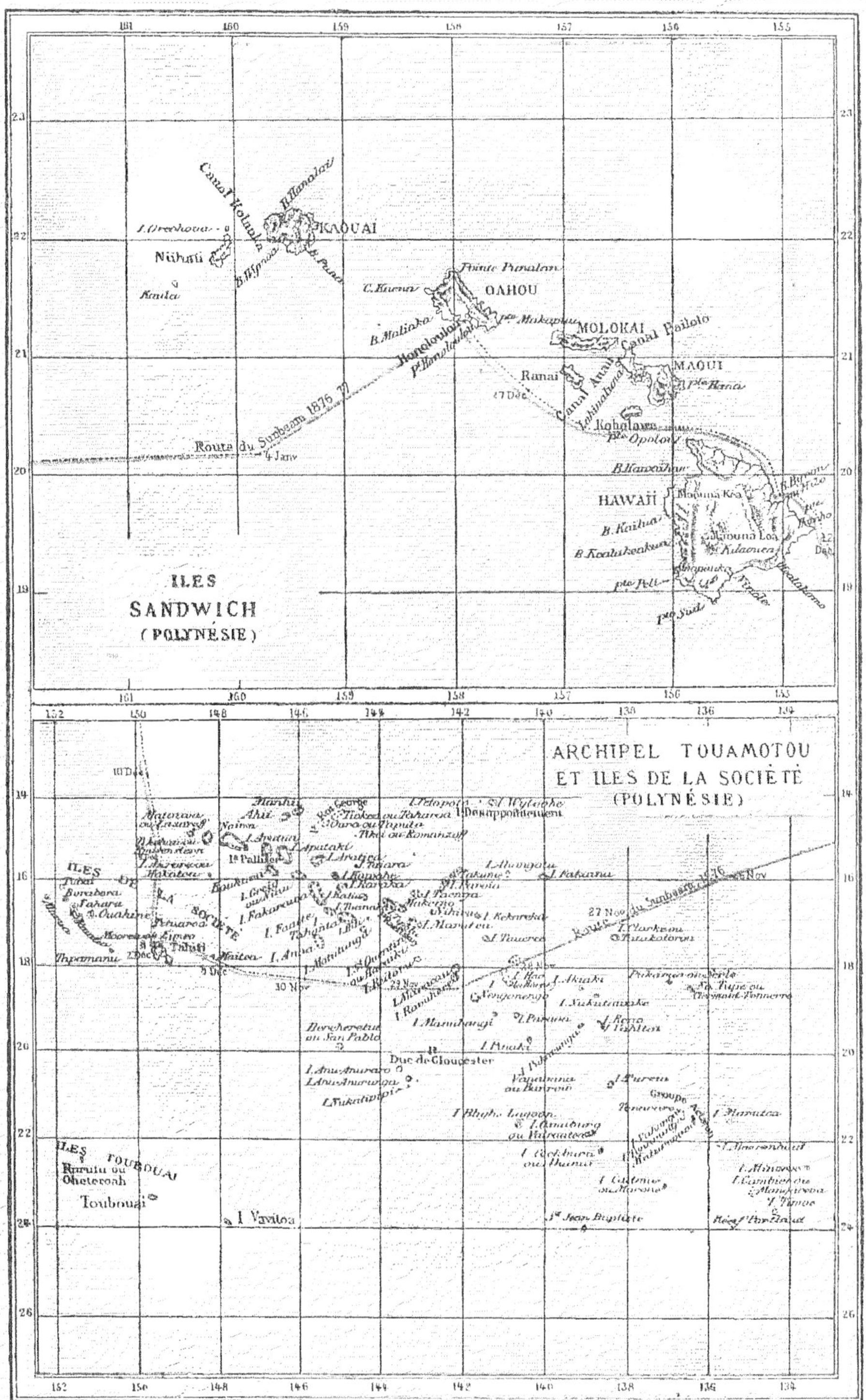

ILES
SANDWICH
(POLYNÉSIE)

Canal Kolaala
I.Manolai
I.Orechova
NIIHAU
Nühau
B.Wpova
B.Puuo
Kaila
Pointe Punalou
C.Kaena
OAHOU
B.Maliko
Honolulu
P.Honoluululu
MOLOKAI
Canal Pailolo
Canal Anaia
Lohinabauai
MAOUI
P.te Hana
Ranai
17 Déc
I.Kohalawe
P.te Opoloii
B.Hanouhou
B.Burou
Route du Sunbeam 1876-77
Route du Sunbeam 1876-77
Route du Sunbeam 4 Janv
HAWAII
Mouna Kea
P.te Agino
B.Kaihai
Mouna Loa
B.Koalukonkua
Kilaouea
p.ta Pell
P.te Sudt

ARCHIPEL TOUAMOTOU
ET ILES DE LA SOCIÉTÉ
(POLYNÉSIE)

17 Déc
Manihi
Ahii
Roi George
L.Pelopoto
I.Wytoohe
Matoraa
ou Lasuroff
Naina
I.Tioko ou Taharea
Désappointement
Oura ou Ynputo
Nkei ou Romanzoff
I.Aratua
Apataki
I.Arutica
I.Tikaea
I.Faaniu
ILES
Tubai
Op
Makatea
Boukuai
I.Kapuka
L.Hongotu
I.Takume
I.Fakarau
Borabora
Tahaa
LA
I.Greig
ou Niliou
I.Taenga
27 Nov
Route du Sunbeam 1876
D.Ouahine
SOCIÉTE
I.Fakaraua
Ratiu
I.Tuanake
Makeino
Nihiru
I.Kekareka
I.Clarkson
Moorea
Eimeo
I.Fanda
Tapunta
Nihiru
I.Marutea
I.Nuukoforou
Tahiti
I.Litlu
I.Tauere
Thpamanu
1 Déc
Maiton
I.Anaa
Matihanga
I.Ouritir
8 Nov
5 Déc
ou Ratonu
ou Bitona
I.Hao
10 Nov
I.Marutea
I.Hokono
I.Akiaki
Pukarangu ou Serle
I.Te Tipe ou
Thomud-Tonnerre
I.Ranohaea
C.Vmgononyo
I.Nukutaueake
Bercheretua
ou San Pablo
I.Mamihangi
I.Paraua
I.Reno
Rehitiei
I.Anaki
Duc de Gloucester
I.Ilprongu
I.Anu Anuraro
Vanavana
ou Barrow
I.Pureu
I.Anu Anuruga
Groupe
Teneaveru
I.Parutea
I.Vukativiri
I.Bugh Lagoon
I.Amuburg
ou Vairaatea
I.Morandval
ILES
TOUBOUAI
I.Vocchbura
ou Thauat
I.Minerva
Rurutu ou
Oheteroah
I.Catono
ou Marena
I.Cambeo ou
I.Manapuroa
I.Tanoe
Toubouai
I.Jean Baptiste
Récif Portland
I.Vavitoa

Lorsque nos provisions eurent été déposées au fond de l'embarcation, nous prîmes congé de nos hôtes et nous revînmes au yacht qui se mit aussitôt en route. À quelque distance de l'endroit de notre débarquement, on apercevait un grand schooner, d'environ 500 tonneaux, échoué sur le banc de corail qui entoure l'île. Comme il était en dedans du banc, il faut, soit qu'il y ait dérivé de l'intérieur de la lagune, soit qu'une grosse vague du Pacifique l'ait projeté par dessus, durant une tempête.

Notre batelier de Maitea.

Mercredi, 29 *novembre.* — Nous avons mangé, à dîner, le plus gros de nos deux petits cochons, et nous l'avons trouvé d'autant meilleur que nous n'avons guère eu que de la viande salée ou conservée, depuis quelque temps. De fait, il était excellent et justifiait pleinement l'opinion du capitaine Cook sur la supériorité du porc de ces îles-ci. J'espère sauver l'autre, si nous ne tardons pas trop à atteindre Taïti; ce serait dommmage de tuer un animal si bien apprivoisé. Il ne mesure pas plus de 25 centimètres en longueur, mais il a l'air d'avoir cent ans : on dirait une vieille potiche. Il s'est pris d'amitié pour les chiens, et trottine avec eux derrière moi, sur la pointe de ses petites pattes, même dans les escaliers, pourtant bien raides, qui vont du pont aux cabines.

Un superbe météore, couleur orange, avec une longue queue ayant environ 2 degrés d'étendue, a illuminé le ciel, ce soir. Il a décrit un arc d'au moins 60 degrés, du sud-sud-est au nord-nord-ouest, et a disparu dans l'espace, beaucoup au-dessus de l'horizon. Nous avons vu souvent des phénomènes du même genre depuis notre départ de Valparaiso, mais celui-ci est certainement le plus beau. Encore aurait-il été plus éclatant, si la nuit avait été moins claire ; la lune éclairait si bien qu'on pouvait lire, même coudre, sur le pont.

Vendredi, 1er *décembre*. — Visite à l'île de Maitea, qui a été reconnue ce matin à cinq heures ; toutefois, ce n'est pas sans peine que nous avons réussi à y aborder. Tout d'abord, la guigue qui nous menait à terre, s'est dirigée vers une petite anse, où le ressac semblait moins fort que sur les autres points de la côte ; mais les rocs qui en marquaient l'entrée, étaient si dangereux, le passage si étroit et les vagues si hautes, qu'il fallut renoncer à accoster de ce côté. Cela, au grand désappointement des habitants qui accouraient de tous côtés : les femmes, dans ces longues robes que nous avons déjà vues à l'île de la Harpe, avec addition de guirlandes autour de la tête et du cou ; les hommes, dans des chemises flottantes et des chapeaux de matelots ornés de couronnes de fleurs, ou des mouchoirs de soie, rouge ou jaune, noués sur le front. Un d'eux vint nous offrir, dans une pirogue lestée par un gros contre-poids, de nous conduire à terre, l'un après l'autre ; nous préférâmes contourner l'île et chercher, sur la côte sud, un point de débarquement. Jamais je n'ai été aussi secouée ; Muriel et moi, nous en avons été malades. Qui pis est, cette tournée fut inutile : la passe donnant accès à l'autre versant de l'île, n'avait même pas la profondeur d'eau nécessaire à notre embarcation. Il fallut rebrousser chemin et revenir au point de départ, où, grâce aux insulaires, aux rouleaux qu'ils placèrent sous notre quille et à la marée qui était alors un peu plus haute, nous finîmes par mettre pied à terre.

On nous conduisit auprès du chef et de sa gentille femme, qui nous
reçurent avec autant d'affabilité que de gravité et de dignité. Des
nattes furent étendues à mon intention, sur le sol ; on m'offrit du
lait de coco, et des couronnes pour mettre autour de ma tête et de
mon cou. Des fruits, des volailles et l'inévitable petit porc, furent
placés à nos pieds, à titre de présents. Des perles, des coquillages,
des fous, des hameçons, de petites pirogues, etc., apportés par les
naturels, s'échangèrent avec les objets dont nous étions munis ;
mais le chef refusa de rien accepter en retour de son cadeau. Peut-
être l'objet le plus curieux de cette collection fut-il une petite
corde, d'un mètre de long, faite de cheveux humains. Avant que
les Européens eussent visité ces parages, les lignes de pêche se
fabriquaient avec ce genre de ficelle ; maintenant, on s'en procure
dificilement. Les jeunes fous ressemblaient tout à fait à ces
houppettes qui servent à appliquer la poudre de riz ; leur duvet
était plus doux et plus épais que celui du cygne. Muriel, qui affectionne tout particulièrement les œufs, m'en demanda ; et je parvins
à transmettre sa requête, en montrant alternativement des poules
et des pierres rondes aux gens qui nous entouraient. Mais nous
n'en avons eu que quelques-uns et, à en juger par le temps qu'on
a mis à les apporter, j'imagine qu'il a fallu fouiller l'île dans tous
les sens, pour les trouver.

Les Maïteiens semblaient très-renseignés sur la valeur de l'argent. Ils prenaient le souverain anglais pour cinq dollars ; ils
acceptaient aussi le dollar chilien et celui des États-Unis, mais ils
refusaient la monnaie brésilienne. L'objet de notre visite les intri-
guait vivement. *« Pas vendre eau-de-vie ? »* — « Non. » — *« Pas voler
hommes ? »* — « Non. » — *« Alors, quoi faire ? »* Leur connaissance de
l'anglais est, d'ailleurs, trop limitée, pour que nous ayons pu leur
expliquer que nous faisions le tour du monde, à bord d'un yacht.
Au moment de notre départ, un petit schooner s'arrêta tout près
de l'île, et détacha une embarcation qui mit à terre plusieurs
insulaires, arrivant de Tahiti. Ce retour parmi les parents et les
amis, fut des plus touchants. Deux femmes, entre autres, s'assirent
et s'embrassèrent pendant plus d'un quart d'heure ; elles ne

disaient rien, ne faisaient pas un geste, mais de grosses larmes coulaient sur leurs joues.

Maitea n'a pas le même caractère que la Harpe. On y trouve des cocotiers, des arbres à pain, des fleurs comme dans l'autre île ; mais nous n'y avons pas vu de corail, et ses abords sont parsemés de gros rochers. Cette terre a, manifestement, une origine volcanique. Quand il s'est agi de la quitter pour regagner le bord, notre embarcation a été conduite, à l'aide des rouleaux de bois, dans l'étroit chenal par où nous étions entrés, puis une pirogue nous y a menés l'un après l'autre. Nous demandâmes au capitaine du schooner, lequel parlait français, de nous remorquer jusqu'au *Sunbeam*, et il y consentit volontiers ; mais, arrivé à une certaine distance, il refusa d'approcher davantage et de nous accompagner à bord, redoutant, sans doute, quelque mauvais traitement de notre part. Il est certain que les blancs qui fréquentent ces mers, se conduisent souvent d'une odieuse façon vis-à-vis des populations, généralement paisibles et hospitalières, des îles ; et j'imagine que les massacres d'Européens qui ensanglantent parfois ces parages, apparaîtraient sous un tout autre jour, si l'on pouvait connaître les causes qui les ont accompagnés ou précédés [1]. De là, impossibilité de prévoir l'accueil qu'on recevra des habitants ; si les précédents visiteurs ont pillé ou commis quelque atrocité, il n'est pas surprenant qu'on soit reçu avec défiance, voire expulsé et maltraité.

Nous sommes revenus à bord à quatre heures, épuisés de fatigue : étant demeurés exposés à un soleil ardent et, n'ayant bu ou mangé que des bananes ou du lait de coco, depuis sept heures du matin. Immédiatement, le *Sunbeam* poursuivit sa route et, à dix heures du soir, la plus petite des deux presqu'îles qui forment la terre de Tahiti se montrait à l'horizon.

Samedi, 2 décembre. — Après avoir croisé toute la nuit au large, le yacht s'est retrouvé, à quatre heures et demie, en vue de la

---

1. Réflexion aussi juste que justifiée par les brutalités de certains Européens qui se croient en pays conquis, dès qu'ils mettent le pied hors de chez eux.

terre. Nous l'avons longée lentement, en dépassant la Pointe
Venus et le phare de la baie de Matavai (premier mouillage du
capitaine Cook), jusqu'à ce qu'un pilote français vînt nous prendre,
pour nous entrer dans le port de Papèete. La mer était forte; c'était
chose curieuse de voir les pêcheurs de l'île tranquillement installés dans leurs frêles pirogues, sur la lagune intérieure au récif,
pendant que les vagues battaient avec fureur la surface extérieure
de la digue de corail, comme jalouses de prendre et d'engouffrer
ces audacieux.

Peut-être ne puis-je trouver une meilleure conclusion à ce récit
de notre long voyage de Valparaiso à Tahiti, que la citation suivante d'un livre du baron de Hubner qui a fait, comme nous, une
promenade autour du monde : « Les jours se suivent et se ressemblent, écrit-il. Sauf le court épisode du mauvais temps, ces trois
semaines me font l'effet d'un charmant rêve, d'un conte de fées,
d'une promenade imaginaire à travers une salle immense, tout or
et lapis-lazuli. Pas un moment d'ennui ou d'impatience. Si vous
voulez abréger les longueurs d'une grande traversée, distribuez
bien votre temps, et observez le règlement que vous vous êtes
imposé. C'est un moyen sûr de se faire promptement à la vie
claustrale et même d'en jouir. »

Nous avons passé cinq semaines en mer, et elles nous ont laissé
les mêmes souvenirs que ceux exprimés par le baron. Lui, n'a vu
qu'un navire entre San-Francisco et Yokohama ; nous, nous en
avons rencontré deux. En vérité, c'est un immense et bien solitaire océan que nous venons de traverser !

Ilot de la Quarantaine. (Papèete.)

CHAPITRE QUATORZIÈME

A TAHITI

Samedi, 2 décembre. — L'impression qu'on éprouve en débarquant
à Papèeté (capitale de Tahiti), n'est comparable qu'à celle qu'on
pourrait ressentir dans un pays de fées. Les magnolias, les *hibiscus*
jaunes et rouges, qui répandent leur ombre sur la surface de
l'eau; le gazon velouté que l'on foule; le blanc chemin qui court
entre des rangées de maisons en bois, dont les petits jardins sont
autant de massifs de fleurs; les hommes et les femmes, en costumes éclatants; les piles de fruits, nouveaux à l'œil, qu'on trans-
porte sur les navires; les collines tapissées de verdure, qui servent
de fond à ce tableau; tels sont les principaux sujets d'observation
et d'étonnement qui frappent le voyageur, quand, pour la première
fois, il se trouve en face de cette île merveilleuse.

Les personnes pour lesquelles on nous avait donné des lettres
d'introduction étant à déjeuner lors de notre arrivée à terre,
nous avons flâné dans les rues, sous la conduite d'un cicerone qui
s'était offert à nous guider. Elles sont généralement à angle droit
avec la côte, et portent des noms retentissants : rue de Rivoli, rue
de Paris, etc. De grands arbres les bordent, dont les branches se

rejoignant et s'enlaçant, d'un côté à l'autre, forment une sorte de
charmille où se joue la brise de mer. Le quartier chinois, comme
on l'appelle, se compose de maisons en bambou, habitées par de
vrais Chinois dans le costume traditionnel, avec la longue queue
derrière le dos.

L'habitation du commandant français ![1], charmante résidence
entourée de jardins, est située en face du palais de la reine
Pomaré, laquelle est, en ce mo-
ment, dans l'île de Bola-Bola,
retenue auprès de sa petite fille,
âgée de cinq ans et reine de l'île.
Elle est partie, il y a dix jours,
sur un navire de guerre français, le *Limier*, et des troubles
parmi les insulaires l'ont con-
trainte de rester là-bas. Je regrette qu'elle soit absente, ayant
le vif désir de faire sa connaissance, après en avoir tant ouï
parler.

Chétodon « Plagmance ».

A cinq heures, nous sommes allés, dans deux de nos embarcations, le *Glance* et le *Flash,* voir le banc de corail, illuminé alors
par les feux du soleil couchant. Qui pourrait décrire ces merveilleux jardins du fond des mers, vus à travers une nappe d'eau, de
2 à 4 mètres d'épaisseur, limpide comme le cristal ? Qui peut seulement énumérer les étranges créatures qui peuplent ces demeures
sous-marines : les crabes de toutes tailles, courant sur ces masses
de corail ; les anémones de mer, déployant leurs tentacules en
quête d'une proie ; les zoophytes de tous genres, rampant lentement sur le fond ; les poissons rouges, bleus, jaunes, violets,
mouchetés, rayés, longs, courts, pointus, qui filent comme des
oiseaux au milieu des coraux ? Les ombres de la nuit purent
seules nous enlever à ce spectacle. Dans la soirée, la baie s'est

---

1. On sait que l'île de Tahiti est placée sous le protectorat de la France.

illuminée des feux des pêcheurs, postés près du banc, dans leurs pirogues, avec des harpons formés d'un faisceau de fils de fer qui, attachés à un long bâton, transpercent le poisson ou l'enserrent. Ces silhouettes d'insulaires, éclairées par les torches et ressortant en relief sur le bleu foncé du ciel, eussent fait de beaux modèles pour les sculpteurs de l'ancienne Grèce.

Dimanche, 3 décembre. — Dès cinq heures moins un quart, nous sommes allés à terre, voir le marché : c'est, en effet, le jour où les gens de la campagne apportent leurs produits à la ville, et font leurs provisions de la semaine. Sous les deux édifices couverts qui constituent la halle, pendaient des branches d'orangers chargées de fruits, des bottes de plantain et des légumes de toutes couleurs, attachés à des cordes ; la présence de nattes, d'oreillers et de lits encore dressés, donnait à supposer que les vendeurs avaient passé

Sous les arbres, à Papéete.

la nuit au milieu de leurs denrées. Composé de sept à huit cents personnes ornées de fleurs, causant et riant dans leurs robes voyantes, le public ressemblait à un chœur d'opéra en costume de théâtre ; au dehors, l'aspect n'était pas moins attrayant et animé. Ici, à l'ombre de larges feuilles de bananier d'un vert tendre, se marchandaient de singuliers poissons et de magnifiques légumes ; là, à l'abri d'un manguier, dont les belles mangues dorées pendaient à portée de la main, se vendaient des fruits succulents. Les orangers semblaient surtout recherchés, comme lieux de rendez-vous ; une bande de marchands de fleurs s'était établie devant une haie d'*hibiscus* rouges et de jasmins doubles du Cap.

Quoi qu'ils aient à offrir, les vendeurs promènent leurs étalages,
le long d'une perche, sur leurs épaules ; ce qui prête parfois au
rire, quand, par exemple, la perche ne supporte qu'un petit poisson
et deux ou trois bananes ou mangues. C'est, du reste, l'usage d'apporter au marché ce qu'on a sous la main, quelle qu'en soit la
quantité. Une femme avait trois œufs dans un panier en feuilles ;
une autre, un homard ; une troisième, quatre ou cinq grosses
crevettes. On conçoit que ces habitudes rendent long et difficile
l'approvisionnement d'un personnel aussi nombreux que le nôtre ;
et je m'amusai beaucoup à voir notre maître d'hôtel, recueillant,

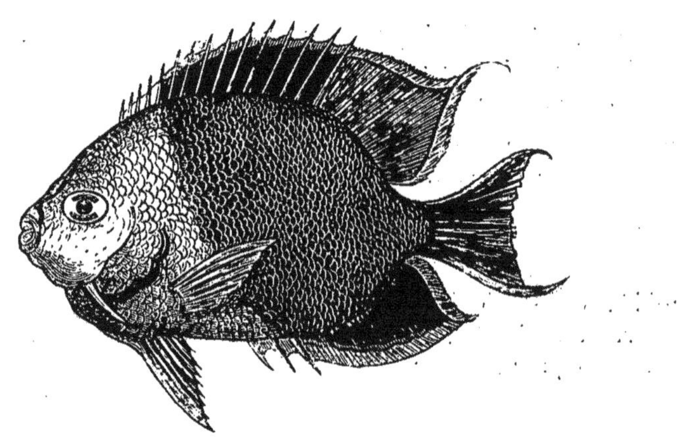

Chétodon tricolore

presque une à une, les choses dont il avait besoin, jusqu'à ce
qu'enfin il eût rempli la petite charrette à bras qui l'escortait.

A six heures, les acheteurs commencèrent à se disperser et nous
nous apprêtions à les suivre, lorsqu'un homme âgé qui portait
une demi-douzaine de poissons et qu'accompagnait un enfant
chargé de légumes et de fruits, nous aborda en se présentant
comme le beau-frère de la reine Pomaré IV, chef ou gouverneur
de Papeiti[1]. Il nous invita à venir voir sa maison et nous conduisit

1. On écrit aussi Papèete.

à une habitation, bâtie à la mode du pays, entourée de cocotiers, de bananiers et de goyaviers, comme toutes les autres ; mais d'aspect un peu plus imposant. Nous fûmes introduits dans une grande pièce contenant deux bois de lits, quatre matelas étendus à terre, deux ou trois coffres, une table, dans un coin, avec un encrier et quelques livres. Notre hôte essaya de causer, mais comme il ne disait que quelques mots d'anglais et que son fils ne savait pas davantage le français, la conversation languit vite. Il me demanda à visiter le yacht et m'apporta une plume et du papier pour que j'écrivisse l'ordre de le recevoir « *dans le cas où Madame, pas chez elle.* » Il me montra aussi des dessins de soldats faits par son fils, un garçon de onze ans dont il semblait très-fier, et conclut l'entrevue en mettant son logement à notre disposition.

D'autres visiteurs arrivèrent sur les entrefaites et, me sentant fatiguée, je priai l'un d'eux, qui était à cheval, de me prêter sa monture pour aller jusqu'au rivage. Il dit qu'il y consentirait volontiers si j'étais un homme, mais qu'il ne pouvait pas accéder à mon désir, parce que la selle n'était pas convenable. Je lui fis comprendre que cela m'importait peu et, sans imiter les femmes du pays, qui chevauchent à la manière des hommes, je réussis pourtant à m'installer sur la bête. Notre nouvelle connaissance en parut dans la joie, et s'offrit à nous promener aux environs. Il nous mena, en effet, à travers des bosquets et des jardins, aux plantations appartenant à la famille royale, et ne nous quitta qu'au moment où nous revînmes à bord, vers neuf heures, pour faire le premier déjeuner.

Le service religieux se célèbre à dix heures, et nous dûmes nous hâter, pour être de retour à terre en temps utile. Nous débarquâmes près de l'église, à l'ombre d'un *hibiscus* dont les fleurs jaunes et rouges, détachées de leurs branches, flottaient doucement sur l'eau, parmi les pointes de corail qu'on voyait surgir çà et là. La nef regorgeait de monde ; les fenêtres et les portes étaient ouvertes ; les fidèles, qui ne trouvaient pas place à l'intérieur, s'asseyaient sur les marches ou sur le gazon à côté. Les costumes clairs étaient en majorité ; mais j'en ai vu en étoffe noire qui,

accompagnés d'un chapeau de marin entouré d'une écharpe ou
d'une guirlande de fleurs, étaient vraiment très-seyants. Ces chapeaux de matelot sont à la mode ici ; les habitants les font avec des
feuilles de platane ou de palmier, ou avec la fibre intérieure de
l'*arrow-root*. Sur les bancs de devant, des hommes et des femmes
d'un certain âge prenaient des notes sur le sermon ; il paraît qu'ils

La chute d'eau de Fuatawah.

forment une classe particulière et qu'ils mettent leur orgueil à
répéter, après le service, ce qu'ils y ont entendu.

A l'issue de l'office ordinaire, il y eut deux baptêmes. Les enfants étaient tenus par des hommes ; l'un des *babies* avait une longue
robe de mousseline avec une queue traînant à terre, et un bonnet
de dentelle garni de nœuds roses ; l'autre, aussi coquettement habillé, avait des rubans bleus à sa petite tête. Quand ils furent bap-

tisés, on entonna une hymne, puis vint la communion, où le lait de coco joue le rôle de vin et le fruit de l'arbre à pain, celui de pain. Jadis, les éléments habituels figuraient dans cette cérémonie; mais il arrivait, presque invariablement, que la coupe contenant le vin était vidée avant d'avoir changé trois fois de mains, et l'on dut aviser à trouver un suppléant à ce liquide tentateur.

Nous avons visité, dans la journée, la chute d'eau et le fort de Fuatawah. Ce sont deux endroits très-pittoresques et très-curieux,

Une Tahitienne.

comme l'indique le dessin ci-contre. Juste au pied du fort qui couronne la hauteur indiquée dans ce croquis, un petit cours d'eau jaillit d'une crevasse de rocher et tombe, sans ricocher, d'une hauteur de 200 mètres, dans le vallon au-dessous. Quant au fort, actuellement démantelé, il occupe une position formidable, parce que, dominant toutes les vallées environnantes, il commande leurs communications avec la côte. L'histoire rapporte que les insulaires y bravèrent longtemps les efforts des Français.

Quelquefois, quand je songe, le soir, aux merveilles de cette île, il me semble que je suis sous le charme d'un rêve, et je suis tentée de me demander si ses fleurs, ses fruits, ses nuances, ses teintes, ses paysages appartiennent vraiment à la réalité. Qui pis est, j'ai conscience que je les décris mal et, en même temps, j'ai peur que le peu que j'en dis, ne paraisse exagéré.

Lundi, 4 *décembre.* — La brise de mer n'était pas encore levée quand je suis venue sur le pont, au petit jour, et l'eau du port était tranquille comme celle d'un lac. Au large, deux schooners étaient en calme, devant l'entrée de Papèete ; tout près du yacht, le remorqueur commençait à allumer ses feux. A terre, nos provisions de fruits, de légumes et de fleurs se voyaient sur le rivage, sous la garde de gens en costumes roses, bleus et gris-de-perle. La brume légère qui recouvrait le sommet des montagnes, se dissipait graduellement ; tout annonçait une belle journée pour l'excursion que nous projetions.

Nous avons déjeuné à six heures et demie et, quelques instants avant huit heures, un grand char à bancs, conduit par un cocher chinois, nous emportait dans la direction de Papea. Il faisait excessivement chaud ; mais la brise qui s'était levée peu à peu, tempérait l'ardeur du soleil et les noix de coco, qu'on trouve partout, ont bientôt fait, d'ailleurs, de calmer les effets de l'excessive température. Les gens du pays ont une singulière façon de les cueillir : ils s'enveloppent les pieds avec des feuilles de bananier et montent à l'arbre en s'aidant, alternativement, de leurs jambes et de leurs mains, avec des mouvements particuliers, comparables à ceux du singe qui grimpe le long d'une perche. On ne peut guère se figurer la saveur du lait de coco, quand on n'en a bu qu'en Europe ; et, à ce propos, je ne m'explique pas pourquoi on a donné à ce liquide le nom de lait, lorsqu'il a la clarté du cristal et la fraîcheur de la glace, en dépit du soleil brûlant qui frappe la noix où il est contenu.

A partir de Papea, les sites deviennent plus beaux et le feuillage plus vert encore, s'il est possible. Chemin faisant, nous avons longé des plantations de café, de canne à sucre, de maïs, de coton et de vanille, et traversé quantité de cours d'eau ; puis notre automédon nous a arrêtés devant une petite maison, près de la mer, sur la porte de laquelle on lisait « *Restaurant* ». L'établissement est propre, et la cuisine parfaite. On nous a servi un bifteck aux champignons, un poulet rôti, et une délicieuse omelette, si bonne, soit dit en passant, que Tom en a commandé une seconde. « Je fais la cuisine moi-même », a répondu fièrement notre hôte, comme nous lui adressions nos compliments. Pour la première fois, nous avons mangé du fruit de l'arbre à pain, à la mode du pays, c'est-à-dire cuit sous terre, au moyen de pierres brûlantes; mais cette préparation ne le rend pas plus agréable. Le roi des fruits de ce pays-ci, et peut-être de tous les pays, est certainement la mangue, avec son goût d'abricot et d'ananas, relevé par un soupçon de térébenthine. Singulier mélange, dira-t-on; je n'en disconviens pas, mais le résultat est délicieux.

Notre cocher s'impatientant, il fallut remonter dans le char à bancs et poursuivre la promenade. En plusieurs endroits, nous avons vu couper du foin, que l'on pesait immédiatement avant de l'envoyer à la ville; il passe pour n'être pas nourrissant, et on en fait venir beaucoup de Valparaiso. Dans presque tous les cours d'eau, on apercevait des indigènes en train de se baigner : les Tahitiens affectionnent l'eau des ruisseaux et s'y plongent deux fois par jour, sans préjudice de leur bain de mer. La route, autour de l'île, a été faite par les forçats; actuellement, tout ivrogne pris en flagrant délit, est condamné à balayer et à entretenir la partie du chemin qui passe à côté de sa demeure. C'est la seule bonne route de Tahiti. Elle entoure la plus grande des deux langues de terre qui composent l'île, et passe au-dessus du massif montagneux qui occupe le centre de l'isthme, par lequel les deux presqu'îles sont réunies l'une à l'autre. Nous nous trouvâmes bientôt dans ce massif, gravissant les collines, d'ailleurs peu élevées, qui sont comme l'épine dorsale de Tahiti. D'en haut, la vue est magnifique, de quelque côté que l'on se tourne. On quitte ces sommets par une pente rapide mais courte, et, après avoir traversé une forêt, en suivant des sentiers couverts de gazon, on débouche dans une vallée où deux marins français ont fondé un hôtel, intitulé « *Hôtel de l'Isthme.* » C'est là que nous avons passé la nuit, après un excellent dîner qui fait le plus grand honneur aux talents culinaires que l'on déploie à Tahiti. Malheureusement, les cancrelats viennent troubler l'agrément des excursions dans l'île. Lorsque j'accompagnai Mabelle dans sa chambre à coucher, des centaines de ces affreuses bêtes, longues d'au moins 6 centimètres, voltigèrent autour de la lumière; et en causant le soir, dehors, avec Tom, j'en vis courir sur tous les murs.

Mardi, 5 décembre. — La chaleur a été suffocante, cette nuit; à une heure du matin, nous nous sommes réveillés, Tom et moi, à demi étouffés. Une petite lueur éclairait notre chambre et Tom s'est écrié : « Dieu merci, voici le jour »! Mais la sonnerie de ma montre lui a bientôt appris qu'il se trompait. A la clarté de la lune, je voyais les cancrelats circuler sur le bois du lit, grimper le long des rideaux, puis redescendre de l'autre côté. N'y tenant plus, je me suis levée et couverte d'un *poncho* — fortement secoué, afin de chasser les odieuses bêtes, — j'ai franchi une barricade que j'avais construite la veille au soir, pour empêcher les poules et les cochons de pénétrer dans notre chambre vierge de porte, et me suis enfuie dans le jardin où je suis restée jusqu'à trois heures. La pluie qui, à cet instant, est tombée à torrents, m'a obligée de revenir à mon lit et j'y ai attendu le lever du jour, en me résignant, de mon mieux, à la chaleur, aux cancrelats et aux moustiques. On est maintenant en plein hiver et au milieu de la saison des pluies, à Tahiti; mais, heureusement pour nous, il fait presque toujours beau dans la journée.

Que dire de notre rentrée à Papeiti, qui ne soit contenu, implicitement, dans les pages précédentes? Quiconque a vu les serres de Kew [1] peut les multiplier par la pensée, les supposer traversées par des routes bordées de cocotiers et de palmiers, donnant, de ci de là, sur la mer, sur des plages, sur des bancs de corail ; on aura alors une faible idée des successions de tableaux qui marquèrent notre retour. Les *passiflores* abondent, dans cette partie de l'île ; en voyant

1. Superbe jardin botanique, situé aux environs de Londres.

leurs frêles tiges, l'on s'étonne qu'elles puissent supporter, à des hauteurs de 9 à 10 mètres, les gros fruits jaunes qui pendent de leurs sommets.

Ayant laissé l'ordre, en partant, de peindre le *Sunbeam* en blanc, pour qu'il fût plus frais à habiter, nous étions tous curieux de voir l'effet de sa nouvelle robe ; mais la pluie a retardé son changement de costume.

Mercredi, 6 *décembre*. — Il pleuvait ce matin, à quatre heures et demie, ce qui m'a bien contrariée, parce que je voulais prendre quelques photographies, avant que la brise fût levée. J'ai pu, cependant, braquer mon appareil, à la faveur d'une éclaircie ; et le temps, peu à peu, s'étant découvert, j'ai pris un certain nombre de bonnes vues de là côte.

Le navire de MM. Brander, un bâtiment de 600 tonneaux, est parti aujourd'hui pour Valparaiso ; il y sera dans vingt-cinq jours, et y portera nos lettres. La Compagnie qui fait ce service dispose de trois bâtiments, confortablement installés en ce qui concerne les passagers ; il en part un chaque mois ; de part et d'autre, régulièrement. Celui qui a pris la mer ce matin, est chargé de *fongus* et de *sèche de mer* pour la Chine, d'oranges pour San-Francisco, de divers colis, et d'un lot de perles confié au capitaine, à l'instant où il levait l'ancre.

Les relations commerciales entre Tahiti et les États-Unis sont si actives que le prix du navire, qui vient de partir, a été plus que couvert par le fret, un an après sa construction. Outre ces bâtiments, il y a ceux qui vont et viennent entre Valparaiso et Papeiti, puis les petits schooners de l'île ; en sorte que les Tahitiens peuvent se vanter d'avoir une flotte qui, sans être imposante au point de vue du tonnage, rend de bons et précieux services.

On nous a donné des détails, sur la façon dont les capitaines de ces schooners traitent avec les habitants des îles qui parsèment la région sud-ouest du Pacifique. Les insulaires les plus civilisés ne se contentent plus de l'échange ; ils préfèrent recevoir de l'argent américain en retour de leurs perles, de leurs coquillages, de leurs bois de sandal, etc. Mais une fois les dollars encaissés ils demeurent

Une fête, à Fuatawah.

sur le pont et regardent dans les cabines, où l'on a eu soin d'étaler
tout ce qu'on sait propre à les tenter : étoffes brillantes, rhum,
eau-de-vie, tabac. Au bout de peu de temps, l'étalage est acheté et
l'argent retourne au capitaine.

J'ai eu, aujourd'hui, une conversation avec un naturel qui arrivait
de Flint-Island. Comme l'existence de cette île a été contestée,
divers navigateurs l'ayant cherchée vainement, il était particulièrement intéressant de rencontrer quelqu'un qui en venait. Je ne
doute pas, toutefois, que certains
îlots disparaissent entièrement
dans ces parages. Les schooners
tahitiens trafiquaient, autrefois,
avec une petite île près de Rarotonga et, il y a quatre ans, quand
ils vinrent pour lui faire leur visite
trimestrielle, ils ne la trouvèrent plus. Deux missionnaires de
Rarotonga étaient, dit-on, sur ce
morceau de terre, au moment de
sa disparition, et auront partagé
sa mystérieuse destinée.

Jeudi, 17 *décembre.* — Comme je
revenais d'une promenade en
voiture avec Mabelle et Muriel,
un homme nous a invitées à venir

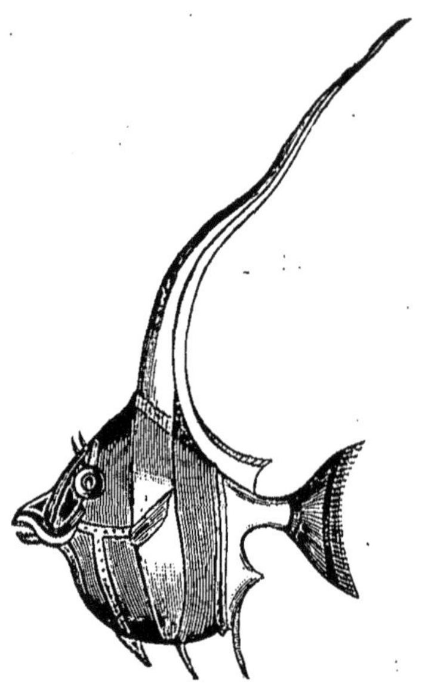

Chétodon « Besantii ».

voir, chez lui, des perles dont il disait merveille. Elles étaient, en
effet, remarquablement belles, mais trop chères pour moi : une
paire, en forme de poire, valait 25,000 francs. On m'a rapporté
qu'elles provenaient d'une île voisine.

Dans l'après-midi, nous avons visité les magasins de MM. Brander ; on y trouve tout ce qui peut servir à l'équipement d'un navire
et d'un équipage. Il est véritablement surprenant de voir avec quelle
facilité on se procure, dans ce coin reculé du monde, non-seulement les articles de première nécessité, mais encore tous les objets

de luxe. On peut même y acheter de la glace, grâce à un établissement fondé par un ancien officier de l'infanterie anglaise, qui fonctionne avec succès. Les produits de Tahiti et des îles voisines ont, surtout, attiré notre attention. Il y avait des tonnes de coquilles à perles, de 15 à 20 centimètres de diamètre, délicieusement teintées ; autrefois assez chères, elles ont, actuellement, beaucoup perdu de leur valeur. Leur contenu était parti, quelques jours auparavant, pour Liverpool : un lot de 25,000 francs ce matin, un autre de 125,000 francs par l'avant-dernière malle. Nous avons vu aussi de la vanille, plante dont la culture exige un soin particulier : il faut l'arroser et l'ombrager dès qu'elle est plantée, la cueillir avant qu'elle soit mûre, la sécher entre des couvertures et des lits de plume, de peur que les gousses ne se fendent et ne laissent échapper l'essence. Enfin, on nous a montré des *fongus*[1] comestibles, qu'on exporte à San-Francisco et de là à Hong-Kong, à l'usage des Chinois ; du *trépang*, ou *seiche-de-mer*, espèce d'*holothurie* fort peu appétissante, qu'on la voie fraîche ou sèche, vivante ou morte, mais très-appréciée des hôtes du Céleste Empire ; de la *coprah*, ou amande de la noix de coco, cassée en petits morceaux pour que son arrimage soit plus facile, et expédiée en Angleterre d'où l'on en extrait de l'huile. La situation commerciale de l'île devient de plus en plus prospère ; les exportations, qui se chiffraient par 210,000 francs en 1845, s'élevaient à 2,450,000 francs en 1874. Encore ces totaux ne comprennent-ils pas les perles, qui les grossiraient, au moins, de 80,000 à 100,000 francs.

J'ai le regret d'avoir à dire que la conduite de quelques-uns de nos hommes laisse à désirer, depuis que nous sommes à Papèete. L'un a disparu, dès le lendemain de notre arrivée, et l'on n'en a plus entendu parler. Un autre a été pris d'attaques d'épilepsie, à la suite d'excès de boisson. La plupart des navires qui relâchent ici, viennent de faire de longues traversées ; les équipages, qui ont toujours subi plus ou moins de privations, ne savent plus se modérer en mettant pied à terre, et certaines gens de l'endroit en profitent pour les pousser à toutes sortes d'écarts. Tom a envie de

---

1. Espèce de champignon de mer.

laisser à Papèete deux de nos matelots et d'en embarquer quatre nouveaux, de façon à renforcer les bordées de quart, qui ne sont pas toujours suffisamment nombreuses.

Vendredi, 8 *décembre*. — Après une courte visite à l'îlot de la Quarantaine et à la Pointe de Vénus[1] d'où le capitaine Cook observa le passage de la planète de ce nom, sur le disque du soleil, le 9 novembre 1769, nous sommes allés à Fuatawah — où les enfants et les domestiques nous avaient devancés, — pour assister à une fête qui se donnait en notre honneur. Les tables, le piano à queue et le plancher du salon de nos hôtes étaient couverts des présents que l'on nous destinait. Il y avait de gros paquets de plumes rouges, de longues plumes qui forment la queue de l'*oiseau du tropique*[2] et qui ont beaucoup de valeur, chaque oiseau n'en ayant que deux; des coquilles de perles, avec des coraux incrustés dessus; du corail rouge, provenant des îles de l'Équateur; des éponges et de curieuses plantes marines; des pièces d'une étoffe appelée *tapa*; de l'*arrow-root*; des chapeaux en feuilles de palmier; des coupes en noix de coco; des nattes et d'autres échantillons des produits de l'île.

Les membres de la famille royale, présents à Tahiti, étaient conviés à cette matinée; ils y sont venus à l'heure dite, entre autres le prince héritier, son frère et sa sœur. Tous les invités portaient le costume national, avec des guirlandes sur la tête et au cou; les domestiques eux-mêmes (y compris les nôtres, que je reconnaissais à peine) étaient décorés de cette façon. Des couronnes de fleurs jaunes avaient été préparées pour Mabelle, Muriel et moi; il y en avait aussi pour nos compagnons de route.

Plumes de Tahiti.

Lorsque tout fut prêt, le prince m'offrit le bras. Nous nous ren-

1. On y montre encore un tamarin, qu'on dit avoir été planté par le célèbre navigateur.

2. Phacton phœnicurus.

dîmes en procession à un bosquet de bananiers situé dans le jardin, en défilant entre deux rangées d'indigènes qui nous saluèrent de trois hourras anglais ; puis, poursuivant notre promenade, nous arrivâmes à un abri, installé dans le style du pays, auprès d'un cours d'eau. Des bananiers transplantés à l'état naturel, de façon que leurs larges feuilles formaient un dôme au-dessus du toit, servaient de montants verticaux ; la toiture était faite de feuilles de palmier, d'au moins 4 mètres de long, disposées en travers de perches en bambou. De fines nattes, à bordures noires et blanches, recouvraient le sol ; au centre, sur de grandes feuilles vertes tenant lieu de nappe, figuraient les corbeilles et les plats, chargés des mets les plus recherchés : huîtres, homards et écrevisses ; poulets cuits dans leur jus et porc bouilli ; fruits de l'arbre à pain, melons, bananes, oranges et fraises. Devant chaque convive étaient placées quatre coupes en noix de coco (l'une contenant de l'eau salée, l'autre de la noix de coco hachée, la troisième de l'eau fraîche, la quatrième du lait), deux morceaux de bambous, un panier plein de *poï*, la moitié d'un fruit-pain, et une natte en feuilles qu'on changeait à chaque service. Nous nous assîmes par terre, autour de la verte table ; quelqu'un prononça un discours en langue indigène ; on dit les grâces, et le repas commença. La première opération consista à mêler l'eau salée avec la noix hachée, de façon à faire une sauce où l'on trempait ensuite chaque bouchée que l'on mangeait. Nos doigts se prêtèrent assez bien à jouer le rôle de couteau et de fourchette ; mais la beauté et la nouveauté du paysage nous causaient des distractions qui firent certainement tort au reste. Lorsque nous eûmes fini, ce fut le tour des domestiques ; nous assistâmes à leur dîner sous un dais placé un peu plus loin, pendant que les hommes et quelques-unes des femmes fumaient des cigarettes.

Cette fête a marqué la fin de notre séjour à Tahiti. Dès que nous fûmes à bord, vers cinq heures environ, le pilote vint nous prendre pour nous mener en dehors du port ; et la journée n'était pas achevée que les feux de Papèete se perdaient pour nous dans l'obscurité de la nuit. Adieu, Tahiti ; adieu, île charmante ! J'éprouve une réelle tristesse à songer que nous avons si peu de chances de nous revoir !

CHAPITRE QUINZIÈME

Samedi, 9 *décembre.* — En quittant Papèete, nous sommes passés tout près de l'île d'Eimeo ; elle est considérée comme une des plus belles de son groupe, et nous avons regretté de ne pas avoir le temps de nous y arrêter. De loin, elle rappelle les montagnes du Tyrol ; on dit que la ressemblance est plus frappante encore, en approchant. Un peu plus haut, on trouve l'île de Huahine ; c'est le centre d'opération, adopté par les missionnaires qui fréquentent ces parages-ci.

Nous avons été très-secoués aujourd'hui ; j'ai eu le mal de mer, mais je m'en console en voyant que des hommes eux-mêmes n'ont pas été plus épargnés.

Lundi, 11 *décembre.* — Le yacht est au plus près[1], et le temps reste à grains. Nous avons aperçu les îles Flint et Vostok. La première est très-intéressante comme type d'île de guano, mais nous en étions trop éloignés et, en outre, le débarquement y est très-difficile. A huit heures, Tom a fait virer de bord, pour éviter de tomber, la nuit, sur les îles Carolines, ou sur les récifs environnants. Le courant est très-fort dans ces parages, à tel point que, deux heures après avoir pris une observation astronomique, on n'est plus certain de sa position.

1. C'est-à-dire, le plus près possible de la direction du vent, lequel était, évidemment, défavorable. Un navire à la voile ne peut pas faire un angle de moins de 69° avec la direction du vent.

Mardi, 12 décembre. — Le vent a fraîchi immédiatement après le virement de bord d'hier, et est tombé ce matin, après que nous avions de nouveau viré ; en sorte qu'il était au moins neuf heures, quand le yacht s'est retrouvé à sa position de la veille au soir.

Les aiguilles aimantées et leurs roses commençant à s'user, Tom en a donné de nouvelles. De là, une amusante réponse que m'a faite un de nos hommes à qui je demandais la route, pendant qu'il était au gouvernail. « Nord-*ouest*, demi-*Est*, madame, répliqua-t-il. » — « Voilà une étrange route, fis-je en souriant ; voulez-vous me la redire? » Il la répéta gravement, et ajouta : « C'est que voyez-vous, madame, nous avons des roses neuves ». Cet homme est un de ceux qui gouvernent le mieux ; mais son instruction théorique laisse certainement à désirer[1].

Une marche autour du pont.

Vendredi, 15 décembre. — Passage de la ligne, à quatre heures du matin. Le père Neptune aurait dû nous faire une seconde visite, hier au soir ; mais l'équipage était occupé et l'on n'eut pas le temps de préparer les détails de la cérémonie. Les enfants s'en sont dédommagés en exécutant une marche

1. La plupart des matelots en sont là, et il ne faut pas s'en étonner : la science de la navigation étant une des plus difficiles et ne pouvant être bien comprise que si l'on a, au moins, des notions de toutes les autres.

Le lac de feu, la nuit.

supplémentaire autour du pont, pendant qu'un matelot leur jouait un air qu'ils accompagnaient sur leurs tambours. Ces promenades après le coucher du soleil, et le lavage du pont le matin, auquel ils ont coutume de s'associer, leur procurent tout l'exercice dont ils ont besoin.

Dimanche, 17 *décembre*. — Le service religieux du matin a été célébré ; celui du soir n'a pu avoir lieu, à cause du temps.

.On parle souvent de pluie tropicale en Europe, mais on ne peut guère s'y faire une juste idée de ce que c'est. Hier, nous avons reçu une averse de ce genre ; il semblait qu'une immense citerne, suspendue au-dessus de nos têtes, s'ouvrait sur nous. L'eau tombait verticalement en grosses nappes, et les dalots du pont ne suffisaient pas à son écoulement.

Vendredi, 22 *décembre*. — Dès six heures du matin, on a reconnu Hawaii, mais grâce à un fort courrant qui nous avait portés sous le vent de cette île, nous avons dû louvoyer assez longtemps avant de nous trouver devant la baie de Hilo. Le yacht hissa le pavillon de pilote et un homme vint à nous dans une barque, disant qu'il connaissait l'entrée du port et que le vrai pilote était en villégiature à Honoloulou. L'après-midi était claire. Les montagnes volcaniques de Maouna-Kéa et de Maouna-Loa se montraient, distinctement, de la base au sommet, élevant au-dessus de nos têtes leurs gigantesques crêtes, hautes de plus de 4,000 mètres, et étalant leurs larges flancs, recouverts d'arbres et de fougères, ou sillonnés de ravins au fond desquels circule une eau qui va se perdre dans la mer. En dedans du banc de corail, sur la rive, les petites maisons blanches profilaient leurs silhouettes, à travers les branches des cocotiers. Toutes sont entourées de jardins, remplis de fleurs éclatantes dont les brillantes couleurs se distinguaient même du bord. Le port est vaste et on n'y est exposé qu'à un seul mauvais vent, lequel souffle seulement durant les mois d'hiver. Encore y a-t-il un mouillage abrité par le banc, où l'on est en sûreté presque toujours. C'est là que le *Sunbeam* a jeté l'ancre.

A peine à terre, nous sommes allés chez M. Conway, prendre nos dispositions pour nous rendre demain au volcan de Kilaouéa. Cela fait, nous avons circulé autour des maisons et des jardins de la ville, escortés d'une troupe de jeunes filles enguirlandées, qui portaient à peu près les mêmes costumes qu'à Tahiti, mais plus sombres. Le lilas, le marron et le gris américain semblent être les nuances qu'on affectionne ici. Chaque fois que je m'arrêtais pour regarder un point de vue, une de ces suivantes improvisées s'approchait de moi par derrière, m'attachait furtivement une couronne de fleurs autour du cou, et courait plus loin, en riant, pour juger de l'effet. Avant la fin de la promenade, j'étais bien décorée d'une douzaine de ces guirlandes, et je n'osais pas les enlever de peur de froisser les pauvres filles qui s'étaient amusées à m'en couvrir. Ce goût général pour les fleurs est un des traits les plus charmants des mœurs des insulaires; et je ne m'explique pas que les missionnaires cherchent à le combattre.

Quand nous sommes retournés à bord, la lune s'était levée, et le ciel réfléchissait les lueurs du cratère de Kilaouéa. J'espère que le volcan sera dans ses beaux jours, demain. On dit qu'il n'est jamais dans les mêmes conditions, deux soirs de suite; des gens ont attendu toute une semaine, avant de le voir en éruption.

Samedi, 23 *décembre*. — Le départ pour Kilaouéa a eu lieu ce matin, à neuf heures et demie. Sauf dans les espaces profonds qu'on trouve entre les collines, l'île est couverte de lave, et de lave souvent si fraîchement déposée qu'elle n'a point eu le temps de se décomposer, en sorte qu'il n'y a qu'une mince couche de sol à sa surface. Ce sol est très-riche, cependant, et se couvre de végétation; mais dès que les racines ont pénétré à une certaine profondeur et sont venues en contact avec la lave, les arbres dépérissent comme une herbe qui pousse sur un terrain pierreux. Les *ohios* constituent une des particularités les plus remarquables du paysage, avec leurs grosses et hautes tiges, leur feuillage luisant et leurs fleurs rouge tendre. Le fruit est une petite pomme rose, qu'on dirait de cire, légèrement acide et agréable au goût lorsqu'on a soif. Nous avons traversé une forêt où j'ai remarqué de très-belles fougères et beaucoup de beaux arbres, entourés de plantes grimpantes, parmi lesquelles de magnifiques fleurs de la passion et des *convolvulus*[1] bleus et lilas. L'abri offert par cette masse épaisse de feuillage contre les rayons d'un soleil de feu, fut certainement le bienvenu ; mais l'air était étouffant, et nous poussâmes tous un soupir de bien-être, en nous retrouvant à ciel découvert, après 8 kilomètres sous cette voûte.

A mi-chemin entre Hilo et le volcan, il y a une maison où l'on a coutume de s'arrêter. C'est une petite habitation en bois, entourée d'orangers et voisine d'un étang, plein de canards et d'oies. Comme nous y étions annoncés depuis la veille, nous trouvâmes la table dressée et notre hôte occupé à surveiller le menu, d'ailleurs très-abondant, qu'il nous destinait. La maîtresse de la maison me montra des pièces de *tappa*, étoffe fabriquée avec l'écorce du mûrier à papier, ainsi que les maillets et autres instruments qui servent à la faire ; elle m'apporta aussi un magnifique *lei* ou collier de plumes, couleur orange, qui sortait de ses mains et que j'essayai vainement de lui acheter. C'était le premier qu'elle eût fait ; or les gens du pays ont cette superstition qu'ils ne doivent jamais se séparer du premier fruit de leur travail, quel qu'il soit.

Une femme, en *koloku* rose avec un tablier gris clair, nous avait suivis jusqu'ici, depuis un petit cottage où nous avions fait, précédemment, une courte halte ; et je remarquai bientôt que, tout en causant et en riant avec notre aimable hôtesse, elle paraissait indisposée. Je ne me trompais pas : tandis que nous étions à table, elle mettait au monde un rejeton et, avant notre départ, j'avais rendu visite à la mère et à l'enfant. Elle me reçut assise, aussi gaillarde que jamais, et me parut regarder le récent événement comme un incident très-ordinaire. Le repas terminé, nous nous sommes remis en route. Le jour baissait ; la lune était cachée par les nuages ; il n'y avait à nous guider que la lueur rouge du volcan, qui se montrait devant nous, semblable à la colonne de feu qui précéda le peuple d'Israël. Chemin faisant, nous avons rencontré

1. Liseron.

le propriétaire de la « *Maison du volcan* », M. Kane, qui venait au-
devant de nous, ayant été prévenu, lui aussi, de notre arrivée ; et
après un temps de galop dans une forêt si noire que je distinguais
à peine mon voisin, nous nous sommes trouvés au bord de l'ancien
cratère. On eût dit un immense chaudron, large de 6 ou 7 kilomètres, et plein de poix refroidie. Au centre coulait encore un jet
de lave rouge sombre et, de tous côtés, de la fumée et des flammes
surgissaient du sol crevassé.

Vingt minutes plus tard, nous arrivions à la porte de la « Maison
du Volcan », où notre premier soin fut de sécher nos vêtements,
trempés par deux averses torrentielles que nous avions reçues
successivement. Tout est bien installé dans cet hôtel, quoique
dans un style primitif. Les chambres et les lits sont propres ; mais
les cloisons sont faites avec des branches et des feuilles vertes, de
sorte qu'il est bon d'être prudent, si l'on a des secrets à se dire.
En me réveillant le lendemain, je me suis aperçue que ma main
avait passé dans la pièce à côté, tandis que je dormais.

Rien n'égale la splendeur de la scène qui s'offre à l'œil du spec-
tateur, dans cet établissement. Ma chambre faisait face au volcan
et, malgré la fatigue, je ne parvenais pas à m'arracher de la fenêtre,
absorbée dans la contemplation de l'énorme nuage de feu qui pla-
nait au-dessus du nouveau cratère, pendant que l'ancien s'allumait
en cent endroits différents.

Dimanche, 24 décembre. — Nous sommes partis à trois heures du
soir pour le volcan, accompagnés des recommandations de notre
hôte, qui nous engagea à être prudents et à suivre exactement les
indications de nos guides. « Il n'est jamais arrivé d'accident à
aucun de mes clients, ajouta-t-il ; mais il y en a plusieurs qui l'ont
échappé belle. » On commence par descendre un précipice profond
de cent mètres, couvert de végétation, qui forme le flanc de l'ancien cratère. La pente est si rapide en différents endroits, qu'il a
fallu y mettre des marches en bois, pour rendre la descente praticable. Au bas, on rencontre la plaine de lave refroidie, que nous
avons aperçue hier au soir ; même sur cette nappe aride, dans

chaque petite crevasse où quelques grains de terre ont pu s'agglo-
mérer, j'ai vu de délicates fougères revendiquant, bravement, leur
place au soleil. Cette marche sur une lave qui craque sous le pied
comme du verre pilé et qui a pris, en se solidifiant, toutes les formes concevables, est bien la promenade la plus extraordinaire
qu'on puisse imaginer. Ici, nous nous trouvions devant un massif,
ressemblant au contenu d'un pot, pétrifié soudainement, durant
son ébullition ; là, la lave dessinait une vague, ou revêtait l'aspect
d'une glène de cordage ; ailleurs, elle avait pris la forme de tuyaux
d'orgue, ou celle de murs fortifiés. A mesure que nous avancions,
la lave devenait de plus en plus chaude et les effluves, plus âcres
et plus brûlants, gênaient sensiblement la respiration ; à un certain
moment où nous passions sous le vent des bouffées parties du lac
de feu, l'odeur se fit si suffocante que nous n'avancions plus qu'avec
difficulté. Nous constatâmes aussi que la lave était plus transparente, comme si elle eût été fondue à une température plus élevée ;
les cristaux de soufre, d'alun et autres se multipliaient et refléchis-
saient la lumière, en la décomposant dans toutes les couleurs du
prisme. La transparence était si prononcée par moments, que l'on
distinguait, en dessous, les longues raies d'une lave filamenteuse,
semblables à des fils de verre sombre.

Parvenus, enfin, à la base du cratère actuel, nous en avons gravi
la face extérieure. Le pied de notre guide s'enfonça, plus d'une
fois, dans la mince croûte, donnant ainsi issue à des vapeurs
épaisses qui s'échappaient immédiatement : cependant, nous arrivâmes sains et saufs au sommet, pour voir alors devant nous le
plus étonnant spectacle qu'il soit donné à l'homme de contempler.
Je fus, pour ma part, si saisie, que je restai, un instant, immobile et muette, dominée par l'effrayante grandeur de la scène qui
se révélait à moi !

Comme l'indique le dessin qui accompagne ces lignes, nous
étions groupés au bord d'un précipice, dominant un lac de feu,
de près de 2 kilomètres de largeur, à 30 mètres au-dessous de
nous. En face, des vagues de lave enflammée battaient le flanc du
cratère, avec un bruit de tonnerre ; puis, vaincues par l'obstacle,

elles lançaient dans l'air leurs gerbes flamboyantes. A tout instant, cette nappe embrasée changeait d'aspect. Sa couleur normale paraît être le rouge sombre, mêlé d'une mince couche d'écume grise qui formait, de tous côtés, des fontaines, des cascades, des tourbillons de toutes sortes, traversés par de larges sillons d'or. Il y avait une île, sur un des côtés du lac, que les vagues semblaient battre avec un redoublement de furie, comme si elles eussent voulu l'arracher de sa base. De l'autre côté, on distinguait une vaste caverne, où la masse brûlante se ruait en mugissant, renversant dans sa course les gigantesques stalactites qui pendaient autour de l'entrée, et lançant la matière liquide qui doit en former de nouvelles.

Tout cela est grand, magnifique, sublime, et les mots sont vraiment impuissants à en rendre le prodigieux effet. Le précipice au bord duquel nous nous tenions, se dresse tellement à pic au-dessus du cratère, qu'il est impossible de voir ce qui se passe directement au-dessous de soi. Mais les colonnes de vapeur et de fumée qui s'élevaient, les étincelles et les flammes qui nous obligeaient constamment à reculer, indiquaient suffisamment la présence, sous nos pieds, de deux ou trois sources enflammées. Quand le soleil se coucha et que l'obscurité enveloppa cette scène, le spectacle devint plus saisissant encore. Nous nous retirâmes un moment, pour respirer un peu d'air frais et pour goûter aux provisions que nous avions prises avec nous ; mais comment s'occuper de dîner, lorsque, à tout moment, une explosion ou une clarté nouvelles nous rappelaient à notre poste d'observation ! A voir les efforts de la lave pour s'échapper du lit qui la retient, à entendre ses grondements sinistres, on eût été tenté de croire à la présence de monstres enchaînés, cherchant à rompre leurs entraves et gémissant de rage, sous le poids de leur impuissance.

Lorsque la nuit se fut complétement faite, les tons de la masse incandescente s'accentuèrent davantage, en se multipliant : depuis le noir jusqu'au gris pâle ; depuis le marron jusqu'au violet ; depuis le brun le plus foncé jusqu'à la nuance paille, en passant par le jaune et par l'orangé ; sans parler de cette teinte incomparable ;

Le cratère de Kilaouéa, vu de jour.

qui ne peut se décrire que par l'expression « couleur de lave en
fusion ». Il y eut un instant où je me sentis si chaud que je faillis
me trouver mal, et la raison en était simple : à 5 centimètres du
sol sur lequel nous étions assis, la lave avait une température
telle, qu'un bâton qu'on y enfonça prit feu immédiatement, pendant qu'un morceau de papier y brûlait instantanément.

Il fallut enfin s'éloigner de ce prodigieux amphithéâtre, pour
reprendre la route qui nous y avait amenés et regagner l'hôtel de
M. Kane. Soit que je me fusse trop fatiguée, soit que les impressions que je venais de ressentir eussent été trop vives, soit que les
exhalaisons de la lave m'eussent étourdie, je tombai épuisée, même
évanouie, avant d'avoir atteint le versant de l'ancien cratère ; et,
malgré mes efforts pour recouvrer mes forces, j'opérai ma rentrée
à « l'hôtel du Volcan », honteusement portée sur une chaise, que
les guides s'étaient hâtés d'aller chercher.

Onze heures et demie sonnaient à cet instant ; notre hôte nous
attendait à neuf heures et commençait à être inquiet.

Lundi, 25 *décembre* (*jour de Noël*). — Je me suis réveillée complétement remise et, comme j'arrivais à la fenêtre pour admirer
encore les reflets du lac de feu, un jet de lave enflammée jaillit
près de l'endroit où nous étions hier, et recouvrit lentement l'espace que nous avions foulé toute la soirée. On devine aisément les
réflexions de Tom et les miennes, en face d'un phénomène qui,
quelques heures plus tôt, aurait pu causer notre perte à tous. Ce
fut la dernière fois que je vis le volcan ; quelques instants plus
tard nous nous remettions en route, et, dans l'après-midi, nous
étions à Hilo.

La ville est en liesse aujourd'hui. Les indigènes chevauchent
par couples dans les rues, couverts de leurs plus fins vêtements
de coton, et ornés de leurs plus jolies fleurs. Nos hommes se sont
mis de la partie, et se livrent à tous les ébats particuliers à leur
nation et à leur profession. La moitié au moins des gens de Hilo
est allée visiter le yacht dans la journée, et j'ai été heureuse de
constater, en arrivant, que le *Sunbeam* s'était fait beau, en honneur
de la fête de Noël. Ses mâts sont couronnés de bouquets de cannes

à sucre. L'arrière est décoré avec des fleurs. La figure qui orne l'avant, tient dans ses bras un gros bouquet. Au-dessus de la coupée, s'élève un arc de triomphe avec les devises tradition- nelles : « *A Merry Christmas.* » *A Happy New Year !* » Des festons de verdure circulent autour du pont. Enfin les cabines sont enguir- landées avec un art qui témoigne d'autant de goût que de patience, de la part de nos marins.

Ce soir, les chanteurs de Hilo sont venus, dans des barques, chanter, autour du yacht, des hymnes et des airs du pays ; puis, à la lueur des reflets projetés sur le ciel par le cratère de Kilaouéa, nous avons distribué les cadeaux de Noël aux enfants et à l'équi- page.

C'est ainsi qu'a fini pour nous la journée de *Christmas*, de dé- cembre 1876, à Hilo, dans l'île d'Hawaii. Puisse Dieu nous en accorder d'autres, aussi plaisantes que celle-ci !

Anciens masques et costumes de guerre, au musée de Honoloulou.

CHAPITRE SEIZIÈME

LES JEUX A HAWAII [1]

Mardi, 26 *décembre*. — Nous avons été voir aujourd'hui les chutes de Rainbow, où nous étions invités à déjeuner par les enfants, qui tenaient à prouver les mérites de leurs ustensiles de cuisine et leurs propres talents culinaires. Avant d'aller les rejoindre, nous avons assisté à divers jeux pour lesquels les gens d'Hawaii sont réputés, et qui ont droit à une place dans ce journal commémoratif de nos impressions de voyage.

Un des divertissements les plus goûtés ici est celui appelé *talu*. Cinq morceaux d'étoffe sont placés devant les joueurs ; quelqu'un cache, sous l'un d'eux, une petite pierre ; la galerie doit deviner où on l'a mise. Si habile que soit celui qui cache la pierre à faire errer son bras d'une pièce d'étoffe à l'autre, il arrive presque toujours que le mouvement des muscles du haut du bras, indique l'instant où la main abandonne l'objet. Un autre jeu, nommé *parua*, consiste en ceci : les joueurs grimpent au sommet d'une colline,

1. On écrit aussi : Havaï.

se placent debout sur une planche étroite, recourbée par devant, puis se laissent glisser sur le versant du coteau avec une vitesse vertigineuse, en maintenant leur équilibre à l'aide d'une sorte de pagaie. On voit que c'est à peu près le même jeu que le *tobogging* des Canadiens ; seulement, pour ceux-ci, c'est la neige qui tapisse le plan incliné, tandis qu'à Hawaii, c'est simplement le gazon. Le *pahé*, le *maila* ou *uru maila* sont aussi des amusements, très-populaires dans l'île, et exigeant un terrain uni. Le dernier consiste à essayer de jeter une pierre entre deux bâtons, placés à 30 ou 40 mètres du joueur, et séparés l'un de l'autre par un tout petit espace. On nomme *uru* la pierre ronde qui sert à cet exercice ; elle a 7 ou 8 centimètres de diamètre, 1 centimètre d'épaisseur sur les bords, et elle est légèrement bombée au centre. Dans ses « *Polynesian Researches* », M\u1d63 Ellis dit que « ces pierres sont polies avec un soin extrême et qu'on les conserve précieusement, huilées et enveloppées dans un morceau de drap, après qu'elles ont servi ». Il ajoute « que des défis à ce jeu se portent souvent, de district à district où d'île à île, et que dans ces dernières occasions, on voit sept à huit mille personnes, avec leurs chefs mâles et féminins, s'assembler pour assister à la lutte, qui se prolonge alors pendant des heures ».

Les Hawaiens excellent à manier l'arc et le javelot : ce sont de remarquables tireurs. Ils nagent comme des poissons, et leurs rois et leurs chefs ont toujours été maîtres dans l'art difficile de s'ébattre, là où le ressac de la mer effraierait les meilleurs nageurs ; les sœurs du roi actuel sont particulièrement habiles à cet exercice. On commence par nager en dehors de la baie, en poussant devant soi une planchette ayant 1^m,20 de long sur 0^m,60 de large et terminée en pointe aux deux extrémités. Une fois dans les eaux dangereuses, on guette une grosse lame, et alors, agenouillé ou debout sur la planchette, on se laisse emporter au rivage, sur la crête du flot courroucé qui vous enveloppe de son écume. J'imagine qu'un homme vigoureux et hardi arriverait vite à en faire autant. Les insulaires d'ici sont de vrais amphibies ; les enfants eux-mêmes font des tours de force dans l'eau.

Après avoir assisté à quelques-uns de ces exercices, nous sommes partis pour les chutes : tous à cheval, y compris le *baby*, que Tom avait installé devant lui, sur sa selle. On rencontre, sur la route, une double chute d'eau qui cascade le long d'un roc haut de 30 mètres, et va rejoindre une rivière qui coule au-dessous. L'eau tombe devant une caverne faite de lave noire et remplie de fougères, au-dessus de laquelle s'élève, presque perpétuellement, un arc-en-ciel. C'est là que nous étions attendus. Comme l'herbe était trop humide pour tenir lieu de siége, nous avons pris possession de la véranda d'une maison et y avons déjeuné. Les œufs et le café eurent beaucoup de succès, bien que la fumée du feu de bois qui servait à les préparer fût passablement gênante. Nous eûmes aussi du poisson, cuit à la mode du pays, c'est-à-dire enveloppé dans des feuilles de *ti* et mis dans un trou fait dans le sol ; puis, nous nous sommes rendus à la rivière où de nombreux curieux s'étaient groupés, pour voir la moitié de la population de Hilo s'ébattre dans, sur, et sous l'eau.

Les nageurs grimpaient sur les rochers presque verticaux, situés de l'autre côté de la rivière, « piquaient des têtes », « piquaient en chandelle », « faisaient la planche », plongeaient, exécutaient des cabrioles, le tout sans peine et sans effort, avec une grâce et un entrain toujours nouveaux. Mais ces jeux n'étaient rien, à côté du spectacle qui nous attendait. Deux indigènes devaient s'élancer dans la rivière, du faîte d'un précipice, haut de 30 mètres, et franchir, dans leur saut, une pointe qui se projetait en saillie sur le roc. Cette saillie avait bien 6 mètres de longueur, et elle était placée à 7 mètres environ du sommet. Soudain, nous vîmes surgir au-dessus de nos têtes, perdues dans le ciel bleu, deux silhouettes humaines, fortes, grandes, nerveuses, avec des couronnes sur la tête et des guirlandes autour des reins : c'étaient les deux héros de la journée. D'un rapide coup d'œil, ils mesurèrent leur distance ; puis ils disparurent, pour se placer à l'endroit d'où ils devaient courir afin de se donner l'élan nécessaire. Tous les yeux se braquèrent vers le haut du rocher, et les poitrines haletèrent durant un court instant. Alors on vit un des hommes bondir sur le bord du roc, tourner en l'air sur lui-même, disparaître dans l'eau, les pieds les premiers, puis reparaître presque aussitôt, pour rejoindre ses compagnons aussi tranquillement que s'il eût fait la chose la plus simple du monde. L'autre le suivit au bout de quelques minutes ; après quoi, tous les deux grimpèrent sur la saillie qu'ils venaient de franchir dans leur chute, et s'élancèrent de nouveau dans l'eau. Cet exploit était, évidemment, moins difficile que le premier ; néanmoins, un plongeon, fait d'une hauteur de 20 à 25 mètres, n'est jamais une petite affaire. Un troisième individu exécuta la même prouesse et nous donna la chair de poule, quand nous le vîmes pirouetter dans l'air comme quelqu'un qui n'est plus maître de ses mouvements ; il arriva, cependant, à l'eau, dans la posture voulue et émergea avec la rapidité d'un bouchon. C'était un tout jeune homme ; on nous a dit que, l'année dernière, il s'était cassé plusieurs côtes et qu'il était resté six mois à l'hôpital.

Un peu plus loin, sur le bord de la rivière, nous avons assisté à un autre genre d'amusement. Des hommes, même des femmes, se laissaient emporter par les chutes, et conduire ainsi, doucement, jusqu'à l'eau d'en bas. Cette sorte de glissade ne paraît pas bien difficile, et les jouteurs l'accomplissent dans des poses variées. Quelquefois ils se groupent par trois, en se tenant par les épaules ; d'autres fois, ils montent sur les épaules les uns des autres ; généralement, ils descendent isolément et assis. Une jeune fille s'est livrée, devant nous, à cette récréation. Elle était bien jolie, quand nous la vîmes se lever, dans sa blouse blanche et sa guirlande rouge, pour gagner l'endroit voulu ; et lorsqu'elle émergea de l'écume, nageant gracieusement dans l'eau claire, avec sa longue chevelure noire derrière elle, elle semblait plus charmante encore.

Il n'est pas de description qui puisse donner idée de l'animation et de l'étrangeté de cette scène ; malheureusement, l'heure vint de retourner au yacht, et de faire les préparatifs de départ. Tandis qu'on réglait les comptes avec les fournisseurs, j'ai vu quelques *kahilis* et des *leis* en plumes Les *leis* jaunes, en plumes d'*oo* ou de *mamo*, ne se trouvent qu'ici et y sont très-rares, étant exclusivement réservés à la noblesse et à la famille royale. En ce moment,

Les plongeurs de Hilo.

notamment, toutes les plumes sont accaparées pour faire un manteau de cérémonie à Ruth, demi-sœur de Kamehameha V et gouvernante de Hawaii. Les plumes de *mamo* valent généralement un dollar pièce, et un beau *lei*, ou large collier, coûte environ 500 dollars, soit 2,500 francs. Les *kahilis* sont aussi un signe distinctif du rang social, quoique nombre de gens en aient pour orner leurs maisons. Ce sont des sortes de balais, longs de 60 à 80 centimètres et épais de 7 à 8, faits avec des plumes de toutes espèces, mêlées avec beaucoup de goût. J'en ai acheté un, avec deux *leis* ordinaires : c'est tout ce qu'on a pu me procurer.

En nous rendant à bord, nous avons croisé une pirogue double qui revenait, à la voile, d'une île voisine. Elle se composait de deux pirogues attachées ensemble, avec un grand panier plongeant dans l'eau entre les deux embarcations, pour rapporter le poisson vivant. Ces bateaux sont rares actuellement ; au temps de Kamehameha, on en comptait plus de 10,000, une vraie flotte, que le roi se plaisait à faire sortir et manœuvrer dans le mauvais temps. Nous avons quitté l'île en contournant la partie nord, mais sans avoir le temps de visiter l'endroit où le capitaine Cook a été massacré et enterré, dans la baie de Keelakeakua [1]. Je crois, du reste, qu'il n'y a pas grand'chose à y voir, et que ce lieu est surtout intéressant à cause des souvenirs qu'il évoque. Pendant longtemps, une plaque en cuivre, fixée à un cocotier, a seule marqué la place où tomba l'illustre marin ; aujourd'hui, elle est remplacée par un monument, dont les frais ont été couverts à l'aide de souscriptions recueillies à Honoloulou. Maoui est une île charmante, renfermant de belles plantations et des habitations installées à l'anglaise ; si nous avions eu plus de loisirs, nous n'eussions pas manqué de nous y arrêter. Par contre, Kahoolaue et Lauai, deux îlots qui l'avoisinent, n'offrent rien d'intéressant. Le premier a été acheté, il y a quelques années, et donne d'assez bons résultats comme parc à moutons ; le second est à peine habité.

Molokai, qui est située à mi-distance entre Maoui et Oahou, jouit

1. En 1779.

d'une triste prérogative : c'est le refuge des malheureux atteints de la lèpre. Toutes les victimes de cette terrible et incurable maladie, si fréquente hélas ! dans l'archipel hawaien, y sont envoyées. On on prend bon soin ; mais cette existence isolée, loin de tous ceux que l'on aime, avec la perspective d'une mort lente et affreuse, doit être épouvantable. Un prêtre français a eu le courage de se consacrer à l'éducation morale et religieuse des lépreux, et il a, jusqu'ici, échappé à la redoutable contagion ; mais, même si cette chance se perpétue, il ne pourra jamais revoir ni son pays ni ses amis. Lorsqu'on vient à songer à ce qu'il faut d'abnégation et de dévouement pour s'immoler ainsi au profit de ses semblables, il semble impossible qu'il n'y ait pas là-haut une récompense, pour reconnaître autant de vertu.

A deux heures, nous avons aperçu la pointe est d'Oahou, et à quatre heures, nous entrions dans le port de Honoloulou. Le yacht a été amarré par l'avant et par l'arrière, ce qui a pris un certain temps, et quand nous sommes allés à terre, la ville paraissait complétement déserte. Les petites maisons de bois étaient fermées ; aucune lumière ne se montrait nulle part. Après une courte apparition chez le consul d'Angleterre lequel, malheureusement, n'avait pas de lettres à notre adresse, nous sommes rentrés à bord, où nous avons reçu la visite du premier lieutenant du *Fantôme*, bâtiment de guerre anglais, en station dans ces parages. Il nous a prêté des journaux, ce qui nous dédommage un peu de n'avoir pas trouvé de courrier au consulat.

Jeudi, 26 *décembre*. — C'est grand dommage que, sous les tropiques, dans des régions où le bain de mer serait si agréable et où on pourrait le prolonger sans crainte de prendre froid, la présence des requins interdise de se mettre à l'eau. Les indigènes, eux, sont assez bons nageurs pour ne point se troubler de ce voisinage ; pendant que le requin se tourne sur le dos pour les happer, ils plongent tranquillement sous lui et profitent même, souvent, de l'occasion, pour le tuer d'un coup de couteau. Mais les baigneurs moins expérimentés sont tenus à plus de prudence, et c'est ainsi que, depuis bien des jours, nous avons dû nous refuser le plaisir de la natation. Ici, cependant, on assure que la baie est saine; aussi en avons-nous profité pour nous plonger tout à notre aise dans son onde tiède.

Cet exercice a rempli la matinée. Dans le courant de la journée, nous avons visité, accompagnés d'un officier du *Fantôme,* divers établissements appartenant au gouvernement. On y trouve, entre autres choses, une excellente bibliothèque anglaise; une collection intéressante de livres, imprimés d'un côté en anglais, et de l'autre, en hawaien; et un petit musée, rempli de curieux échantillons : coraux, coquillages, plantes marines, fossiles, armes anciennes,

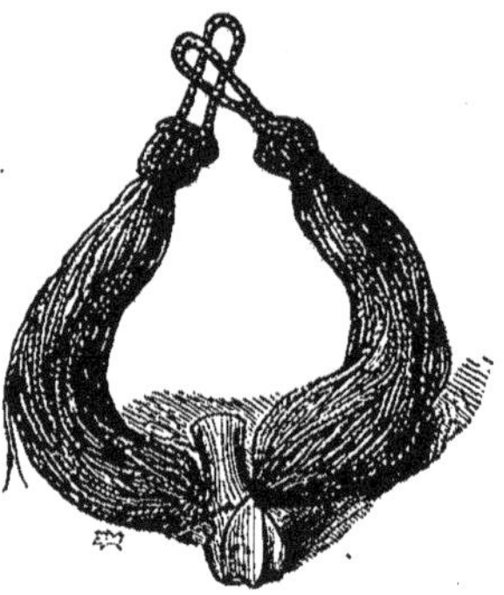

Collier de cheveux humains

ornements pour la tête faits en dents de requins, écailles de tortue, calebasses, etc. Nous y avons vu aussi des colliers formés de cheveux humains tressés en nattes, et provenant des têtes des victimes tuées de la main des chefs; ces nattes supportent un pendant, découpé dans une dent de baleine, et appelé *Paloola* par les naturels, qui le regardaient comme une idole ou comme un amulette. Des costumes encore en usage dans les îles les moins fréquentées, d'anciens masques ou casques pour la guerre et beaucoup d'autres objets, qu'il serait trop long de mentionner, complètent cette étrange exposition. Peut-être les manteaux en plumes, qu'on portait autrefois à la guerre et qui ressemblent aux anciennes toges romaines, sont-ils ce que le musée contient de plus curieux. Ils se

·composent de milliers de plumes jaunes, rouges et noires—plumes d'*oo*, de *mamo* et d'*eine* — entrelacées et attachées, une à une, de façon à constituer une sorte de réseau aussi remarquable par sa solidité que par ses couleurs éclatantes. Les casques, faits également avec des plumes, ont la forme grecque, particulière à certaines statues antiques. D'où est venu ce dessin? D'où provient

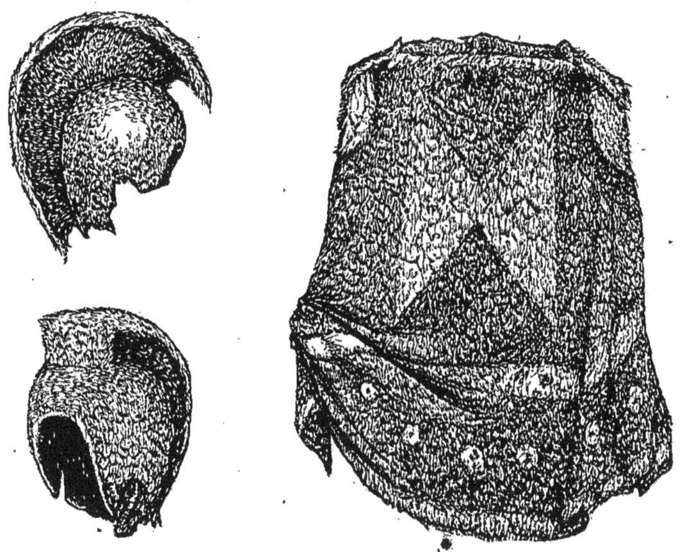

Casques et manteaux en plumes.

cette ressemblance? Des sauvages, livrés à eux-mêmes, n'ont pu avoir l'idée de ces contours, et il est plus probable qu'à une époque reculée de leur histoire, quelque élément de civilisation, — et d'une civilisation très-artistique, ajouterai-je, — a dû exister parmi eux.

Vendredi, 29 décembre. — Les deux sœurs du roi et leurs maris sont venus nous voir ce matin. A notre tour, nous avons fait une visite, après le *luncheon*, à la princesse Likelike qui m'a conduite, ensuite, dans une voiture, à Waïkiki, chez la princesse Kamakacha, sa sœur. Ces deux femmes ont épousé des Anglais, et vivent beaucoup à l'anglaise. La maison de campagne de la princesse Kamakacha a, extérieurement, l'aspect de toutes les habitations du pays; mais il y a, à l'intérieur, un grand salon, bien meublé, avec des tableaux et des bibelots. Le roi a une maison tout à côté, et le prince Leleiohoku a la sienne, à peu de distance; c'est donc une véritable colonie qui s'est formée dans ce coin de l'île. On y vit très-simplement; le bain et la pêche y sont les passe-temps habituels.

Il faisait déjà nuit quand la princesse Likelike m'a ramenée à l'hôtel, où Tom et M. Freer m'attendaient pour faire une promenade dans la ville. La soirée était belle, la lune presque pleine; les rues étaient peuplées de gens à cheval, se dirigeant vers le square Emma, d'où une cavalcade devait partir pour le Pali, ainsi que l'annonçait, dans les termes suivants, l'*Hawaiian Gazette :* «DERNIÈRE OCCASION. On nous informe qu'une cavalcade partira vendredi soir. Les femmes qui désirent s'y rendre, devront choisir un cavalier. Comme cette excursion est la dernière de l'année, il est probable que personne ne la laissera échapper. Lieu de rendez-vous : square Emma. Heure : sept heures et demie. Éclairage : la lune. » Il n'y a pas de selle de femme, dans aucune de ces îles-ci; les femmes montent à cheval comme les hommes, dans de longs costumes coupés en conséquence, et faits d'une étoffe aussi légère que voyante. Ces jeunes amazones, qui galopent avec des robes flottantes, des guirlandes au cou et des couronnes autour du chapeau, sont d'un effet très-pittoresque et étrange au plus haut point.

Samedi, 30 décembre. — Deux visites ce matin, avec Mabelle et Muriel : la première, au banc de corail qui est moins beau que celui de Tahiti, quoique très-curieux, lui aussi; la seconde, au marché au poisson qui n'a pas son pareil, au point de vue de l'abondance et de la variété.

Le poisson, cru ou cuit, est la principale nourriture des habitants. Comme le samedi est presque un jour de repos dans Oahou, il y avait, au marché, beaucoup de gens de la campagne, venus à cheval, à la ville; tous tenaient à la main une demi-douzaine de

poissons aux brillantes écailles, enveloppés dans des feuilles de
bananier, qu'ils se disposaient à remporter chez eux. Les crevettes
sont excellentes ; on en prend en eau douce aussi bien qu'en eau
salée, et les indigènes les mangent vivantes, ce qui, au bout du
compte, n'est pas plus extraordinaire que notre habitude d'avaler
des huîtres encore en vie.

Du marché, nous nous sommes dirigées du côté de la prison, —
grand établissement, bâti en pierre, qui domine le port — et de là,
vers le square Emma, où la musique, dite du samedi, se faisait
entendre. Il y avait beaucoup de monde, à pied, en voiture,
à cheval, et une nuée d'enfants, plus ou moins blancs et plus ou
moins chétifs. Les pauvres petits ! J'imagine que le climat d'Hawaii
est trop chaud pour les tempéraments européens ; et, d'autre part,
la race indigène tend manifestement à s'éteindre[1]. Dans toute la
famille royale, il n'y a qu'un enfant : une petite fille, à peine âgée
d'un an, qu'on appelle la princesse Kauilani (envoyée du ciel) ; sur
vingt familles des principaux chefs, on ne trouve qu'un enfant. En
même temps, les consuls, les missionnaires protestants et autres
résidents de race blanche, présentent, en moyenne, six enfants par
famille !

La musique finie, nous sommes allés chez la princesse Likelike
qui nous attendait à dîner. Le jardin était illuminé ; une musique
et un chœur y exécutaient, alternativement, leur répertoire, pendant que les invités se promenaient autour de la maison, ou écoutaient sous la véranda. Ce fut le prince Leleiohoku qui me conduisit à la salle à manger, où le repas était servi, de même qu'à
Tahiti, dans des calebasses ou des feuilles rangées, par terre, sur
des nattes. Des feuilles de palmier et de bananier faisaient l'office
de murs ; les drapeaux des divers membres de la famille royale,
gracieusement arrangés au-dessus de nos têtes, tenaient lieu de
toiture. A l'un des bouts de la longue table, occupé par le prince
et par moi, se tenaient deux femmes armées de deux superbes

---

1. Les géographes constatent que de 400,000 qu'il était au temps de Cook, le
nombre des insulaires s'est réduit à 70,000. Reste à savoir — ce qui est contesté —
si les évaluations de Cook étaient exactes.

kahilis, qu'elles agitaient incessamment. Le menu ressemblait
beaucoup à celui de la fête qu'on nous a donnée à Tahiti ; mais je
dois une mention spéciale au *poi*. Le *poi* se mange dans un bol qui
sert à la fois aux deux convives entre lesquels il est placé ; on y
enfonce trois doigts, on leur imprime un léger mouvement de ro-
tation, et on les porte ensuite à sa bouche. Ce procédé n'est pas,
comme on dit, très-ragoûtant ; toutefois, le mets en question est
si gluant, qu'on ne touche guère que les parties qui s'attachent

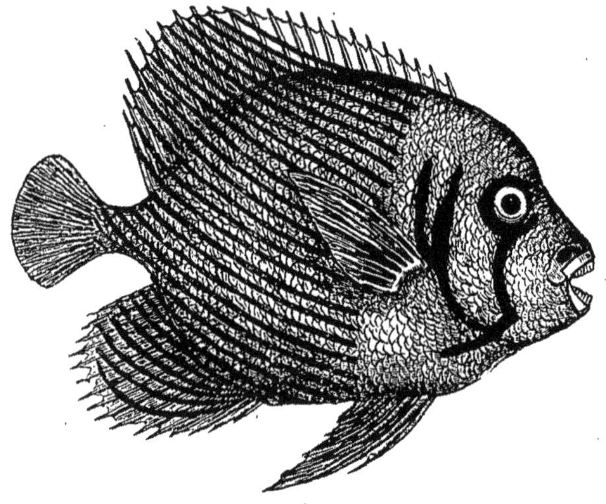
Chalcédon imperator.

aux doigts, lesquels, du reste, doivent être lavés, après chaque
bouchée, dans une coupe disposée, à cet effet, devant chaque, invité. Il y avait une quantité de poissons crus ; mais je n'y ai pas
touché, quoique mes compagnons de voyage, moins difficiles,
parussent les trouver excellents. Un détail à noter : on ne nous a
rien donné à boire. Ce ne fut qu'après le repas, une fois dans la
maison, qu'on a servi du champagne et d'autres vins, avec des
biscuits et des gâteaux. La fête s'est prolongée jusqu'à minuit.

Dimanche, 31 décembre. — J'ai vu, ce matin, un spectacle bien
curieux : un attelage de vingt bœufs, halant à terre, sur une lon-

gueur de plus d'un kilomètre, un grand navire qui a besoin d'être
réparé[1]. J'avais souvent entendu parler de cette opération, et j'ai été
ravie d'y assister. A huit heures et demie, comme Mabelle et moi
allions entrer dans l'eau, le cri « un requin, un requin ! » courut,
de bouche en bouche, sur le pont du yacht. C'en était un, effectivement ; et nous voici forcés de renoncer à nos baignades.

Nous avons assisté à l'office, célébré à la cathédrale, et, dans
l'après-midi, Tom a lu le service du soir à l'équipage. L'église est
petite, mais coquette, fraîche et bien appropriée aux exigences du
climat. Il y a eu beaucoup d'animation toute la journée dans les
rues ; dès que la nuit est venue, elles se sont vidées, comme d'habitude, avec une singulière et quasi mystérieuse soudaineté.

La soirée s'est achevée, pour nous, sur le pont du *Sunbeam ;* et en
même temps l'année 1876, avec ses tristesses et ses joies, ses
peines et ses plaisirs, ses craintes et ses espérances, est entrée
dans le domaine du passé. Que nous réserve l'an qui commence ?

1. On a pu hâler ainsi des vaisseaux à trois ponts pour les réparer ou pour les
allonger.

CHAPITRE DIX-SEPTIÈME

Lundi, 1er *janvier* 1877. — Nous avons été réveillés à minuit par seize vigoureux coups de cloche, venant du *Fantôme* et du yacht, et j'ai craint, un instant, qu'il ne s'agît d'un incendie. Mais en montant sur le pont, Tom et moi, nous avons trouvé l'équipage groupé au haut de l'échelle ; et les souhaits de nouvel an qui nous ont accueillis aussitôt, eurent vite fait de nous rassurer. Au même instant, les chœurs de Honoloulou, venus en barque pour nous donner une sérénade, jetaient leurs premières notes dans l'air vibrant de la nuit. La lune brillait au ciel ; la mer était calme comme l'eau d'un lac ; les cocotiers de Waikiki et les collines du Pali se détachaient, nettement, sur un fond bleu. On imaginerait difficilement une scène plus romantique, et nous eûmes de la peine à nous arracher à cette musique qui s'en allait flottant autour de nous.

Nous avons assisté, Mabelle et moi, à la réception de nouvel an de la reine. Reçues par le gouverneur et introduites dans le salon de gala, nous trouvâmes la souveraine dans une robe de cour, bleue et blanche, coupée à l'européenne, avec l'ordre hawaien de la Jarretière, en sautoir. Deux dames d'honneur, aussi en robes de cour, se tenaient auprès d'elle. Des autres femmes, les unes étaient en costumes du matin, les autres en toilettes du soir, celles-là avec des chapeaux, celles-ci sans coiffure ; mais leurs vêtements à toutes étaient taillés dans le style européen, sauf celui de son Altesse Ruth, *Gouvernante* d'Hawaii, laquelle portait

le costume du pays, en soie blanche garnie de satin blanc, avec un
collier de plumes d'*oo*[1], jaune pâle, autour du cou, et des fleurs,
jaune foncé, d'*alamanda,* dans les cheveux. Ce costume sied très-
bien, surtout aux personnes de l'aristocratie, généralement remarquables par leur haute taille et par la dignité de leur port. La reine
se tenait devant le trône, sur lequel était jeté le manteau royal :
un long manteau de plumes dorées, vierges de toute tache. A ses
côtés étaient deux hommes en habit noir, avec de petits manteaux
de plumes, noires, jaunes et rouges, sur les épaules, et le vulgaire
« tuyau de poêle » sur la tête. Ils avaient à la main deux énormes

Collier de plumes.

kahilis, en plumes d'*oo* noires, terminés par des poignées d'ivoire.

La princesse nous présenta à Sa Majesté, qui s'entretint quelques instants avec moi, par l'intermédiaire d'une interprète. Il est
toujours gênant de causer de cette façon, surtout au milieu d'un
groupe de femmes dont on sent les regards braqués sur soi ; et je
ne fus pas fâchée que l'arrivée de nouveaux venus attirât ailleurs
l'attention de la souveraine.

La reine Kapiolani est jolie ; sa physionomie, surtout, est ave-
nante au possible. Elle est la petite-fille de l'héroïque princesse
Kapiolani qui, à l'heure où le culte de la déesse Pélé avait encore

1. L'*oo* et le *mamo* ou *maho* sont des oiseaux très-rares qui se montrent, de
temps en temps seulement dans l'île de Havaii.

tout son prestige, s'en fut bravement, à pied, au cratère de Kilaouéa, malgré les avis et les menaces des grandes prêtresses,
déclarant que son dieu, le dieu des chrétiens, saurait la ramener
saine et sauve. Cet acte de courage ébranla la foi des adorateurs
de Pélé dans le pouvoir de la terrible déesse, et contribua beaucoup à l'établissement du christianisme dans l'île d'Hawaii.

La princesse m'a montré les portraits des rois et des reines des
îles Sandwich : les plus anciens, dans le manteau de plumes, les
autres, dans des costumes européens. Presque tous ces tableaux
sont l'œuvre d'artistes indigènes ; mais ceux qui représentent
Kamehameha II et sa femme [1] ont été peints en Angleterre, au
cours d'une visite qu'y firent Leurs Majestés. Un portrait de l'amiral
Thomas figure dans cette galerie, en souvenir de l'heureuse façon
dont il régla le différend qui s'éleva entre les Hawaiiens et nous,
vers 1843, et de l'appui qu'il prêta à la restauration de Kamehameha III. J'y ai reconnu aussi un portrait de Louis-Philippe et un
de Napoléon III. Chose curieuse : ces deux tableaux partirent de
France à l'époque où les deux souverains semblaient inébranlables
sur leur trône, et arrivèrent là-bas comme ceux dont ils perpé-
tuaient l'image, venaient, privés de leur couronne, chercher refuge
en Angleterre. Mais l'objet le plus curieux qu'on m'ait fait voir au
palais, est le manteau et la coiffure en plumes des Kamehameha,
qui ne servent qu'aux couronnements ou aux baptêmes et que la
princesse Kamakaeha, en sa qualité de dame d'atours, a donné
l'ordre de me montrer. Le manteau, unique de son espèce, a environ 3 mètres de long sur 1 mètre et demi de large ; il est fait en
plumes de couleur jaune, ou mieux dorée, qui projettent au soleil
des lueurs éblouissantes, étant douées d'un lustre métallique,
tout à fait indépendant de leur nuance.

Mon intention était, en quittant le palais, de luncher à l'hôtel ;
mais l'établissement étant fermé au bénéfice d'une société de
teetotallers [2] qui s'y réunissait, je fus obligée de retourner à bord.

---

1. Tous deux moururent en Angleterre ; leurs restes ont été transférés dans l'île, à
bord de *la Blonde*, commandée par lord Byron. *(Note de l'auteur.)*
2. Associations de buveurs d'eau, originaires d'Angleterre.

Dans la journée, nous sommes allés à cheval jusqu'au Pali, les enfants et les provisions nous devançant en voiture. La route qu'on nous a fait prendre est assez bonne ; elle a une dizaine de kilomètres environ et conduit, en montant toujours, à une gorge d'où l'on débouche sur l'autre versant de la chaîne de collines qui forme comme l'épine dorsale de l'île. On pourra apprécier, par le dessin ci-joint, la vue dont on jouit de ces hauteurs : nous y avons dîné ; mais l'obscurité nous a surpris avant que nous eussions terminé,

Le Pali.

et, comme nous n'avions pas pris de lanterne, l'emballage des ustensiles de table ne s'est pas opéré sans difficulté.

Le soir, nous avons été au bal. On dansait dans le salon de l'*Hôtel d'Hawaii :* les uns en vêtements du matin, les autres en costumes de soirée. Le gouverneur et la plupart des étrangers étaient en grande toilette ; les officiers du *Fantôme* avaient leurs uniformes. Une large véranda et le jardin étaient à la disposition des invités qui redoutaient la chaleur de la salle, — dont on avait ouvert, cependant, toutes les fenêtres ; de la limonade glacée, supérieure, je dois le dire, au breuvage que l'on sert, sous ce nom, à Londres, circulait en abondance. A minuit et demi, on a commencé à se retirer, et nous avons regagné le yacht.

Mardi, 2 janvier. — Le roi s'est rendu, ce matin, sur le *Fantôme*, où il a assisté à divers exercices exécutés en son honneur ; de là, il est venu nous faire visite, accompagné du prince Leleiohoku et d'autres personnages. Sa Majesté, qui parle l'anglais couramment, a l'extérieur distingué et des manières pleines de charme. Elle et le prince ont visité le yacht dans tous ses détails ; la machine, les tableaux, les curiosités et les installations que nous avons imaginées pour économiser de la place, ont paru les intéresser particulièrement. Nous avons causé de diverses choses, notamment de la visite du prince de Galles aux Indes et du voyage du duc d'Édimbourg autour du monde. Je me figure que le roi ne serait pas fâché de suivre leur exemple ; son séjour en Amérique semble lui avoir laissé des souvenirs, qu'il aimerait à compléter.

Il était deux heures quand nos augustes hôtes nous ont quittés ; un quart d'heure plus tard, la reine et sa sœur arrivaient. Toutes deux ont passé l'inspection du *Sunbeam*, aussi minutieusement que le roi et son compagnon venaient de le faire. Nous avions prévenu nos amis de Honoloulou que nous serions *at home* dans la journée, en sorte que d'autres visiteurs n'ont pas tardé à affluer. Le Gouverneur eut la gracieuseté d'envoyer la musique royale à notre bord, pour donner plus d'animation à la réception. Sa Majesté la reine prit tant de plaisir à tout ce qu'elle voyait, qu'elle ne nous quitta qu'à cinq heures. Tom a dîné sur le *Fantôme*, avec les consuls de France, d'Angleterre et d'Allemagne ; les enfants et moi, nous avons été à l'hôtel. J'avoue que je me suis rarement sentie plus fatiguée qu'à la fin de cette journée où, depuis le matin, j'avais fait les honneurs du yacht à plus de 150 personnes.

Mercredi, 3 janvier. — On ne quitte pas sans regret un séjour aussi attrayant et aussi hospitalier que celui dont nous venons de nous éloigner. On ne prend pas la mer pour un mois sans emporter des provisions de toutes sortes, qui encombrent le pont, en attendant qu'on ait réussi à les caser. De là, une journée triste et désagréable au possible. Dès sept heures, le *Sunbeam* était entouré d'embarcations, et la circulation sur le pont devenait difficile, au milieu des sacs de charbon, des oies, des moutons, des paniers de toutes tailles qu'on y entassait. Quelques visiteurs qui n'ont pu venir hier, ont voulu se dédommager ce matin ; mais l'impression qu'ils auront gardée du yacht, vu dans cet état de confusion, est bien différente de celle qu'ils auraient emportée, s'ils l'eussent vu coquet et rangé, comme il l'était la veille.

A onze heures, nous sommes allés à terre, visiter l'Hôpital de la reine. C'est un beau bâtiment, bien entretenu, qui renferme, en ce moment, 90 malades : les hommes occupent le rez-de-chaussée ; les femmes, l'étage supérieur. Chaque salle est décorée avec des bouquets, et le nom qui la distingue est écrit, au-dessus de l'entrée, en *bougainvillées* mauve ou en *hibiscus* rouges attachés à une pièce de calicot blanc. Presque tous les convalescents portaient des couronnes et des guirlandes ; les malades eux-mêmes avaient des fleurs à côté d'eux, quelquefois sur leurs couvertures. L'effet général est charmant, et crée une heureuse diversion à l'impression de tristesse inséparable d'un pareil lieu, chez ceux qui l'habitent aussi bien que pour ceux qui ne font que le traverser.

Après avoir lunché à l'hôtel et fait quelques visites d'adieu, nous nous sommes rendus au Mausolée royal. A l'exception des amiraux commandant la station navale, les étrangers ne sont jamais admis à pénétrer dans ce monument, et très-peu d'habitants d'Honoloulou en ont visité l'intérieur. Le roi a une clef ; la reine douairière Emma, une autre ; le ministre de l'intérieur, la troisième. C'est donc un honneur tout spécial qu'on nous a fait en créant, en notre faveur, une exception à une règle aussi rigoureusement suivie. Chemin faisant, nous avons passé devant une maison où se préparait un enterrement. L'habitation était ornée de drapeaux et entourée de gens en costumes noirs, avec des *leis* jaunes sur la tête et au cou ; plusieurs devaient venir de loin, à en juger par le nombre des véhicules rangés aux abords de la porte. Le corps était

exposé en face d'une fenêtre ; quatre femmes balançaient lentement, au-dessus, d'énormes *kahilis.*

Le Mausolée est situé au haut de l'avenue Nuuanu, sur la route
qui mène au Pali ; il est petit, mais très-soigné et de style gothique.
On y découvre la mer et, à travers ses fenêtres ouvertes, circule
une brise embaumée par les fleurs et par les arbres qui l'entourent. C'est là que sont déposés les cercueils de tous les souverains d'Hawaii, et de leurs enfants, depuis bien des générations.
La plupart sont faits en bois de *koa* poli : quelques-uns sont recouverts de velours rouge, orné d'or. Leurs dimensions sont, généra-

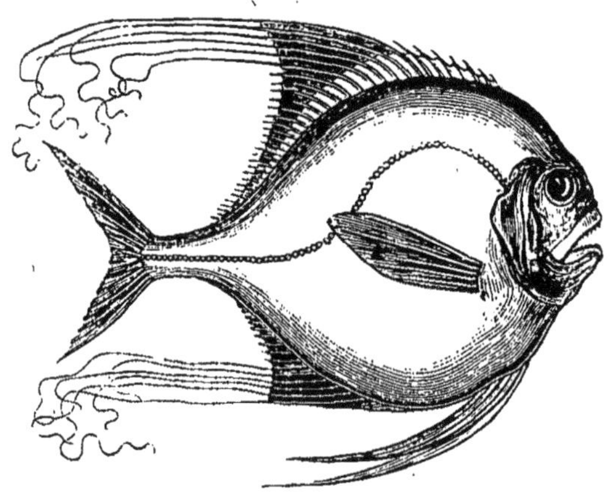

Zeus ciliaris [1].

lement, extraordinaires, ce qui s'explique par ce que j'ai dit déjà
de la taille élevée de l'aristocratie de ces îles-ci. Les restes de Kamehameha I, sont dans un coffre carré, en chêne. Au pied du
cercueil de Kamehameha IV, il y a deux immenses *kahilis,* l'un en
plumes de teinte rosée, l'autre en plumes noires, avec des poignées en écaille. Le corps du roi Lunalilo ne repose pas dans cette
enceinte : il a été inhumé auprès de l'église de la ville. Dans le

1. Poisson de mer, appartenant au genre *Zeus* (en français *zée*). Le plus connu
des poissons de ce genre est le *Zeus faber* (la *Dorée*) qui a été, de tout temps, le
sujet de curieuses versions.

vestibule qui précède les tombes royales, on voit le cercueil de
M.ʳ Wylie, désigné par cette devise : « le plus grand bienfaiteur
européen du peuple d'Hawaii ». Il y a, dans le port, un navire qui
porte son nom ; et l'on rencontre partout des preuves du respect
et de la gratitude dont est entourée sa mémoire.

La princesse, qui avait eu la bonté de nous rejoindre au Mausolée, nous a reconduits jusqu'à l'embarcation qui nous a ramenés
à bord. Je ne puis exprimer le regret que nous avons eu à la
quitter et à nous séparer du « cher Honoloulou », comme dit
Muriel. L'ancre était déjà levée et l'hélice du yacht commençait à
tourner, que des canots venaient, encore, de terre, nous apporter
des fleurs et des gâteaux de miel, au nom de nos amis. Deux fois,
nous avons dû stopper, pour recevoir ces souvenirs.

Nous sommes partis, maintenant. Les officiers et l'équipage du
Fantôme viennent d'échanger avec nous les derniers gestes d'adieu.
Près du phare, à l'entrée de l'étroit passage donnant accès en
dedans du récif de corail, j'aperçois des mouchoirs qui s'agitent ;
et la brise du soir, qui se lève, nous arrive chargée de souhaits
d'heureux voyage. Ce sont nos bons amis de Honoloulou qui ont
voulu nous revoir une dernière fois, tandis que nous défilions
lentement le long du canal tortueux, au bout duquel s'étend l'im-
mensité de la pleine mer.

CHAPITRE DIX-HUITIÈME

Jeudi, 4 janvier. — La brise a été très-forte, toute la journée; mais elle souffle heureusement dans la bonne direction. Tout tristes que nous sommes d'avoir dit adieu à la Polynésie, nous nous félicitons du changement d'air. Comme il arrive souvent avec le vent du sud, lequel s'est maintenu pendant toute la durée de notre séjour à Honoloulou, il régnait dans la ville une épidémie de grippe, attaquant hommes et animaux. Nous avons eu, d'abord, la chance d'y échapper; mais, aujourd'hui, presque tout notre monde en est atteint, et quelques-uns très-sérieusement.

Vendredi, 5 janvier. — Toujours le même vent frais; à midi, nous avions fait 240 milles. Muriel, *baby*, les trois femmes de chambre et plusieurs hommes de l'équipage sont grippés. Nous y passerons tous, probablement, et je commence, pour ma part, à me sentir prise. Ce soir, la brise tourne au coup de vent.

Samedi, 6 janvier. — La bourrasque qui a clos la journée d'hier a augmenté toute la nuit, avec accompagnement de grains de pluie. Nous avons affreusement tangué. *Baby* a été tout à fait malade, cette après-midi; en ce moment, elle va un peu mieux. Nous avons repris notre vie de bord. Si les enfants se remettaient, j'aurais le temps de lire et d'écrire, d'ici à notre arrivée au Japon; mais ils absorbent, actuellement, toute mon attention et tous mes instants.

Dimanche, 7 janvier. — Mer dure, temps pluvieux, journée désagréable. La brise est tombée le matin ; et le yacht est demeuré livré à la merci de la houle, jusqu'à midi. Tom donnait l'ordre d'allumer les feux, lorsque le vent nous est revenu. On a récité les litanies à onze heures, et il y a eu service, sans sermon, dans la journée. *Baby* a été plus mal, cette nuit. Comme il avait fallu fermer toutes les prises d'air, à cause de la pluie, la chaleur était suffo-

Un petit mousse.

cante dans les cabines, en même temps qu'on y était secoué de la pire façon.

Lundi, 8 janvier. — Nous avons été très-inquiets du *baby*, toute la matinée ; la pauvre petite respirait difficilement et paraissait anéantie, dans les bras ou sur les genoux de sa nourrice. La grippe a pris, chez elle, la forme d'une bronchite et d'une pleurésie. Les

autres enfants sont encore souffrants. Des grains de vent et de
pluie se succèdent à chaque instant, complétés par un roulis qui
ne cesse pas.

Mercredi, 10 *janvier*. — Calme plat; chaleur excessive; le thermomètre marque 32° dans la chambre des enfants. Mabelle va mieux;
baby aussi; Muriel est moins bien. Les feux ont été allumés à sept
heures. Deux fois, un des tubes des chaudières a crevé; mais on a
pu le réparer, sans que l'opération entraînât un trop long stoppage.

Jeudi, 11 *janvier*. — Cette journée n'a pas existé pour nous, puisque le passage du 180ᵉ méridien [1] a modifié notre quantième, de
12 heures.

Vendredi, 12 *janvier*. — Nos amis d'Angleterre étaient à mardi
soir, lorsque nous étions, nous, au mercredi matin, ayant, par
conséquent, douze heures d'avance sur eux. Aujourd'hui, c'est
notre tour d'être de douze heures en retard sur nos amis. La mer
reste calme, et il s'est levé une petite brise; peut-être tenons-nous
les alisés. Après les mauvais jours par lesquels nous venons de
passer, ce beau temps arrive comme un bienfait. Les efforts qu'il
faut faire pour se maintenir en équilibre, qu'on soit assis, debout,
ou couché, sont épuisants à la longue, surtout quand ils se com-
pliquent de soins à donner à des malades. J'espère que *baby* est
tout à fait hors de danger.

Dimanche, 14 *janvier*. — Le vent et le roulis sont revenus; il y a
des instants où nous filons jusqu'à 15 nœuds. Le service religieux
n'a pas été célébré; manger est presque impossible. Plusieurs de
nos matelots ont eu le mal de mer; j'en ai beaucoup souffert, moi
aussi. Il est piquant de constater qu'après avoir fait des milliers de
milles sur l'océan, on est encore passible de cet affreux mal. Je
supporte mieux qu'autrefois les mouvements du navire; seulement,
il y a des jours où je suis obligée de me faire violence pour par-
venir à rester debout, et il en est d'autres où mes efforts sont im-

---

1. Une différence de 180° en longitude équivaut, en effet, à une différence de
douze heures.

puissants à m'éviter l'ennui de m'étendre misérablement sur un canapé ou sur un lit, incapable du moindre mouvement.

Lundi, 15 janvier. — La nuit a été épouvantable ; mais, nous en avons été dédommagés à midi, en voyant que nous avions fait 298 milles en vingt-quatre heures[1], sous une petite voilure et avec une mer très-dure. Le vent demeure très-frais, mais la mer est un peu tombée. Des albatros et des paille-en-queue se sont montrés autour de nous.

Jeudi, 18 janvier. — Le yacht est passé, ce matin, tout près d'un point mentionné sur les cartes sous le nom d'île Tarquin et, dans l'après-midi, auprès d'un récif sans dénomination, également signalé par les hydrographes. Ni des bossoirs, ni de la mâture, on n'a rien vu, d'aucun côté de l'horizon. Le ciel est clair ; la mer, toujours plus calme. Dans la matinée, il faisait si bon sur le pont que les enfants ont pu y venir ; c'est la première fois depuis dix jours.

Dans les cinq dernières journées, nous avons franchi 1221 milles.

Lundi, 22 janvier. — Au petit jour, on a aperçu l'île de l'Assomption. Elle est d'origine volcanique et a la forme d'un pain de sucre, haut de 780 mètres. J'aurais aimé à visiter les îles Agrigan ou Tissian, où se trouvent de curieux vestiges des anciens habitants : vestiges rappelant ceux des Astecs d'après les uns, ceux des Péruviens plus modernes, d'après les autres ; et identiques, dans tous les cas, à ceux que l'on rencontre sur l'île de Pâques, qui forme l'extrémité sud-est de la Polynésie, dont ces terres-ci sont l'extrémité nord-ouest. Nous avons navigué au plus près, toute la journée ; le vent était fort et la mer mauvaise.

Vendredi, 23 janvier. — Le temps est devenu froid et, depuis cette nuit, nous sommes en plein coup de vent ; il est impossible de rien faire, pas même de s'asseoir, ailleurs que sur le plancher. Une

1. Soit : 548 kilomètres ou 137 lieues de terre.

lame a fait rompre un des deux porte-manteaux[1] de la guigue, et
la malheureuse embarcation est demeurée suspendue à l'autre,
battant les flancs du yacht ou disparaissant dans l'eau, à chaque
mouvement de roulis. Malgré tous les efforts pour les retenir,
deux hommes ont eu le courage d'y descendre, pour tâcher de
passer une corde autour de sa carcasse et d'arriver ainsi à la saisir.
Aidés de plusieurs camarades qui, cramponnés au gréement et
adossés au navire, écartaient la coque, avec leurs pieds, ils ont
fini par réussir dans cette périlleuse opération. Tout le monde,
alors, s'est rangé sur la corde, et on a hissé, au pas de course.
Mais la pauvre guigue n'est plus qu'un débris informe. Ses flancs
sont enfoncés ; son fond est troué ; j'ai vu les rayons de la lune à
travers les fentes de ses planches.

Samedi, 27 janvier. — A deux heures cette nuit, le bout-dehors
de foc s'est rompu, sous l'action d'un coup de tangage violent et
sec ; et presque immédiatement le mât et la vergue de perroquet
ont dégringolé avec un bruit épouvantable[2]. Il a fallu plus de huit
heures pour déblayer le pont et pour réparer l'avarie. Nos hommes
se sont admirablement conduits : c'était effrayant de les voir
penchés au-dessus du bord ou accrochés dans la mâture pour
saisir les débris, au milieu d'une telle nuit et avec un pareil temps !
Les marins — les nôtres, du moins — ne sont pas des perfections ;
dans les circonstances ordinaires, ils ne valent pas mieux que
d'autres ; mais le danger les trouve pleins de dévouement, de courage et de vigueur.

Dimanche, 28 janvier. — Le temps s'est amendé, mais il fait froid.

1. Les embarcations sont suspendues, en dehors du navire, par des porte-manteaux,
pour éviter l'encombrement qu'elles causeraient si on les mettait sur le pont.

2. Mât placé en dehors et à l'avant du navire, presque horizontalement. Il est le
prolongement du beaupré et sert à établir des voiles triangulaires appelées focs. La
rupture du bâton de foc entraîne souvent celle du mât vertical dont parle ici l'auteur, parce que ce dernier mât est relié au bout-dehors par un étai, qui les rend, pour
ainsi dire, solidaires l'un de l'autre. Bout-dehors, étais et focs se voient très-distinc-
tement sur le dessin représentant *le Sunbeam*. On sait, d'ailleurs, que le mouvement
de tangage se produit dans le sens de la longueur du navire, pendant que le roulis
agit dans le sens de la largeur.

Plusieurs de mes oiseaux des tropiques sont morts. Le petit cochon de l'île de la Harpe et les oies d'Hawaii ont l'air bien misérable, malgré les précautions qu'on prend pour eux. A la suite du service

Un navigateur, marquant le point sur la carte.

religieux, Tom a fait un sermon, terminé par des compliments à l'équipage, pour sa conduite durant la nuit de vendredi.

Le coucher du soleil a été magnifique, et la teinte rouge sang que l'astre a prise à cet instant, a tenu ce que les marins promettaient en son nom. Peu après, en effet, le vent s'est remis à souf-

fler avec force, au point que l'on a dû prendre deux ris dans les
voiles. Jamais je n'ai vu une soirée plus clairé et plus effrayante en
même temps. Allégé de son bâton de foc, réduit, en fait de voilure,
au strict nécessaire, le yacht s'enfonçait bravement dans la lame,
grimpait sur la crète des vagues, oscillait un instant comme pour
reprendre son élan ; puis repartait de nouveau, semblable au poisson volant qui, ayant secoué ses ailes et repris haleine, replonge
sous les flots.
Nous avions
pleine lune, et
les gerbes d'é-
cume soule-
vées tout au-
tour de nous
ressemblaient
à autant de jets
d'eau, éclairés
par une lumiè-
re blanche. A
minuit, il y a
eu un tel coup de mer que quelques-
uns d'entre nous ont été jetés en bas
de leurs couchettes ; notre mécanicien croyait que nous avions touché
sur un rocher.

Le Fousi-yama.

Lundi, 29 janvier. — A quatre heures , on m'a appelée sur le
pont pour me montrer la terre. Les pâles lueurs de la lune se
jouaient encore dans l'eau ; le vent demeurait fort ; la mer était
moins tourmentée. Droit devant nous se dressait l'île de Vries,
avec son volcan en forme de cône, lançant des masses épaisses de
flammes et de fumée, et dominé par un nuage de vapeur blanche
dont la partie inférieure reflétait les feux du cratère. Par moments,
ce nuage flottait simplement au-dessus de la montagne ; puis, une

éruption se produisant, d'immenses langues de feu perçaient sa masse et s'élançaient au ciel, pendant que la lave en fusion jaillissait et retombait sur les flancs du volcan. Enveloppés dans des fourrures, pour nous préserver du froid, nous restâmes sur le pont à contempler ce merveilleux tableau [1], jusqu'à ce que le soleil levant vînt éclairer le sommet neigeux du célèbre Fousi-yama et attirer, de ce côté, notre attention. Le Fousi-yama est un cratère éteint qui surgit brusquement du sein d'une chaîne de montagnes basses, et qui emprunte à cet entourage un incomparable aspect de majesté et de grandeur. Couvert d'une neige fraîchement tombée, il présentait, ce matin, une masse absolument blanche, sur laquelle, de la cime à la base, l'œil eût vainement cherché la moindre tache. On dit que c'est la plus jeune montagne du monde ; sa formation remonterait à 862 avant J.-C. et aurait été l'œuvre de quelques jours !

Nous avons atteint, vers neuf heures, l'entrée du golfe de Yédo, et notre défilé, entre ses rives, s'est opéré au milieu d'une véritable forêt de jonques et de bateaux de pêche. Jamais, auparavant, je n'avais vu rien de semblable. L'eau en était littéralement couverte et il semblait impossible, par instants, de s'y frayer un passage. Nous marchions le plus lentement possible ; les commandements de « stop », « en avant, doucement », « tribord la barre », « bâbord », se succédaient à tout moment et, malgré ces précautions, j'avais peur que nous n'arrivions pas à Yokohama [2] sans avoir coulé une de ces barques. Le golfe est bordé, de chaque côté, de petites collines couvertes de pins et de *cryptomerias*, et parsemées de temples et de villages. On dirait un de ces tableaux japonais, familiers aujourd'hui à tous les Européens, et il nous semblait avoir sous les yeux un panaroma mobile qui se déroulait lentement devant nous.

Il était midi lorsque nous nous trouvâmes, enfin, au milieu des navires de guerre et des steamers à l'ancre devant Yokohama, et deux heures s'écoulèrent encore, avant que Tom pût donner l'ordre de mouiller. Durant cet intervalle, nous fûmes entourés d'une flot-

---

1. L'approche de Yédo est un des spectacles les plus saisissants qui s'offrent au navigateur, surtout durant une nuit d'hiver.

2. Port dans la baie de Yédo, situé à peu de distance de cette ville. Voir la carte.

tille de petits bateaux, dont les occupants réclamaient à grands
cris qu'on les laissât monter à bord. On avait mis un homme de
garde à la coupée, pour empêcher le yacht d'être envahi; mais
cette précaution ne servit pas à grand'chose. Les gens des barques
parvinrent à grimper le long du bord, en s'aidant des bouts de
cordage qui pouvaient pendre à l'extérieur; nous fûmes pris d'as-
saut, dans toutes les directions. Dès que le yacht eut mouillé, les
bâtiments de guerre anglais et japonais nous dépêchèrent des officiers; nous reçûmes aussi la visite des reporters des journaux,
étonnés de nous voir, et curieux de savoir qui nous étions.

Un fois l'ancre au fond, Tom alla se coucher pour se remettre des
deux nuits de fatigue qu'il venait de passer; nous, nous descendîmes à terre. Des traîneurs de *jinrikishas* nous entourèrent aussitôt, nous offrant leurs véhicules, sorte de petit cab tiré par un
ou par deux hommes; mais nous préférions aller à pied. Nous
sommes allés, d'abord, chez le consul et à la poste; puis, en divers
endroits, où nous avions des instructions à donner et des com-
mandes à faire : eau, charbon, vivres, etc. Ces courses, auxquelles
il convient de joindre nos allées et venues en quête d'une bonne
blanchisseuse, nous ont conduits dans le quartier européen, dont
l'aspect n'a, du reste, rien de remarquable. Mais les gens que nous
rencontrions dans les rues étaient, par eux-mêmes, d'intéressants
sujets d'étude. Les enfants disaient qu'ils avaient l'air « d'éventails
ambulants », et cette comparaison ne manque pas de justesse. Le
costume de la basse classe n'a pas changé depuis des siècles, et les
silhouettes peintes par les artistes japonais sur les écrans, les
éventails et les vases qu'ils expédient en Europe, sont bien celles
qui peuplent les rues de Yokohama.

Pendant que nous circulions ainsi, on m'a apporté une lettre
contenant la triste nouvelle (reçue ici par le télégraphe) de la mort
de la mère de Tom. Je retournai immédiatement à bord pour lui
apprendre ce douloureux événement. Faut-il voir dans ce cruel
incident la réalisation de ces angoisses et de ces vagues craintes
qui ont, plus d'une fois, assombri nos pensées, pendant la dernière
traversée?

Bateaux japonais

CHAPITRE DIX-NEUVIÈME

YOKOHAMA

Mardi, 30 janvier. — A notre réveil ce matin, il faisait sombre et froid, et nous entendions d'étranges bruits; c'était, nous dit-on, la glace, qui criait sous les pas de nos hommes. Effectivement, une fois en haut, nous avons trouvé le yacht et son gréement complétement couverts d'une couche de neige; la température était telle, que l'eau versée sur le pont y gelait immédiatement. Sir Harry et lady Parkes [1] viennent de nous faire inviter à aller les rejoindre à Yédo; cette visite remplira notre journée de demain.

Aujourd'hui, nous avons couru, avec le consul, les boutiques de curiosités qui abondent ici. Les habitants excellent à fabriquer toutes sortes de bibelots, et leurs manufactures de « vieille porcelaine » et de « bronzes antiques » sont des spécialités de

---

1. Sir Harry Parkes est, depuis de longues années, le représentant de l'Angleterre dans l'extrême Orient.

Yokohama. Ils imitent, avec un art achevé, la signature et la marque des plus célèbres fabricants; ils savent gratter, ternir, fêler, peindre un objet pour le vieillir, avec une habileté, qui ne fait pas, d'ailleurs, l'éloge de leur honnêteté. Il est, pourtant, encore possible de se procurer des reliques authentiques des vieux temples ou des palais des anciens *daïmios*, pourvu qu'on sache s'y prendre et qu'on s'adresse aux bons endroits; mais à mesure que le nombre des voyageurs augmente, ces trouvailles deviennent plus rares. Notre première impression en pénétrant dans les boutiques, fut qu'elles étaient, toutes, pleines de choses superbes; une journée passée en compagnie de connaisseurs, a redressé notre goût et éduqué nos yeux. On trouve de très-jolis cabinets, dans des prix variant de 6 francs à 500; mais ils ne sont faits que pour les étrangers, et on en chercherait vainement dans aucune maison japonaise. Les jolis, les vrais laques valent de 500 à 5,000 francs, et ne dépassent guère les proportions d'une très-petite boîte; on s'en procurerait difficilement une collection ici. Ils se reconnaissent au fini de leurs détails, à leur apparence satinée, à leur toucher onctueux et à l'impossibilité de les rayer avec l'ongle; malheureusement les Japonais passent pour avoir perdu le secret de leur fabrication. A ce propos, on m'a raconté qu'au moment de l'Exposition autrichienne, un certain nombre d'objets en laque, anciens et modernes, avaient été expédiés à Vienne, puis renvoyés ensuite ici, les prix exorbitants auxquels on voulait les vendre n'ayant pas permis de s'en défaire. Or il advint que le navire qui les rapportait, toucha sur un roc et sombra dans le golfe de Yédo; et quand, il y a deux mois, on parvint à le relever, on trouva tous les vieux laques intacts, pendant que les autres ne formaient plus qu'une sorte de pâte molle.

A l'issue de cette promenade dans les boutiques, nous avons dîné à la japonaise, dans une *maison à thé*. L'établissement est tenu par une femme, prévenante et aimable, qui s'est précipitée à notre rencontre, qui même a poussé l'attention jusqu'à nous ôter, de ses mains, nos chaussures, avant de nous permettre de marcher sur ses nattes. La précaution n'était peut-être pas inutile, attendu que

nous étions légèrement crottés; seulement, des pantoufles quel-
conques n'eussent pas été de trop, pour remplacer les souliers
suspects. Il faisait très-froid, et les corridors parquetés en bois
vernis glaçaient nos pieds.

La pièce où nous avons été introduits est la pièce japonaise classique; en la décrivant une fois, je n'aurai plus à y revenir, puisqu'on la retrouve, identique, dans toutes les maisons. Le plafond
et le cadre des cloisons sont en beau bois verni, sombre, ressemblant au noyer. Les murs extérieurs, sous la véranda, et les cloisons
intérieures sont de simples châssis, faits de baguettes légères et
recouverts de papier blanc, qui glissent dans des coulisses; en
sorte qu'on peut entrer ou sortir par n'importe quelle partie, et
qu'il est impossible de prévoir par où pénétrera le prochain arrivant. Cette disposition rend inutiles les portes et les fenêtres ; il
n'y en a donc pas. Vous poussez légèrement le châssis mobile; si
vous voulez seulement voir dehors ; vous le poussez davantage, si
vous voulez sortir. Le plancher est formé de plusieurs couches de
nattes, fines, douces et épaisses qui mesurent environ 1^m,80 sur
90 centimètres de largeur. Les nattes, au Japon, ont, toutes, les
mêmes dimensions; c'est l'unité à laquelle l'architecte rapporte
ses mesures. Une fois la charpente dressée de façon à embrasser
un nombre déterminé de nattes, on va dans une boutique et on y
achète sa maison toute faite; en quarante-huit heures, tout est prêt.

D'un côté de la pièce où nous étions, s'élevait une espèce de piédestal, ayant environ 10 centimètres de haut. C'est la place d'honneur. On y voyait un tabouret, un petit ornement en bronze, et un
vase de porcelaine contenant des branches et des feuilles d'algues
marines, coquettement arrangées. Derrière, pendaient au mur,
des tableaux que l'on change tous les mois, d'après les saisons de
l'année. Pas d'autres objets mobiliers. Quatre jeunes Japonaises
nous apportèrent d'épais couvre-pieds en coton pour nous asseoir,
et des brazeros pleins de charbon de bois, pour nous chauffer. Un
autre brazero protégé par une grille carrée en bois, fut placé au
milieu, et recouvert d'un édredon en soie qui sert à conserver la
chaleur. C'est de cette façon qu'on chauffe toutes les maisons au

Japon ; il en résulte que les incendies y sont fréquents. Quelqu'un
renverse le fourneau sans y prendre garde ; un moment après,
tout est en flammes.

Au bout de peu d'instants, le brazero central et l'édredon furent
écartés et on apporta le dîner. Une petite table en laque, haute
de 15 centimètres, fut mise devant chaque convive, garnie d'une
paire de petits bâtons, d'un bol de soupe, d'un bol de riz, d'une
tasse de *saki* et d'une coupe d'eau chaude. Les quatre servantes
s'assirent au milieu de nous, avec du feu auprès d'elles pour tenir
le *saki* chaud et pour allumer les petites pipes dont elles nous
pressaient d'aspirer une bouffée entre chaque mets. Le *saki* est
une espèce d'eau-de-vie, extraite du riz, qui se boit chaude, dans
des petites tasses. On la trouve alors supportable ; mais elle est
détestable, une fois froide. Le menu ci-dessous montrera que quelques-uns des plats qu'on nous donna, étaient passablement étranges ; mais tout était bien cuit, bien servi et réellement très-man-
geable.

Soupe.

Crevettes et herbes marines.

Grosses crevettes; omelette; raisins conservés.

Poisson frit; épinards; racines de gingembre.

Poisson cru; moutarde et cresson; raifort; *soy* [1].

Soupe épaisse, faite avec des œufs, du poisson, des champignons et des épinards.

Poisson grillé.

Poulet frit et jets de bambou.

Pickles de navets.

Riz *ad libitum*, dans un grand bol.

Saki chaud, pipes et thé.

Ce repas se termina par l'arrivée d'une grande boîte en laque, pleine
de riz, dont on remplit tous les bols. On le mange avec les bâtonnets, et j'imagine qu'on doit s'habituer très-vite à cet ustensile ;
pour la première fois que nous nous en servions, nous nous sommes
tirés d'affaire très-convenablement. Un intervalle assez long s'écoule
entre les plats ; mais des airs et des danses exécutés par des artistes
féminins, distraient les convives. La musique est un peu dure et
monotone ; les chants sont assez harmonieux ; les danses, ou plutôt

---

1. Sauce japonaise.

les poses où l'éventail et la longue jupe traînante jouent un rôle important, sont gracieuses. Ces jeunes filles, presque toutes jolies, portent des costumes particuliers, indiquant leur profession. Elles n'ont pas le maintien réservé, et les vêtements si simples des modestes et attentives Japonaises qui nous ont servi à table. Néanmoins, elles ont l'air de bonnes créatures, sans prétentions et sans souci ; les petits jeux enfantins auxquels elles se livraient dans les entr'actes, paraissaient les amuser beaucoup.

Nous avons pris, après le dîner, du véritable thé japonais : on dirait de l'eau chaude versée sur du foin très-odoriférant et fraîchement coupé. Ce breuvage absorbé, nous avons visité la cuisine qui est petite, mais très-propre; puis, on nous a rendu nos chaussures et nous avons pris congé de notre aimable hôtesse. Le temps était clair, et très-froid. Il y a tant de navires en rade, que nous avons eu une certaine peine à reconnaître le yacht. Grâce aux lumières du rouf — un bon point de repère dans les ports encombrés — nous avons, cependant, fini par retrouver notre *home* flottant.

Mercredi, 31 *janvier*. — Nous sommes partis par le train de neuf heures, pour la ville appelée naguère Yédo, et devenue Tokio, ou capitale orientale du Japon, depuis que le Mikado y a établi sa résidence. La neige couvrait le sol, mais le soleil était chaud, et les habitants se chauffaient à ses rayons, devant leurs maisons ou sous leurs vérandas. Aujourd'hui, Yokohama est tellement européanisé que c'est seulement à une certaine distance de cette ville que le Japon et sa vie intérieure se sont révélés à nous pour la première fois. La campagne et les nombreux villages qui la parsèment, ont l'aspect d'éventails vivants, ou de fonds de plateaux à thé animés. Nous avons traversé plusieurs cours d'eau et, au bout d'une heure nous atteignions Tokio, pour tomber, alors, au sein d'une foule bruyante et remuante, qui ne semblait pas renfermer un seul Européen. Le bruit de centaines de chaussures en bois, répercuté par le toit de verre de la gare, était vraiment extraordinaire. Au dehors, l'animation était plus grande encore et nous nous demandions

quelle direction prendre, quand un jeune Japonais, avec un porte-
feuille en bandoulière, s'avança et balbutia quelque chose de la
part de sir Harry Parkes. Il nous fit signe de monter dans des
jinrikishas traînées par deux et par trois hommes, qui nous empor-
tèrent aussitôt, pendant que lui-même nous précédait, de toute la
vitesse de ses jambes, en criant pour qu'on nous fît place.

Tokio est une ville purement japonaise. A l'exception des repré-

Promenade en jinrikisha.

sentants des Puissances, aucun étranger n'y habite. On n'y trouve
pas d'hôtel [1], en sorte qu'à moins de ccmpter des amis dans le personnel des légations, il faut retourner coucher à Yokohama. Notre
première halte eut lieu au Temple de Shiba, où la plupart des
Taïcouns sont enterrés. Il occupe, au centre de la cité, un espace
de plusieurs arpents, ombragé d'arbres verts où les freux, les
corbeaux et les pigeons croassent ou roucoulent, aussi paisible-
ment qu'au fond d'un bois. Je ne soupçonnais pas que l'architec-

---

1. J'ai entendu dire, depuis, qu'il y avait deux hôtels, ou deux semblants d'hôtel,
à Tokio. *(Note de l'auteur.)*

ture japonaise pût produire quelque chose d'aussi beau que ce temple. Évidemment, la tente plantée au milieu des arbres, est le type dont elle s'inspire. Les lignes des toitures aux riches décors et aux pignons pointus, ne sont pas droites; elles ont l'élégante coubure de l'étoffe, suspendue pour abriter le voyageur. De même, les piliers n'ont ni chapiteau ni base; ils semblent courir verticalement à travers l'édifice, sans commencement et sans extrémité. Le bâtiment principal a été brûlé, il y a quelques années; les autres, bâtis exactement dans le même style, mais un peu plus petits, n'ont pas été atteints, et tous les tombeaux sont intacts. On nous a dit que les corps sont enfermés dans des cercueils, remplis de vermillon; je n'ai pas besoin d'ajouter que nous n'avons pas pu contrôler le renseignement. Nous sommes entrés dans plusieurs des petits temples; ce sont des merveilles de sculpture, de dorure, de peinture et de *laquage*. Leur genre de décoration peut sembler un peu grossier; mais quels sujets d'étude ils fourniraient à un artiste! A l'extérieur, où il n'y a pas de couleur, les murs et les bords pendants des toitures sont fouillés avec une hardiesse et en même temps avec une délicatesse que j'ai rarement vues égalées; les portes et les grilles sont en bronze massif, qui vient de Corée. A l'intérieur, une demi-clarté illumine et harmonise une masse éblouissante d'or, de peinture et de laque. C'est le mausolée le plus grandiose qu'on puisse concevoir; et les princes[1] dont la tyrannie pesa, durant tant de siècles, sur le Japon et sur les souverains légitimes du pays, ne méritent guère de reposer en pareil lieu.

Du temple, nous nous sommes dirigés vers l'enceinte environnée de fossés, où s'élèvent les *yashgis*, résidences des *daïmios*. Chaque *yashgi* est entouré d'un mur percé de meurtrières et flanqué d'une tour aux quatre coins. En dedans de ce mur, est la cour des suivants, tous gens « à deux sabres »; vient ensuite un second mur, également percé de trous, à l'intérieur duquel habitent les parents

---

1. Allusion aux usurpations des Taïcouns (lieutenants des Mikados), qui avaient fini par absorber tout le pouvoir politique, au point de conclure des traités avec les puissances, comme empereurs temporels du Japon.

éloignés du *daïmio;* puis, il y a un troisième mur, abritant le *daïmio* lui-même et ses proches. Après avoir franchi un certain nombre de fossés, nous avons atteint la zone réservée naguère au Taïcoun, ou *Syogoun,* et à ses ministres. Dans le dernier fossé, barbotaient des milliers de canards sauvages et d'oies. Il est défendu de les tracasser, et les bêtes semblent en avoir conscience, car elles s'ébattent avec une visible sécurité.

L'ambassade anglaise est une jolie maison en briques rouges, bâtie au centre d'un jardin qui la protége contre les incendies et contre les surprises. Lady Parkes nous a montré, après le luncheon, la collection de curiosités qu'elle est en train de faire, pour réparer la perte de celle dont un incendie l'a si malheureusement privée. La tâche n'est pas des plus simples, les chances de se procurer de véritables antiquités diminuant de jour en jour, au Japon. Un peu plus tard, nous avons circulé dans la ville, les uns à cheval, les autres en voiture, précédés par des grooms courant à pied devant nous. Ces gens peuvent faire ainsi jusqu'à 60 kilomètres dans une journée; ils forment une classe spéciale. Généralement leur costume est fort léger ; quand ils sont au service de particuliers, ils portent des vêtements bleu-foncé très-serrés, et de larges chapeaux. Presque en sortant de l'ambassade, on passe auprès de deux *yashgis,* les plus beaux de tous ceux qui subsistent encore: dans l'un est installé le Ministère de l'intérieur, dans l'autre le Ministère des affaires étrangères.

Il y a toujours une fête, quelque part, dans Tokio. Aujourd'hui c'était le jour des luttes athlétiques; nous avons rencontré la foule, revenant de la séance. Quelles files de *jinrikishas,* chargées d'enfants et de femmes aux vêtements éclatants, aux cheveux ornés de fleurs artificielles et d'épingles brillantes, aux chignons exhaussés dans toutes sortes de formes ! Six des lutteurs ont passé près de nous, en voiture : ils sont gros, prodigieusement gras, et n'ont rien qui réponde à notre idéal de l'athlète. Un des conducteurs de leurs *inrikishas* étant tombé, le lutteur que portait le véhicule, alla rouler quelques pas plus loin et resta étendu, comme une énorme masse de graisse, jusqu'à ce qu'un passant l'aidât à se relever. Il ne s'était, du reste, fait aucun mal, et à peine sur ses pieds, il se vengea de sa chute en accablant d'injures et de coups celui qui l'avait causée. Notre promenade terminée, nous sommes revenus à la gare, juste à temps pour prendre le train. Le retour à Yoko-hama, dans un grand wagon qui avait l'air d'un omnibus, a été très-froid ; et la course en *jinrikisha*, de la station au *Grand Hôtel* a été plus glaciale encore ; mais un bon feu et un bon dîner nous eurent vite réchauffés. Comme nos embarcations sont en répa-ration, c'est le bateau de l'hôtel qui nous a reconduits à bord ; il

Ile d'Inoshima, d'après un dessin japonais.

est muni, à l'arrière, d'un abri, orné de lanternes de couleur, qui est le bien venu contre le vent piquant du soir.

Jeudi, 1er *février*. — Un véhicule, attelé de quatre chevaux, est venu nous prendre ce matin à huit heures, pour nous conduire à l'île d'Inoshima où l'on voit la grande idole du Daïbout. Après avoir traversé la ville et dépassé la gare, notre cocher a suivi la route impériale, appelée Tokaido, qui va d'un bout à l'autre de l'île de Nippon. Bien des étrangers y ont été assassinés, durant les dix dernières années ; elle est, aujourd'hui, complétement sûre. Toutes les maisons que nous rencontrions, étaient grandes ouvertes : les cloisons mobiles, dont j'ai parlé, ayant été poussées dans leurs coulisses pour donner libre accès à la lumière et à l'air, si froid que fût celui-ci. De la sorte, on pouvait voir ce qui se passait dans toutes les pièces et s'initier aux moindres détails de l'existence japonaise. Chacune de ces maisonnettes est entourée d'un jardinet, avec un roc et un lac en miniature, auxquels s'ajoutent, parfois, un temple et un pont. Même dans les jardins les plus humbles, on découvre quelque ébauche de ce genre. Le nombre de Japonais des deux sexes que nous avons vus faisant leur toilette et celle de leurs enfants, se lavant, se peignant, se vêtant ou préparant leur déjeuner, défie toute énumération.

La campagne est jolie et les nombreux villages, nichés dans les vallées aux pieds de petites collines, sont d'un effet très-pittoresque. Une soixantaine d'hommes travaillaient à une carrière de pierres, près de laquelle nous avons passé : ils étaient absolument nus, bien que le thermomètre fût de plusieurs degrés au-dessous de zéro. Les Japonais ont l'esprit sensé et pratique : voyant que leurs habitudes de nudité choquaient et étonnaient les étrangers, ils ont défendu aux habitants des villes de se promener sans vêtement ou de se baigner devant leurs portes. Mais les gens de la campagne demeurent complétement libres sous ce double rapport, et ils ne se privent pas d'en profiter.

Après deux haltes sur la route, pour boire l'inévitable thé, nous avons quitté notre voiture pour monter dans des *jinrikishas*, traînées et poussées, chacune, par quatre vigoureux gaillards. Le soleil était chaud et les arbres verts, les énormes camélias rouges et blancs qu'on apercevait de tous côtés, auraient pu faire croire qu'on était au printemps, sans la brise piquante qui obligeait à s'enfoncer dans ses manteaux. Nous avons vu de bien singulières choses, chemin faisant : des vaches et des chevaux, avec des sonnettes à la queue au lieu de les avoir au cou ; des animaux, enveloppés dans des couvertures, pendant que leurs maîtres n'avaient rien sur le corps ; des tailleurs maniant leur aiguille en sens inverse des nôtres, etc. On dirait que ces braves gens ont pris leurs habitudes et appris leurs métiers, dans le monde qu'aperçut

Alice, à travers la glace de sa chambre [1]. A peu de distance de la ville, nos « traîneurs » se déshabillèrent ; comme leurs vêtements sont très-étroits, l'opération entraîne de véritables efforts et exige qu'on se vienne mutuellement en aide. Plusieurs d'entre eux portaient des tatouages magnifiques. L'un des hommes de ma *jinrikisha*, avait, sur le pied droit, un tronc d'arbre, dont les branches remontaient le long de la jambe, pour former sur la poitrine et sur le dos un bouquet de fleurs et de fruits où perchaient des oiseaux ; sa jambe gauche était ornée d'une cigogne, supposée abritée par le même arbre. Un autre était couvert de figures humaines, dans diverses poses.

Il nous fallut à peine une heure pour atteindre l'étroite langue de terre par laquelle on pénètre, à marée basse, dans l'île ou presqu'île d'Inoshima. Des Japonais y ramassaient des coquillages et des plantes marines, pendant que d'autres, dans des barques, disposaient leurs filets pour la pêche. Derrière surgissait, fraîche et verte, du sein de la mer, l'île objet de notre excursion, avec un fond de montagnes de neige que domine le Fousi-yama. Ce nom veut dire « non pas deux, mais une seule montagne » ; il indique que les Japonais n'admettent pas qu'il y ait, au monde, un second Fousi-yama. La petite île d'Inoshima a une forme conique ; elle est couverte d'arbres verts et de temples bouddhistes ; des hameaux de pêcheurs sont éparpillés à sa base. Nous l'avons traversée d'une extrémité à l'autre, en une demi-heure, ce qui permet d'apprécier l'exiguïté de ses dimensions. On y voit de curieux poissons et de très-beaux coquillages. Les habitants paraissent se nourrir tout spécialement *d'oreilles de Venus* [2], univalve un peu plate, de la grosseur de la main, avec une rangée de trous sur les bords et un intérieur foncé, qui a le brillant de certaine nacre. Elles se trouvent, généralement, en tas, mêlées à des coquilles de nacre blanche, grosses comme les deux poings et ayant la forme de colimaçons.

1. Allusion à un charmant volume, bien connu de la jeunesse anglaise, sous le titre : *Through the looking-glass.* (A travers une glace.)
2. Haliotis.

Nos hommes nous déposèrent au bas de la grande rue du principal village, rue escarpée et sale, remplie de débris de poissons et de plantes marines. Là nous rencontrâmes un vieux prêtre, qui nous procura de gros bâtons et qui nous mena au haut de la colline, pour voir divers temples et d'admirables points de vue. Des camélias et des arbres verts encadraient chaque coin de paysage, tout le long des zigzags de l'étroite montée. De l'autre côté de l'île, il nous fallut descendre je ne sais combien de marches, pour atteindre la plage et la fameuse caverne de 150 mètres de profondeur qui s'enfonce jusqu'au centre de l'île, au-dessous du niveau de la mer. C'est le sanctuaire de Benton Sama, la Lucine japonaise ; nous y avons pénétré avec des torches. Pour ne pas revenir par le chemin fatigant que nous venions de prendre, nous hêlames un bateau de pêche qui nous eut vite ramenés à notre point de départ. Avant de nous quitter, un des bonzes qui nous escortaient, demanda la faveur de plonger devant nous, pour un demi-dollar. Sa requête fut exaucée, et il rapporta triomphalement la pièce de monnaie, jetée dans l'eau à son intention.

Nous avons lunché dans une « maison à thé », avec des poissons de différentes espèces, très-frais et bien cuits ; du pain et du vin que nous avions pris la précaution d'emporter, nous ont dispensés de recourir au riz et au *saki*. Réconfortés et reposés par cette halte, nous nous sommes bientôt remis en route dans la direction du Daïbout, ou Grand Bouddah. Cette gigantesque idole occupait jadis le centre d'une grande cité nommée Kamakoura ; elle n'est plus entourée, aujourd'hui, que de petits hameaux. Les villes japonaises étant bâties en bois, il n'est pas surprenant qu'elles puissent disparaître entièrement, avec le temps, sans laisser de traces de leur existence. On voit, cependant, encore, plusieurs colonnes du temple qui s'élevait autrefois dans les jardins, autour de l'idole. Mais ces débris du passé servent seuls de cadre au Daïbout, et l'énorme masse domine depuis des siècles, sans abri d'aucune sorte, la scène changeante qui se déroule à ses pieds. La statue est en bronze et fut fondue, dit-on, en 1250 ou 1260. Elle a 15 mètres de

haut [1], des yeux d'or, une corne d'argent sur le front, contournée
en spirale. On peut s'asseoir ou se tenir debout sur son pouce ;
dans l'intérieur du corps, il y a un autel où les prêtres officient.
L'expression de sérénité et de force silencieuse qu'accuse cette
grande et solitaire figure, est très-impressionnante ; peut-être aussi
peut-elle servir à expliquer la persistance avec laquelle les classes
pauvres demeurent attachées au bouddhisme. Le calme de ces images
est plus propre, en effet, à inspirer au malheureux, courbé sous le souci
et le travail, l'idée et l'espoir du repos, que l'éclat des miroirs et des globes
de cristal qu'on trouve dans les temples du Sinto [2]. Le miroir est destiné
à rappeler aux fidèles que l'Être suprême peut lire leurs plus secrètes
pensées, aussi facilement qu'ils se voient dans la surface réfléchissante ;
le globe de cristal est l'emblème de la pureté.

Dans un autre village qui fit jadis partie de Kamakoura, il y a un beau
temple dédié au dieu de la Guerre ; malheureusement nous étions pressés, et nous sommes remontés dans nos petites voitures, sans avoir pu le

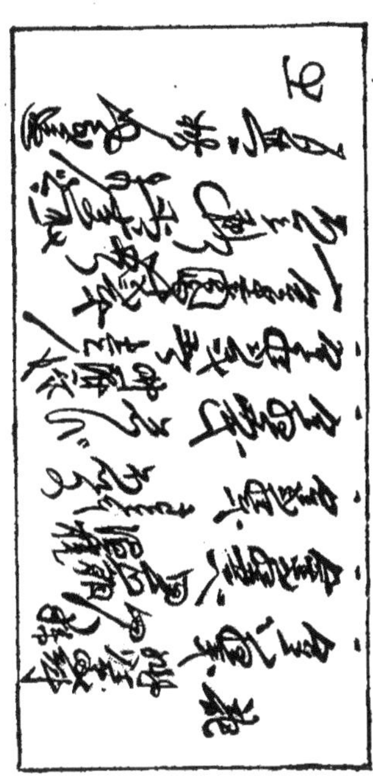

La carte de notre *luncheon*.

visiter. Le retour fut long et froid ; mais il faisait très-clair sur
le Tokaïdo, et les silhouettes des hôtes des maisons, projetées
sur les murs de papier, rappelaient les scènes d'ombres chinoises
qui ont égayé notre enfance. Nous avons rencontré des hommes
portant sur leurs épaules un *cango*, sorte de chaise à porteurs
qui était, naguère encore, le seul véhicule au Japon. C'est un

1. Le dieu est représenté, assis à l'orientale. L'aspect est très-imposant.
2. Secte très-ancienne et très-répandue au Japon.

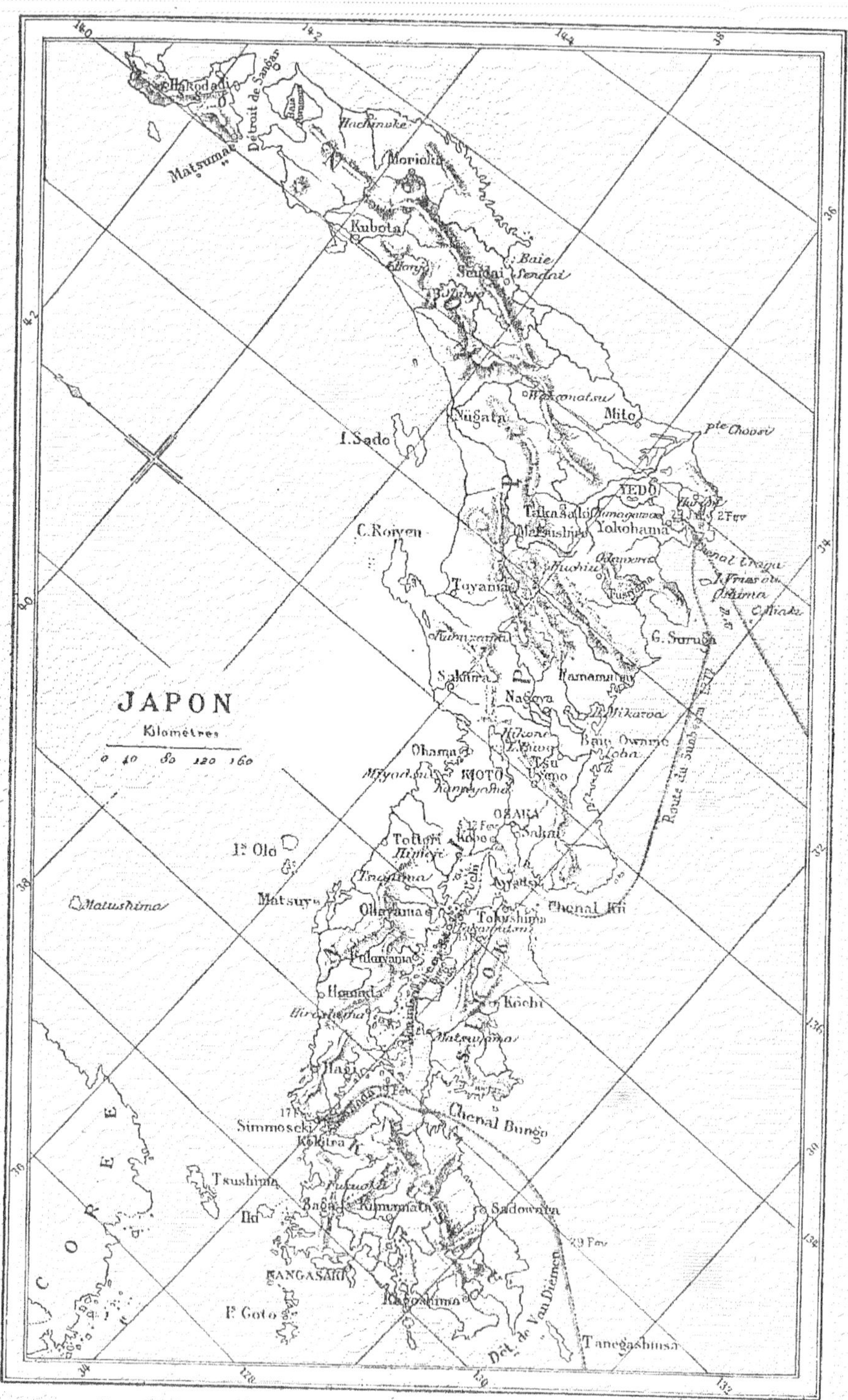

JAPON
Kilomètres
0 40 80 120 160
Hakodadi
Détroit de Sangar
Matsumae
Hachinohe
Morioka
Kubota
Baie
Sendai
Niigata
Wakonatsu
Mito
pte Choosi
I. Sado
YEDO
Takasaki
Yokohama
C. Roiven
Toyama
G. Suruga
Sakura
Nagoya
Mikawa
Baie Owarie
Ohama
KIOTO
Tsu
I. Oki
Tottori
OSAKA
Himeji
Sakai
Chenal Kii
Matsuye
Okayama
Tokushima
Hiroshima
Kochi
Hagi
Matsuyama
Chenal Bungo
Simonoseki
Kokura
Tsushima
Iki
Fukuoka
Sadowara
Saga
Kumamoto
Kagoshima
NANGASAKI
Dét. de Van Diemen
I. Goto
Tanegashima
CORÉE

Typ. Ch Unsinger.
224 bis
YVES & BARRET SC.

grand panier, suspendu à une perche, où l'on ne peut ni s'étendre, ni s'asseoir ; mais seulement s'allonger, dans une position incommode. La *jinrikisha* l'a remplacé avantageusement, et on ne s'en sert plus que dans les endroits montagneux et dans certaines localités où les nouveaux usages n'ont pas encore pénétré.

Vendredi, 2 février. — On m'a réveillée à cinq heures ; à six heures et demie, je suis partie avec Mabelle pour le marché. Il

Un batelier.

ventait très-fort, et nos quatre rameurs étaient épuisés en touchant terre. La malle de Shanghai venait d'arriver ; la vue des pauvres passagers empilés dans des barques, transis de froid, trempés par les embruns, était vraiment lamentable.

Le marché de Yokohama est une curiosité. On y trouve du gibier et des oiseaux de toute espèce : des faisans avec des queues de 1^m,80 de long et une teinte cuivrée, assez rare ; des canards ; des pigeons ; des lièvres, des lapins ; des daims. Le marché au poisson est très-bien approvisionné, surtout en seiches, animal peu appétissant, mais regardé ici comme délicat. Un *octopus*, bien arrangé dans un panier — le hideux corps au milieu, les huit pattes avec leurs suçoirs, disposées en forme d'étoile — vaut un dollar [1] ou un dollar et demi, selon sa taille.

En revenant, nous avons visité une pépinière, où les Japonais s'exercent à faire des arbres nains, art qui leur est particulier. Quelques-uns des spécimens que l'on nous a montrés, étaient curieux, même remarquables ; mais la plupart produisent un effet déplaisant. Nous avons vu de petits arbres fruitiers, vieux et rabougris, chargés de fleurs ; des sapins écossais et d'autres arbres forestiers, réduits à 2 mètres et demi de hauteur ; des diminutifs de fougères et de plantes grimpantes, etc. Vers une heure, nous sommes retournées à bord, où lady Parkes et plusieurs personnes de Tokio sont venues luncher avec nous. Elles nous ont appris qu'il y avait eu, cette nuit, trois incendies dans la capitale, et que le Ministère de l'intérieur — un des plus beaux et plus anciens *yashgis* — avait été la proie des flammes.

Après le départ de nos hôtes, nous sommes, de nouveau, descendus à terre, où l'on voulait nous faire voir une très-belle meute de chiens de chasse. Il y a beaucoup de renards et de gibier, aux environs de Yokohama.

Le yacht a levé l'ancre, à huit heures et demie, et est parti à la vapeur. Une fois au large de Touraya-saki, on a établi les voiles de devant. La nuit est froide ; il grésille et il neige ; mais le vent est moins fort que ce matin.

1. Le dollar vaut environ 5 fr. 10.

CHAPITRE VINGTIÈME

Samedi, 3 *février*. — Les quelques parties de la côte que la neige et
le grésil nous ont permis d'apercevoir, sont très-pittoresques. Nous
avons dépassé l'Ile rocheuse, les rocs de Lady Inglis et Matoya.
Mabelle s'est donné un coup assez fort pour l'obliger à garder le
lit ; moi, j'ai un gros rhume qui date déjà de plusieurs jours et qui
me vaut, aujourd'hui, une extinction de voix.

Dimanche, 4 *février*. — Pluie, neige, grésil et vent violent toute la
journée. La côte est très-belle. Nous avons croisé d'innombrables
jonques. A neuf heures du soir, le yacht mouillait devant Kobé, ou
Hiogo.

Ces changements de noms constants déroutent le voyageur.
Miaco et Yédo, que nous connaissions tous, s'appellent maintenant Kioto et Tokio. Détail bizarre : les mêmes syllabes, ren-
versées, désignent respectivement la capitale de l'Ouest et celle de
l'Est.

Lundi, 5 *février*. — Au petit jour, un canot est venu nous
apporter des lettres du Consul et de Sir Harry Parkes, qui ont bien
voulu s'occuper de nous faire assister à l'ouverture du chemin de
fer de Kobé à Kioto, et de ménager à mes compagnons de route
l'honneur d'être présentés au Mikado.

Rarement des étrangers ont eu une pareille occasion de voir une
foule japonaise dans ses habits de fête. Des milliers de curieux
parcouraient les rues, avec un ordre et un calme très-remar-

quables. La gare était décorée d'arbustes verts, de camellias et de
branches couvertes de petits fruits rouges. En dehors, s'élevait un
magnifique pavillon dont la charpente disparaissait sous des
massifs de verdure, pendant que des dragons de grandeur naturelle et des phénix (insignes impériaux du Japon) en décoraient
l'entrée. Le toit était parsemé de larges chrysanthèmes (armes
particulières [1] du Mikado), et comme il n'y avait pas de façades
latérales, on pouvait voir, sans peine, tout ce qui se passait
dessous. Du drap rouge recouvrait le plancher ; un tapis fort laid
garnissait l'estrade, sur laquelle, au-dessous d'un dais, figurait le
trône du Mikado. Tom, dans son uniforme de la Réserve de la
Marine royale [2], et les autres hommes, en habit noir, accompa-
gnèrent le Consul sur la plate-forme de la gare pour recevoir
Sa Majesté ; les enfants et moi et Mrs Annesley, nous occupâmes
des siéges réservés au personnel diplomatique. Très-peu d'Européens assistaient à la cérémonie ; mais la station regorgeait de
Japonais, assis sur leurs talons et attendant avec patience l'heure
extraordinaire où leur Empereur, jusqu'ici invisible, allait être
amené, devant eux, par une machine roulant sur une route de fer.
Les crânes des hommes étaient rasés de frais, et les bizarres
petites queues qui en ornent le sommet, révélaient, dans leur
arrangement, un soin extrême. Les chevelures féminines, soutenues par des peignes d'écaille et mêlées de fleurs artificielles,
étaient plus raides et plus compliquées que jamais. Quelques
enfants avaient des vêtements rouges, garnis d'or ; d'autres, des
costumes bleu-foncé, bordés de rouge. Presque tous portaient des
obis brodés, ceintures très-larges qui se mettent d'une singulière
façon. On les attache autour de la taille, par un énorme nœud qui
remonte jusqu'aux épaules et qui descend au-dessous des hanches.
Généralement, les vêtements sont étroits par devant, et forment,
par derrière, une sorte de bosse. En outre, j'ai remarqué que dans
leurs hauts sabots de bois, les femmes ont absolument la même

---

1. Celles du Taïcoun sont trois feuilles de rose tremière. (*Note de l'auteur.*)
2. M. Brassey est lieutenant honoraire de la Réserve.

tournure que les Européennes, dans leurs bottines à talons hauts. De là, une théorie à moi que je demande à exposer.

Il y a trois ou quatre ans, quand le Japon se lançait dans la voie des réformes, les ministres exprimèrent le vœu que l'Impératrice et sa cour s'habillassent à l'européenne. On fit donc venir de Paris une couturière et une modiste, avec une suite d'assistantes ; mais lorsqu'elles arrivèrent, il advint que la souveraine et ses dames d'honneur avaient renoncé à changer de costume. Mieux que personne, elles étaient compétentes en cette matière et, selon moi, elles firent preuve de sens. Tout cela m'a été raconté. Maintenant, ce que j'imagine, c'est que les Parisiennes appelées à Yédo, ne voulurent pas avoir fait vainement un tel voyage et qu'ayant, d'ailleurs, l'esprit entreprenant de leur pays, elles se dirent que si les Japonaises refusaient de se vêtir en Européennes, on pourrait, peut-être, amener celles-ci à adopter les costumes de celles-là. De retour à Paris, elles ont répandu leur idée ; l'idée a fait des prosélytes ; les prosélytes nous ont valu les modes des deux dernières années.

Le canon et les musiques annoncèrent l'arrivée du train impérial. Le Mikado descendit de son wagon sur la plate-forme, et se dirigea aussitôt vers l'estrade du trône, suivi de son cortége. Il est jeune, avec un air sombre et une physionomie un peu dure ; on dirait que ses jambes ne lui appartiennent pas, sans doute parce qu'il s'en sert rarement et qu'il s'assied trop sur ses talons : car, jusqu'à une époque encore récente, le Mikado était regardé comme un personnage trop sacré pour pouvoir fouler la terre de ses pieds. Son premier ministre, les ministres étrangers, et nombre de dignitaires japonais, presque tous dans des costumes européens à broderies d'or, marchaient derrière lui. Je me figure que beaucoup de ces personnages mettaient, pour la première fois, leur uniforme. En tout cas, ils auraient eu besoin d'apprendre à le porter convenablement. Des habits faits pour prendre la taille, étaient déboutonnés ou boutonnés de travers ; des pantalons étaient retroussés et déformés par les tiges d'énormes bottes, mises du mauvais côté. Quelques-uns avaient des gants, trop longs de plusieurs centimètres. Combien les deux ou trois ministres conservateurs que j'apercevais dans le costume de leur pays, devaient se féliciter d'être restés fidèles aux vieux usages, en voyant l'effet des nouveaux, sur les personnes de leurs confrères ! L'ancien costume de cour des *daïmios* est très-beau. Il se compose de robes de soie et de brocart, avec d'énormes manches, d'un pantalon qui traîne de deux ou trois pieds sur le sol, et d'une coiffure noire pointue, faite pour emboîter la petite queue en forme de crête de coq, qui semble être l'un des signes du rang d'un personnage, au Japon.

Dès que les assistants se furent rangés de façon à former trois côtés d'un carré, Sir Harry Parkes lut un discours et présenta ses cinq compatriotes au Mikado, qui répondit en termes auxquels, naturellement, nous ne comprîmes rien. Alors le Gouverneur de Kobé lut une adresse à son souverain, et je ne saurais dire l'impression de pitié qu'il me causa. Le malheureux tremblait de la tête aux pieds ; ses genoux s'entre-choquaient ; ses mains avaient la fièvre ; toute sa personne, enfin, était si agitée que son claque tomba sur l'estrade et dégringola au bas des marches, pendant que le manuscrit manquait d'en faire autant. Comme il dut être content, lorsqu'il eut fini !

La cérémonie du pavillon s'étant terminée sur cet incident, le Mikado descendit les gradins, défila au milieu de l'assemblée, accompagné de son cortége, et se dirigea vers une tente où une collation l'attendait. Nous, nous profitâmes de son éloignement pour passer l'inspection du wagon impérial, des soldats, des canons ; et nous quittions la gare pour aller voir le feu d'artifice qu'on tirait en plein jour, à l'intention de Sa Majesté, quand les détonations de l'artillerie annoncèrent le départ du Mikado pour Kioto.

Notre journée s'est achevée par une visite à un temple bouddhiste, suivie d'une promenade dans Hiogo. Le temple, qui est en bois, renferme plusieurs singes et un cheval blanc, placés chacun dans une niche latérale. Les fidèles s'arrêtaient devant ces sanctuaires d'un nouveau genre, achetaient du riz et des pois et les donnaient aux bêtes, par l'intermédiaire du prêtre. Était-ce, de leur part, un acte d'adoration, ou simplement une marque de bonté envers les animaux ? Je n'ai pas réussi à le découvrir, bien que j'aie été témoin, diverses fois, du même manége, durant notre séjour à Kobé. Hiogo est une ville complétement japonaise et se compose, conséquemment, de maisons en bois, de rues étroites et de vieilles boutiques. Tout le monde y était en fête aujourd'hui, et préparait les illuminations de la soirée. Kobé, la résidence des étrangers, est remarquable, au contraire, par sa propreté et par sa coquetterie ; on y trouve une jolie promenade, le long de la mer, plantée d'arbres comme un boulevard, mais, en somme, elle n'a rien d'intéressant. Ce soir, cependant, ses milliers de lanternes en papier de couleur, lui donnaient un cachet particulier. La nuit était claire ; il n'y avait pas de vent ; tout a réussi le mieux du monde.

Mardi, 6 février. — Mon rhume continuant, Mabelle étant souffrante et Tom très-occupé, nous pensions, d'abord, à nous reposer toute la journée. Mais nous disposons de trop peu de temps pour en perdre, si bien que, de bonne heure, la moitié d'entre nous est partie pour Kioto. Tom et Mabelle nous y rejoindront demain, par le premier train. Le temps était sombre et pluvieux, et la campagne ne se montrait pas à son avantage. Néanmoins, tout ce que nous voyons est trop nouveau et trop bizarre pour ne pas nous intéresser, quelque ciel qu'il fasse. Les Japonais ont horreur de la pluie ; rien de drôle comme de voir les paysans marcher, presque sans autre vêtement qu'une paire de hauts sabots, un large chapeau et un parapluie en papier. Nous avons traversé plusieurs ponts, stoppé à différentes stations, déposé et pris des voyageurs ; à deux heures et demie, nous étions à Kioto. Il pleuvait toujours ; les gens des *jinrikishas* avaient leurs grands chapeaux et leurs manteaux des jours de pluie, en roseaux ou en papier huilé ; leurs véhicules eux-mêmes étaient munis de capotes et de tabliers, également en papier huilé ou goudronné.

La course jusqu'à l'hôtel, par des rues longues, étroites et encombrées, fut interminable et fatigante. La ville était encore en

fête ; de grosses lanternes de papier, provenant des illuminations
de la veille, se voyaient au bout de hautes perches, protégées
contre la pluie par un parapluie ouvert.

Kioto est une ville purement japonaise ; je ne crois pas qu'elle
compte un seul Européen parmi ses habitants. Ses théâtres et ses
jongleurs sont fameux dans tout le Japon. Le faubourg, où sont
situés les deux hôtels, contient d'innombrables maisons de thé et
autres lieux d'amusement. Notre hôtel est juste au milieu d'une
colline appelée Maruyama ; on y arrive par un escalier qui a l'air
de conduire à un temple. Nous avons été reçus par les domes-

Une famille japonaise.

tiques qui nous saluaient jusqu'à terre, mais qui n'articulaient pas
un mot que nous pussions comprendre. Les chambres sont
propres, confortables, garnies de lits et de lavabos ; la salle à
manger possède une table, six chaises et plusieurs *hibatchis*. Chose
plus extraordinaire ! Dans une des cloisons mobiles, tenant lieu de
mur, figurait un morceau de verre, ce qui est tout à fait une
innovation au Japon, où l'on ne connaît pas les fenêtres transpa-
rentes. De la véranda, on a vue sur les jardins, les temples, la ville
de Kioto et sur les montagnes qui ferment l'horizon ; je ne me
lassais point d'admirer ce spectacle.

A l'issue d'un *luncheon* très-bien préparé, nous sommes sortis

pour voir le plus possihle de la ville avant la nuit. Notre première
visite fut pour le Temple de Gion, bel édiflce, entouré de temples
plus petits et de logements pour les prêtres. C'est là que s'arrêtaient
les envoyés hollandais, lorsqu'après avoir traversé le pays en prisonniers, ils venaient payer le tribut annuel qui leur valait la
permission de trafiquer avec le Japon. Toutes sortes de mauvais
traitements leur étaient infligés ; on les faisait danser, chanter,
sauter, imiter les ivrognes, pour amuser les gens de la Cour ainsi
que le Mikado et l'Impératrice qui assistaient, derrière une grille,
à ces ébats.

Sur les routes.

En sortant de ce temple, nous en avons visité d'autres ; puis,
nous avons erré sous les grands *conifères*, essayant de découvrir
la demeure de Sir Harry Parkes. Les chambres de sa maison
étaient confortables ; seulement, les nattes et les cloisons en papier,
qu'on y retrouvait comme partout, leur donnaient un aspect glacial.
Il y avait dedans, des tables et des chaises, mais pas de lits : des
couvre-pieds servaient à s'étendre, d'autres à mettre sur soi.

Je crains que Sir Harry n'ait eu bien des ennuis à cause du
yacht. C'est le premier bâtiment du genre, qu'on ait vu au Japon,
— à l'exception de celui donné, en 1858, par la reine Victoria, au
Taïcoun, et consacré maintenant au Mikado — en sorte que les
employés du gouvernement ne savaient pas de quelle façon ils
devaient le traiter. — « Est-ce un bâtiment de guerre ? » — « Non. »
— « Est-ce un navire de commerce ? » — « Pas davantage ; c'est un

yacht. » Ils ne parvenaient pas à comprendre qu'un bâtiment
pût n'appartenir ni à l'une ni à l'autre de ces catégories. Enfin,
il a été décidé que, pour suivre l'exemple des autres nations, les
employés japonais nous dispenseraient des formalités douanières
et de l'amende de 60 dollars par jour, que paient les récalcitrants.
Comme précédent à établir, la question avait de l'importance ;
bien que j'imagine qu'il y aura peu de yachts qui s'aventureront
jusqu'ici, à travers le Pacifique et le détroit de Magellan.

La nuit commençant à tomber, nous sommes retournés à l'hôtel.
Le temps était froid ; *hibatchis* et lampes réchauffaient très-impar-
faitement nos chambres en papier. Sir Harry Parkes est venu passer
la soirée avec nous et nous a mieux renseignés sur le Japon, en
deux heures, que nous n'aurions pu l'être après avoir lu maint
gros volume : d'autant mieux que les livres qui traitent de ce pays
où tout change si prestement, sont vite en arrière sur son histoire.
Sir Harry a joué un rôle considérable dans la plupart des événements qui viennent de se dérouler dans ce coin du monde. Il nous
a fait le récit des guerres de 1868 et des persécutions dirigées
en 1870 contre les Chrétiens ; il a expliqué les causes qui ont
amené la révolution, et indiqué les conséquences que celle-ci a eues
pour le pays ; il a narré aussi son voyage à Kioto, pour forcer le
Mikado, dès sa rentrée en scène, à sanctionner le traité qu'avait
signé le Taïcoun, et qui n'avait plus de valeur depuis la chute de
ce potentat[1]. Tout cela nous a vivement intéressés.

Mercredi, 7 février. — Temps brumeux, mais moins froid que
celui d'hier. Sir Harry Parkes et deux autres *gentlemen* sont venus
nous chercher à neuf heures et nous avons repris, dans des *jinrikishas*, nos pérégrinations. Nous avons vu, d'abord, le Temple de
Gion Chiosiu, dont parlent tous les voyageurs. Il a un intérêt

---

1. La révolution japonaise à laquelle Mrs Brassey fait allusion dans ce passage, a
eu pour principaux résultats : la destruction du pouvoir taïcounal qui avait fini par
se substituer à l'autorité du Mikado ; le rétablissement de celui-ci dans tous ses droits
de chef temporel et spirituel ; enfin l'abaissement des *daïmios*, ou grands feuda-
taires de la couronne qui, imitant le Taïcoun, tendaient à devenir de petits scuve-
rains indépendants.

particulier pour les Européens, puisque ce fut le séjour assigné
aux représentants des puissances étrangères, quand ils firent leur
première visite au Mikado, en 1868. Sir Harry nous a fait voir
leurs appartements ; puis, nous avons assisté à la célébration d'un
service religieux. Une douzaine de bonzes étaient assis en cercle,
chantant, dans de gros livres, sur un ton monotone qu'accompagnait, de temps en temps, un coup de tambour ou de *gong*. On
brûla de l'encens, on revêtit des ornements, on fit des processions,
on adressa des prières à Bouddah pour qu'il intercédât auprès de
l'Être suprême. J'ai été frappée de la ressemblance entre cette cérémonie et d'autres que j'ai vues dans certains pays catholiques.

Mon séjour au Japon a été trop court pour que j'aie pu en faire
une étude sérieuse ; mais les temples m'ont vivement impres-
sionnée, et j'ai des notes, sur mon carnet, qui les comparent aux
temples des Juifs. D'où pourrait provenir une pareille ressemblance et quelle explication en pourrait-on donner? Je n'en sais
rien, mais je veux noter ici les points de rapprochement que j'ai
relevés, laissant à d'autres le soin de les interpréter.

Le bois et le bronze sont les seuls matériaux qui entrent dans la
construction des temples japonais, avec la pierre pour les sou-
bassements. Ce furent également ceux qui servirent à construire
le temple de Salomon.

Les temples japonais comprennent plusieurs enceintes, souvent
au nombre de trois. De même, celui de Salomon.

Les collines, les bosquets sont les emplacements habituels des
temples, au Japon, et on y arrive par une longue série de degrés.
Généralement deux escaliers donnent accès au sanctuaire : l'un
droit, long, escarpé pour les hommes, l'autre, moins raide, mais
courbe pour les femmes. Or, on se souviendra que ce fut le grand
escalier du temple de Salomon qui frappa si vivement la reine de
Saba.

Les temples japonais sont desservis par des prêtres spéciaux,
portant des ornements, recourant à l'encens, aux cloches à la
musique. De même, un personnel particulier était attaché aux
temples juifs.

De petites châsses ou temples en miniature, appelés *Tenno Samma*
ou « Maître du ciel », sont portés sur des brancards, dans les cérémonies japonaises. L'Arche d'alliance était portée de la même manière.

Le sanctuaire intérieur, ou Saint des Saints, est petit et a une
forme cubique. Il est généralement détaché, derrière les autres
parties du temple [1]; la porte en est fermée et il contient habituellement, non une image, mais une tablette : ce que les Japonais
appellent un *Gohei*, ou morceau de papier, coupé de telle façon
qu'il pend, en plis, de chaque côté. Or, dans les premiers âges de
l'écriture, la tablette était le livre; le style, la plume. La table sur
laquelle la Loi fut écrite n'était qu'une représentation du livre, et la
tablette *ancestrale* chinoise, ou toute autre tablette, dans un
temple, n'en est aussi qu'une variété.

Ces *Goheis* sont si communs au Japon et occupent une place si
importante dans tous les temples, que j'avais le vif désir de découvrir ce qu'ils avaient signifié, dans le principe. N'ayant pas
réussi à élucider ce point, malgré de nombreuses questions, je me
borne à suggérer que le *Gohei* peut être une certaine forme du
livre, ou jouer le rôle de celui-ci : car le livre était chose sacrée
chez les anciens, et ce qu'on appelle encore l'Arche dans les syna-
gogues juives, contient simplement un livre.

Il y a deux religions au Japon, le Bouddhisme et le Sinto; celle-ci
est originaire du pays lui-même, l'autre vient de la Chine. Les
deux cultes se sont un peu confondus, sous le double rapport des
cérémonies et de la construction des temples ; les remarques qu'on
vient de lire s'appliquent particulièrement au second. Tout der-
nièrement, le Sinto a été proclamé, par le gouvernement, la seule
religion de l'État. Cette déclaration n'implique pas la suppression
du Bouddhisme, mais elle équivaut, pour le moins, à sa séparation
d'avec l'État. Les prêtres bouddhistes s'en plaignent beaucoup,
disant que leurs temples ne sont plus aussi fréquentés qu'autrefois,

---

1. Le lecteur aura compris qu'un temple japonais ne se compose pas d'un seul
bâtiment, mais de plusieurs. Il en est de même des pagodes chinoises.

que plusieurs, même, sont fermés. Des spéculateurs leur achètent leurs belles cloches de bronze, et les font transformer en pièces de deux sous et d'un sou. Les changements de croyance offrent d'étranges aspects, et celui-là est certainement curieux.

Nous avons erré dans les terrains attenant au temple, et gravi la colline, pour voir la fameuse cloche qui passe pour occuper le deuxième rang parmi les plus grosses du Japon. L'énorme mouton qui la frappe, fut mis en mouvement à notre intention, et le bronze rendit un son qui retentit dans toute la ville. A l'une des portes, il y a un curieux escalier conduisant jusqu'en haut ; là, au-dessus de la porte, figure un groupe, en bois sculpté et peint, de Bouddha entouré de douze disciples. Ils valent tous la peine qu'on grimpe pour les regarder.

De Chiosiu nous sommes allés directement au Temple de Nishni Hongangi, en traversant la ville ; mais nous avons dû, plusieurs fois, changer de direction ou faire halte, la route se trouvant barrée par les soldats, à l'occasion d'une visite du Mikado au tombeau d'un de ses innombrables ancêtres, réels ou imaginaires. Investi d'une autorité spirituelle, l'empereur japonais est astreint à remplir ses devoirs religieux pour garder son prestige, et ses ministres ont soin qu'il fasse souvent ses dévotions à un sanctuaire ou à un autre, pendant qu'ils s'occupent, eux, des affaires publiques. Tanjo et Ikawura sont partis, aujourd'hui, en grande hâte pour Tokio, sur le bruit que des troubles avaient éclaté dans le sud.

Nishni Hongangi est un des plus beaux et des plus grands monuments du genre que j'aie vus, quoiqu'une partie en ait été détruite par le mémorable incendie de 1864. Les portes sont superbes, ornées de chrysanthèmes sculptés. Le temple central est très-remarquable ; il est entouré de pièces plus petites, toutes décorées par les meilleurs artistes japonais d'il y a deux cents ans. On avait fait prévenir que le ministre anglais viendrait dans la journée, et tout était prêt pour nous recevoir. En divers endroits, même, des tapis avaient été étendus, pour nous épargner l'ennui d'avoir à nous déchausser. Malheureusement, le desservant principal était absent, ce que j'ai beaucoup regretté, parce qu'il appartient à la secte des

Montos, la plus avancée du Bouddhisme. Plus d'une fois, il a déclaré à des Anglais que leurs principes religieux lui paraissaient si nobles et si éclairés, qu'il était convaincu qu'ils préparaient l'avènement d'une forme plus élevée du christianisme. Aveu bien surprenant dans la bouche d'un prêtre de Bouddah !

Après avoir examiné en détail, peintures, sculptures, laqùes, bronzes et jardins, nous avons quitté le temple et regagné la rue, en passant par plusieurs cours. On nous a menés alors à un autre magnifique jardin, espèce de parc en miniature, avec des lacs, des ponts, des rochers, des ruisseaux, des canaux et des pavillons, qui entourent un édifice bâti, au quinzième siècle, par le célèbre Taïcoun, Tako Sama. Là, encore, on se tenait prêt à nous faire accueil. Le feu était allumé ; des fleurs, des tapis s'étalaient en notre honneur ; des fruits et des gâteaux nous attendaient, avec des *hibathis* pour nous réchauffer. Nous avons parcouru toute la maison ; elle ressemble beaucoup aux maisons ordinaires d'aujourd'hui, tout en étant construite et décorée avec plus d'art.

Dans un autre quartier de la ville, où nous nous sommes rendus, on voit l'ancien palais du dernier Taïcoun, devenu une sorte de bureau de police. Il est bâti d'après le système des trois enceintes, à l'exemple de tous les *yashgis*, mais à une échelle très-différente de celle adoptée à Tokio. A l'issue de la dernière bataille, le dernier Taïcoun s'enfuit à son château d'Osaka ; il eût pu s'y maintenir indéfiniment ; au lieu de l'essayer, il préféra se rendre. Deux de ses ministres vinrent le trouver, et lui représentèrent qu'il ne devait pas seulement songer à lui, que le parti qui s'était dévoué à sa cause méritait de ne pas être abandonné. Si, après avoir donné de fausses espérances aux défenseurs du Siogounat, il se mettait maintenant à le trahir, il ne lui restait plus, ajoutaient-ils, qu'à s'ouvrir le ventre. Le Taïcoun n'adopta pas ce moyen extrême, bien que ses deux auxiliaires lui en donnassent l'exemple ; et il vit maintenant en simple particulier, aux environs de Tokio, s'amusant à chasser et à pêcher. On dit qu'il est possible qu'il fasse partie, un jour, du ministère du Mikado actuel. En attendant, il est redevenu l'humble serviteur de son seigneur et maître, pour ne pas dire son prisonnier.

Du palais du Taïcoun, nous avons été au Toshio, quartier de la ville qu'habitent le Mikado et ses proches, dans des palais, entourés de vastes jardins, enclos eux-mêmes de murs blancs. On nous a fait voir les meubles et les costumes de Tako Sama; les sabres fameux de Yoritiome, appelés le « coupeur de genoux » et « le coupeur de barbes, » à cause de l'excellence de leur fil; et divers autres objets extrêmement intéressants. Sir Harry Parkes a pris congé de nous à cet instant, et nous sommes allés luncher à l'hôtel, pour recommencer ensuite nos pérégrinations dans les temples, puis dans le centre de la ville, où demeure un marchand de bric à brac qui m'avait été recommandé.

L'extérieur de cette maison n'a rien d'engageant; la boutique est petite et sale; il fallut en enlever des paquets de haillons, pour nous permettre d'entrer. Mais une fois dedans, l'impression change. On nous a montré de vieilles étoffes brodées, et des quantités de costumes de cour, avec de superbes dessins en or, en argent et en soie. L'impératrice a treize dames d'honneur, qui ne portent jamais leurs robes de gala plus de deux fois et qui les vendent ensuite. De là, l'approvisionnement du marchand.

Partout où nous allions, nous étions suivis d'une foule nombreuse, mais parfaitement polie [1]; et, malgré les exhortations de l'officier qui nous escortait avec deux hommes, des gens couraient en avant, dire aux autres de se mettre à leurs portes pour nous voir passer. Il commençait à faire sombre et nous nous sentions fatigués; nous avons donc interrompu notre promenade et gravi de nouveau le long escalier qui mène à notre hôtel. Ce soir, il y a une fête dans notre faubourg; tout y est éclairé, et des bruits de danse et de tam-tam arrivent jusqu'à nous.

Nos emplettes sont arrivées après dîner, chacune accompagnée d'au moins quatre ou cinq hommes. Des marchands avaient

1. Vers 1860, on circulait moins facilement, au Japon. Les rares étrangers admis à Yédo ne pouvaient se montrer dans les rues qu'armés et flanqués de deux agents de police. Encore avaient-ils la certitude d'être abandonnés par ceux-ci, en cas d'attaque de la part des habitants, ou des « hommes à deux sabres » mêlés aux cortèges de *daïmios* qui parcouraient la ville à tout moment.

entendu parler de notre présence dans la ville, et nous apportaient de nouveaux objets; la chambre ressembla bientôt à un bazar. Il fut convenu que nos achats seraient livrés et payés à Kobé, et je n'ai aucun doute sur le soin qui en sera pris; car, si les Japonais sont lents à conclure un marché, ils sont, par contre, d'une probité extrême dans son exécution: Tout est enveloppé et emballé avec la plus grande attention; rien n'est soustrait, ni oublié, quand même on saurait que les caisses ne seront pas ouvertes pendant des mois.

S'il faisait seulement un peu plus chaud, comme ce séjour serait charmant! Mais le froid gâte tout. Ce soir, nous avons à choisir entre la perspective d'être à moitié gelés dans nos lits, et celle d'être asphyxiés par le charbon des *hibatchis*.

Jeudi, 8 *février*. — Le lever du soleil, au-dessus de la ville, avec de l'eau et des montagnes au second plan, a été magnifique. Dès huit heures, les abords de notre hôtel étaient encombrés de marchands venus pour nous offrir leurs curiosités. Mais nous n'avions pas le temps de les regarder, car le train qui nous a emmenés partait à neuf heures et demie.

Dès notre arrivée à Kobé, nous nous sommes rendus à bord pour recevoir les ministres étrangers et diverses personnes; et la journée s'est terminée sans que nous retournions à terre.

Vendredi, 9 *février*. — Départ par le train de dix heures pour Osaka, que l'on a appelée la Venise du Japon. D'innombrables rivières et canaux la traversent dans tous les sens; des bateaux se montraient, à tout moment, aux points les moins prévus, comme nos *jinrikishas* nous entraînaient dans les rues étroites et passablement puantes de la ville. Nous allions si vite qu'à diverses reprises, avant d'atteindre la Monnaie, j'ai craint que nous ne fussions projetés dans un canal, à l'un ou l'autre des brusques tournants que nos hommes ne manquaient jamais de franchir au pas de course. Nombre d'étalages en plein vent furent accrochés; nombre de paniers furent culbutés; mais leurs propriétaires se bornaient à les

relever, ou à les changer de place, en entendant les cris qui annonçaient notre approche. Le marché au poisson exhale une odeur
repoussante, qui se répand à des centaines de mètres de distance;
je m'étonne que les habitants n'aient pas même l'air de s'en apercevoir.

Nous sommes, cependant, arrivés sains et saufs à la forteresse et,
ayant traversé le premier fossé sur un pont de pierre, nous avons
trouvé, de l'autre côté, un corps de garde où l'on hésita, un certain
temps, à nous laisser passer. Le château, dernier refuge du Taïcoun,
est bâti sur le plan de tous les autres *yashgis* que nous avons déjà
vus; mais il est beaucoup plus fort, étant fait d'énormes pierres. On
ne s'explique pas que le travail humain ait pu transporter, sur cette
éminence, des blocs dont quelques-uns ont 12 mètres de long sur
6 de large. Nous avons franchi les trois fossés et les trois enceintes;
celles-ci, remplies de casernes et de soldats. Au centre, il y a un puits
et une petite tour carrée : derniers vestiges de la résidence person-
nelle du Taïcoun, qu'un incendie a détruite. La vue du haut de
cette tour, sur la ville et sur la campagne, est très-belle. On y aperçoit les cours d'eau sans nombre qui sortent des montagnes et qui
coulent dans l'Odawara, sur les bords duquel Osaka est située.
Ce fleuve lui-même se voit jusqu'à la baie, et dans le lointain on
distingue les montagnes de la Mer intérieure.

La Monnaie impériale, que nous avons vue ensuite, est un vaste
et bel édifice à l'intérieur duquel règne, actuellement, une grande
activité, en raison du retrait de toute la vieille monnaie et de son
remplacement : double mesure décrétée par le gouvernement. La
vieille monnaie se compose d'*obangs* et de *shobangs*, longs, minces
et de forme ovale, valant depuis 10 francs jusqu'à 450 francs ; d'*it-
chibouts* rectangulaires, en argent ; et de pièces de cuivre, ovales,
avec un trou au milieu. La nouvelle se fabrique sur le modèle
européen ; elle est marquée en caractères anglais et porte des em-
blèmes japonais, tels que le phénix et le dragon. Quant aux procédés de fabrication, ils sont identiques à ceux de Londres.

Osaka a été, pendant longtemps, le grand entrepôt du commerce
intérieur ; elle était regardée comme la «perle» des villes du Japon.

Lorsqu'après la révolution, un hôtel des Monnaies y eut été construit, on songea à en faire la capitale de l'empire ; mais l'idée fut abandonnée, bien qu'il soit incommode et onéreux, pour le gouvernement, d'être aussi éloigné d'un établissement avec lequel le Trésor public a des rapports constants, surtout en temps de fonte et de refonte du numéraire. Maintenant, il n'y a presque plus de commerce à Osaka, vu la difficulté qu'éprouvent les gros navires européens à mouiller près de la ville et les dangers que présente le passage de la barre. Les consuls et les ministres étrangers ont, de leur côté, quitté la place, préférant la nouvelle résidence de Kobé où ils sont plus en sûreté, puisque les bâtiments de guerre peuvent jeter l'ancre sous leurs fenêtres.

Il nous restait juste assez de temps pour circuler dans les vieilles rues et pour entrer dans quelques boutiques, avant l'heure du train. Osaka est renommée pour ses figures de cire et pour ses théâtres dont cinq, soit dit en passant, ont été complétement brûlés durant les dix-huit derniers mois, en même temps qu'un grand nombre de spectateurs. Tout récemment, nous a-t-on raconté, un directeur s'est avisé de représenter sur la scène, la mort d'un officier français de la marine marchande et de deux hommes, lâchement et cruellement assassinés. Les consuls d'Angleterre et de France protestèrent auprès du gouverneur, qui promit d'interdire la représentation et de faire enlever les affiches. Mais ses ordres ne furent pas obéis ; car, le lendemain, on rejouait la pièce et les affiches restaient en place. Alors, des matelots français qui les virent, voulurent les arracher ; leurs officiers, qui heureusement les accompagnaient, s'employèrent à les contenir ; on télégraphia aux consuls, qui accoururent immédiatement et retournèrent chez le gouverneur. Cette fois, ce fonctionnaire envoya des soldats enlever les affiches et occuper le théâtre, et l'incident n'eut pas de suites.

Nous étions de retour à Kobé vers sept heures.

Samedi, 10 *février*. — Nous devions aller ce matin à Arrima, village situé dans la montagne, au milieu de plantations de bambous ; on y trouve des sources minérales et des bains chauds, où les gens se baignent à la mode d'autrefois. Le temps était si mauvais que nous avons renoncé à cette excursion. Notre journée s'est donc passée tout simplement entre Kobé et Hiogo. Les enfants ont été acheter des jouets ; moi, je suis allée revoir le temple aux singes et au cheval blanc. Nous avons fait aussi une nouvelle tournée chez les marchands de bric à brac. Tous ont des choses curieuses à montrer, et il y en a quelques-uns qui sont à la tête de vrais musées. Mais il est difficile d'obtenir qu'ils exhibent leurs raretés, à moins qu'on ne soit accompagné d'une personne de la ville ou de leur connaissance. Dans ce cas, ils vous introduisent dans leur arrière-boutique ; puis, d'une armoire à l'épreuve du feu, ils extraient tout un tas de petites boîtes baroques et de sacs mystérieux, contenant les curiosités qu'ils sont chargés de vendre ou qu'ils ont achetées. Lorsqu'on désire avoir des objets bien faits et vraiment japonais, il est absolument inutile de les chercher dans les grands magasins ; là, on ne trouve que des articles spécialement fabriqués pour les marchés européen et américain.

Je suis heureuse d'entendre dire que le docteur Dresser est ici, faisant des conférences et des lectures pour rattacher les Japonais aux traditions artistiques qui leur sont propres et dont ils tendent à s'écarter. Il est certain que l'art est en décadence dans le pays, et que les vieilles choses y sont bien supérieures aux nouvelles. Un véritable artiste japonais ne se répète pas ; il ne fait donc jamais une *paire* de quoi que ce soit. Ses dessins s'harmonisent, généralement ; ses vases se ressemblent, plus ou moins ; mais ils ne sont jamais identiques l'un à l'autre. Il suit sa fantaisie, jette un bouquet ici, met un oiseau par là, plante, sème des fleurs plus loin, sans se demander si ces dessins occupent la même place que sur l'objet qu'il vient d'achever. Aujourd'hui, tout se fait par paires, sinon par douzaines et par centaines.

Il y a de très-beaux *bantams* à Hiogo ; mais on ne peut pas les acheter, parce qu'ils appartiennent à des particuliers. Un, que j'ai vu tout à l'heure, avait la tête derrière la queue, en ce sens que celle-ci se partageait de façon à venir retomber de chaque côté du cou. L'effet était extraordinaire, et je ne m'explique pas comment la pauvre bête peut respirer, boire et manger. Les petits chiens japonais pullulent, mais on ne les voit pas à leur avantage par le temps froid, et il serait bien difficile d'en ramener en Angleterre.

J'ai acheté à Yokohama de très-beaux *bantams*, et une pleine cage de *rice-birds* [1]. Ce sont de ravissantes petites créatures, ressemblant à un gros grain de riz, amplifié, muni d'un bec et de pattes. Elles passent leur temps à se baigner et à gazouiller ; quelquefois j'aperçois leurs vingt-cinq petites têtes sortant du même nid. Comme elles ont bien supporté le froid jusqu'à présent, j'espère qu'elles pourront faire la traversée. Nous avons aussi à bord des *canards-mandarins* [2], des poissons à deux queues, dorés [3] et argentés, enfin les oiseaux de l'équipage. Il y en a bien une centaine ; mais ils ne paraissent sur le pont que les jours de beau soleil et je me demande où nos matelots peuvent les nicher, s'ils ne les logent pas dans leurs cabinets japonais.

Dimanche, 11 *février.* — Deux officiers japonais se sont présentés à bord, ce matin, porteurs d'un message auquel personne n'a rien compris. Toutefois, en voyant les autres bâtiments pavoisés, nous avons deviné qu'ils venaient nous prier de faire de même, et Tom s'est rendu sur le *Thabor*, navire de leur nation, pour emprunter un pavillon. Tout était sens dessus dessous, à bord. On vient de recevoir, de Kiusiu, la nouvelle que les rebelles ont réuni des forces imposantes et qu'ils se sont emparés de plusieurs navires. Lê *Thabor*, le *Mihu Maru* et trois autres bâtiments vont partir pour Nangasaki.

L'amiral japonais et quelques-uns de ses capitaines sont venus nous voir dans l'après-midi. Nous avons reçu également l'amiral français et son état-major. Des visites d'adieu, au cours desquelles nous avons vu une très-belle collection de porcelaines de Satsuma, ont achevé de remplir notre journée.

1. Moineau de Java. *Loxia oryzivora.* (*Insessores.*)
2. L'Aix mandarin.
3. *Cyprinus auratus.*

CHAPITRE VINGT ET UNIÈME

Lundi, 12 *février.* — Les feux ont été allumés à quatre heures, et, deux heures plus tard, nous sortions lentement de la belle baie de Kobé, à la vapeur. Le temps était clair, mais très-froid, et la brise, qui nous était contraire, devint peu à peu si forte, qu'une fois dans le détroit d'Akashi, le yacht avançait à peine. Il n'y avait pas beaucoup de mer ; mais le vent suffisait à entraver notre marche, au point que nous ne filions qu'un nœud, après en avoir fait neuf en partant. Après avoir lutté pendant plusieurs heures, tant dans le détroit que dans l'Harima Nada, Tom s'est décidé à rebrousser chemin, et nous nous sommes bientôt retrouvés à l'ancre devant Kobé. Ce retour n'a pas été sans présenter de grandes difficultés de manœuvre ; avec le vent et le courant, on avait de la peine à gouverner le yacht, au milieu des nombreux navires au mouillage. Une fois, Tom a cru que nous étions échoués, car nous n'avancions pas et la machine tournait à toute vitesse.

Nous avons profité de ce retour forcé pour aller voir une petite cataracte, à mi-chemin du Temple de la Lune. Le sol était couvert de neige en maint endroit ; l'eau était gelée sur les bords ; des glaçons, longs de 2 mètres, pendaient le long de la cascade. Néanmoins, de chaque côté, on rencontrait des camélias et des arbres à thé, couverts de fleurs rouges et blanches, des orangers chargés de fruits ; des *fougères-capillaires*, des fougères de serre, des *ptérides*, à côté de bambous, de palmiers et de *ricins.* L'ordre de la végétation semble être renversé, comme beaucoup d'autres choses, dans cet étrange pays. En Angleterre, ces plantes exige-raient des serres, ou au moins des abris ; ici, elles bravent la gelée et la neige.

Mardi, 13 février. — Le vent est tombé au coucher du soleil et la nuit a été calme. Tom a donc fait allumer les feux à quatre heures, dans l'intention de partir. Mais la brise a repris bientôt, avec toute sa violence d'hier, en sorte qu'au lieu de lever l'ancre, nous sommes allés au village d'Arrima.

Le froid était intense et les pauvres gens de nos *jinrikishas* grelottaient, en nous attendant près de leurs voitures. Mais, dès que nous fûmes en route, ils nous menèrent d'un tel train qu'à la première halte ils enlevaient leurs vêtements, pendant que, nous, nous parvenions, difficilement, à ne pas trembler dans nos fourrures. Nous leur laissâmes le temps de prendre leur thé chaud et leur bol de riz; par la même occasion, ils renouvelèrent leurs sandales de paille, au prix de deux centimes la paire.

C'est aujourd'hui le premier jour de l'an, au Japon. Les autels des maisons et ceux le long de la route sont décorés; dessus, sont déposées des offrandes de riz et de *saki*, destinées aux âmes des trépassés qui passent pour revenir ce jour-là et qui sont censées se nourrir non pas de la substance, mais de l'essence de ces présents. Le chemin que nous avons suivi est très-joli; il longe les vallées, contourne des collines et passe auprès de villages dont les habitants, laissant là leurs repas ou leurs jeux, se précipitaient pour nous regarder. J'ai vu des enfants courir, devant nous, à toutes jambes, pour se ménager un bon poste d'observation; d'autres s'enfuyaient en criant, comme effrayés par notre approche. Le vêtement bleu foncé, bordé de rouge, avec des fleurs dans les cheveux, dominait dans tout ce monde. Des perruques de poupées, que je me suis procurées, reproduisent très-exactement les différents genres de coiffure.

Nous fûmes à Arrima au bout de trois heures. C'est un village situé au cœur des montagnes, au point de convergence d'une douzaine de vallées, dans une situation merveilleuse. D'un côté, il y a des sources minérales; de l'autre, une rivière; autour, de magnifiques bambous. Les habitants des différentes vallées gagnent leur vie en fabricant toutes sortes d'ouvrages avec ce bois : des boîtes, des paniers, grands et petits, grossiers et fins, unis ou peints

des brosses, des tuyaux de pipes, des cannes, des raquettes, des
volants, des cuillers, des fourchettes, des lampes, des berceaux, etc.
Après avoir parcouru les rues et admiré la vue dont on jouit
du pont qui traverse la rivière, nous sommes entrés dans une
maison à thé, tenue par un bonze. Il parut charmé de nous voir
et nous accabla de salutations et de poignées de main. Sa maison
est jolie, propre, bien tenue, avec un charmant petit jardin orné
de temples lilliputiens et de ponts de glace que la gelée, plus que
la main de l'homme, s'est chargée d'installer. Quelques morceaux
de bois et de pierre habilement disposés, quelques feuilles de
fougère, gracieusement arrangées, et un petit filet d'eau, produisaient des effets de palais de cristal, dignes d'un pays de fées. Si
seulement l'une d'elles, d'un coup de sa baguette, pouvait prolonger
la durée de tout cela, quel ravissant tableau on aurait cet été! Le
panier contenant nos provisions de bouche fut ouvert, et le brave
prêtre prit la peine de réchauffer lui-même notre *luncheon*. Il avait
une bouteille de vin de Porto, qu'il déboucha en notre honneur.
C'était un excellent homme, courtois, complaisant au possible; et
s'il fut ravi du petit souvenir que nous lui donnâmes, nous avons
trouvé, nous, que cette rémunération de ses peines nous laissait
encore ses obligés.

Nous avons vu les bains publics : deux réservoirs oblongs où
tombe l'eau minérale, jaune, épaisse, chargée de fer, à une température de 44°. Ils sont couverts, et une sorte de galerie en fait le
tour. On dit que, dans la belle saison, les gens du pays s'em-
pilent comme des harengs dans cette piscine, sans distinction de
sexe, pendant que ceux qui attendent leur tour, les regardent
du dehors. Aujourd'hui il n'y avait que deux baigneurs, plongés
dans l'eau jusqu'au menton. Comme ils avaient laissé leurs vêtements chez eux, ils auront traversé les rues tout nus, malgré le
froid.

L'heure commençait à avancer. Après avoir visité les principales
boutiques d'ouvrages en bambou, nous avons appelé nos hommes
qui prenaient leurs repas dans une maison de thé. Chacun avait
devant lui sa petite table, sa pipe, son *hibatchi*, et huit à dix plats

séparés; plats peu appétissants, sans doute, mais propres et bien
apprêtés. Nous n'avons pas été mieux servis à notre dîner de
Yokohama. Avec quelle dextérité ils maniaient leurs bâtonnets,
et comme tous leurs ustensiles restaient nets, après avoir fait leur
office!

Partis à quatre heures d'Arrima, nous étions, vers sept heures,
à l'hôtel, d'où nous sommes retournés sur le yacht, à l'issue d'un
excellent dîner.

Arrima.

Mercredi, 14 *février*. — Les feux ont encore été allumés de grand
matin; mais avant même que nous ayons de la vapeur, le vent
s'est levé et notre départ a été ajourné à ce soir. Dans cette prévision, nous sommes allés nous amarrer sur une bouée, en dehors
des navires, de façon à prendre le large plus facilement. Le vent
tombe généralement avec le jour; Tom espère qu'en choisissant
cet instant pour partir, nous aurons franchi la plus mauvaise partie
de la Mer intérieure, avant que la brise revienne avec le lever du
soleil.

Après le premier déjeuner, nous sommes descendus à terre,
pour nous disperser aussitôt, un peu de tous côtés. Notre petit
monde a été voir un cirque. J'ai fait, moi, une promenade, autour

de la ville, dans une voiture attelée de deux poneys d'Hakodadi, et j'ai rejoint les enfants, comme ils sortaient de leur séance, dont ils paraissaient enchantés. Mabelle, le consul et moi, nous avons pris, alors, des *jinrikishas* pour nous conduire dans Hiogo, à un théâtre japonais. Les rues étaient remplies de gens en fête : car, si la journée d'hier était « le premier de l'an » des Japonais, celle d'aujourd'hui est « le premier de l'an » des Chinois. Au théâtre, même affluence; les spectateurs s'asseoient sur leurs talons, avec leur boîte de *chow-chow*[1] auprès d'eux et leur *hibatchi* pour se chauffer. La représentation dure quelquefois dix ou douze heures, coupées de courts entr'actes; et des familles entières, soucieuses de n'en rien perdre, s'établissent dans la salle pour la journée. Autant que j'en ai pu juger, les acteurs ne sont pas mauvais; ils ont, dans tous les cas, de magnifiques costumes.

En revenant au consulat, nous y avons trouvé le chef de la police de la colonie étrangère, qui venait prévenir que des patrouilles de soldats japonais parcouraient les rues, la baïonnette au canon. Le gouverneur a été informé qu'un parti de rebelles occupait les hauteurs derrière la ville, et il a requis le concours des navires de guerre pour protéger les habitants. On ne croit pas, pourtant, qu'il y ait d'attaque ici. Le plan des insurgés paraît être de se rapprocher d'Osaka, où l'on attend le Mikado, pour s'emparer, du même coup, de sa personne et du trésor.

A mon retour sur le *Sunbeam*, on était prêt à prendre la mer; mais le vent nous a encore contraints à ajourner le départ à demain matin. Nous roulons beaucoup. En passant dans le couloir qui longe la chambre des machines, j'ai fait un faux pas; mon pouce s'est pris dans une porte qui battait, et je ne l'ai retiré qu'affreusement écrasé. Le pansement a été douloureux, parce qu'il a fallu que le docteur s'assurât qu'il n'y avait rien de brisé; je me suis évanouie durant l'opération. On m'a enfin mis dans mon lit, et une forte dose de chloral a fait diversion à la douleur.

---

1. Substance que les Japonais mettent dans leur bouche, comme on fait parfois du tabac.

Jeudi, 15 *février*. — Je crois qu'il faut avoir passé par là, pour pouvoir mesurer le saisissement et l'angoisse qu'on éprouve, en sortant d'un sommeil profond, et en voyant autour de soi une fumée épaisse, du milieu de laquelle surgit le cri « au feu ! »

Le feu à bord.

A deux heures et demie du matin, j'ai été réveillée de cette façon. M. Bingham nous criait de nous lever ; des bouffées de fumée sortaient de chaque côté de l'escalier qui conduit aux cabines ; j'étais si accablée par le chloral et par mon mal, qu'il me fallut quelques instants pour me rendre compte de ce qui se passait. Ma première pensée fut pour les enfants, mais on avait déjà songé à eux. Ils étaient sous le rouf, enveloppés dans des couvertures et à l'abri de tout danger, du moins immédiat. Pendant ce temps, M. Bingham jetait de l'eau tant qu'il pouvait, et Tom donnait l'ordre de visser le tuyau sur la pompe. On craignait d'ouvrir quoi que ce fût, pour voir où était le feu, de peur de créer un courant d'air qui aurait fait jaillir les flammes. Mais dès qu'Allen parut avec l' « extincteur » sur son dos, et un matelot avec le tuyau, on eut vite reconnu que c'était par le logement de M. Bingham qu'il fallait attaquer l'incendie et on réussit assez rapidement à l'éteindre. Je passe sur les détails de cette dernière partie de l'incident; mais je dois signaler les services exceptionnels qu'a rendus l'extincteur. C'est une invention précieuse, particulièrement à bord d'un yacht, où il y a tant de coins et de recoins qu'il serait impossible d'atteindre avec les moyens ordinaires.

Un feu trop fort dans la chambre des enfants est là cause de l'événement. La cloison, près de la cheminée, s'est échauffée; le bois s'est carbonisé lentement, et il y avait déjà plusieurs heures que l'incendie couvait, en se propageant, quand la nourrice s'est réveillée et a donné l'alarme. Les enfants ont été d'un calme surprenant. Lorsque le docteur a pris les deux plus petits sous ses bras pour les emporter sous le rouf, ils n'ont ni pleuré, ni crié, et quand je suis allée les voir, Muriel m'a dit: «Maman, s'il y a le feu à bord, est-ce qu'il ne vaudrait pas mieux qu'Emma nous menât à terre, *baby* et moi, pour que nous ne gênions pas? Nous mettrions nos ulsters, afin de n'avoir pas froid dans le canot.» C'est la troisième fois dans leur jeune existence, qu'on les emporte, la nuit, à cause d'un incendie, si bien que j'imagine qu'ils commencent à s'y habituer.

A trois heures et demie tout danger était écarté, et à quatre heures nous quittions Kobé. Le vent était encore fort dans le détroit d'Akaski, mais moins que précédemment. Il faisait froid; dans un lieu abrité, le thermomètre marquait 1° au-dessus de zéro; la brise qui, soufflait des montagnes, coupait comme un couteau. Nous sommes tous d'accord pour trouver que la vue des côtes a trompé notre attente. Pas de végétation sur le flanc des collines; rien que des versants arides et déserts. Toutefois, les contours des chaînes des montagnes sont vraiment beaux, et leur ensemble ne manque pas d'une réelle grandeur.

Après avoir franchi le détroit, nous avons traversé l'Harrima Nada, — partie un peu plus large de la Mer intérieure; ensuite, nous nous sommes engagés dans le dédale des îles et des canaux. Comme il y en a trois mille, on comprend la difficulté qu'offre la navigation de ces parages. Les courants et les marées sont forts; les roches sous-marines abondent; le marin doit être constamment sur ses gardes. Tout le monde, à Yokohama, avait engagé Tom à prendre un pilote.

Nous avons vu, dans la journée, l'île de Yoken San, avec son pic de neige au fond, et un joli petit village au premier plan. Le yacht a passé entre Oki Sama et Le Sama, gouvernant droit sur la petite île pointue d'Odutsi ; une fois le feu de Nabae Sinaon Yo Sina reconnu, il a fait divers coudes pour éviter deux récifs au large de Siyako et d'Usi Suria, et a atteint ainsi la passe Saint-Vincent. Un

Yoken-San ou Montagne-Sacrée. (Mer intérieure.)

nouveau détour lui a fait éviter le banc du Conqueror, et à huit heures et demie il jetait l'ancre à Imo Ura, dans l'Hurusima. Tom était sur le pont depuis cinq heures du matin et nous nous ressentions tous, plus ou moins, des émotions de la dernière nuit.

Vendredi, 13 *février*. — Nouveau départ à quatre heures du matin. Le temps est un peu moins froid et la côte beaucoup plus belle. Nous avons encore eu un commencement d'incendie, toujours parce qu'on fait trop de feu dans les cheminées. Cette fois, c'est le plafond du magasin aux provisions qui a souffert, en raison de son contact avec un foyer qu'on avait laissé rougir. Des caisses de conserves ont été brûlées ; mais le mal a été promptement découvert et rapidement enrayé.

Samedi, 17 février. — Le yacht a mouillé à trois heures du matin près du phare d'Isaki, attendant le jour pour s'engager dans le détroit de Simonoseki. Quand nous avons remis en route, le vent avait fraîchi ; si bien qu'une fois devant la ville qui donne son nom au détroit, nous avons jeté l'ancre près de deux navires de guerre, partis avant nous de Kobé mais retenus maintenant comme le *Sunbeam*, et pour la même raison.

Simonoseki n'étant pas un port ouvert au commerce européen,

L'Hurusima (Mer intérieure.)

grande fut notre surprise de voir, mouillé auprès de nous, un bâtiment de la Nouvelle-Écosse, appelé la *Mary Fraser*. Nous allâmes dans un canot, demander au capitaine s'il croyait qu'on pût communiquer avec la terre et s'y procurer des provisions ; il s'offrit à nous accompagner et à nous servir d'interprète. Une foule énorme nous entoura dès que nous eûmes débarqué, et nous accompagna partout où nous allions. Entrions-nous dans une boutique, elle nous attendait dehors ; disparaissions-nous dans le fond d'un magasin, elle s'approchait de la porte pour mieux nous voir. Quelquefois même, la curiosité la poussait jusque dans l'intérieur de la maison ; et comme un Japonais n'entre jamais nulle part sans ôter ses chaussures, d'amusantes mêlées se produisaient lorsqu'il fallait retrouver son bien au milieu de deux ou trois cents paires de sabots abandonnées à l'extérieur, avec la préoccupation de ne pas perdre notre piste. Je crois que le grand succès de la journée a été pour Muriel et pour moi. On ne cessait de nous regarder, et depuis on m'a dit que c'était la première fois qu'une Européenne paraissait à Simonoseki. Ainsi que je l'ai dit, ce port n'est pas compris dans les traités, et, à l'exception des bâtiments de guerre, aucun navire ne peut communiquer avec la ville, sans une permission spéciale qu'on accorde difficilement; le seul résident européen est l'employé de la ligne télégraphique, qui traverse le détroit un peu plus haut. Simonoseki est la clef de la Mer intérieure; des forts en défendent l'entrée, et nous avons vu beaucoup de soldats patrouillant dans les rues pleines de boue et de neige, ou retournant aux temples qui servent de casernes. Autrement, la ville ressemble à toutes celles que nous avons déjà visitées.

Nous avons regagné notre embarcation, toujours suivis de la même foule. Mon manteau en *sealskin* et ma robe de serge excitaient une telle curiosité que je sentais, à tout instant, des mains frôler doucement mon dos. A bord, des officiers sont venus nous dire qu'aux termes des traités, nous ne pouvions rien acheter qu'avec leur permission et par leur intermédiaire. Nous nous sommes empressés d'accepter cet arrangement, et nous leur avons fait les honneurs du yacht, pour les dédommager de leur peine.

Lundi, 19 *février*. — Il a fait une véritable tempête de neige hier; impossible de songer à se mettre en route. Ce matin, le vent soufflait plus fort encore; et, comme nous n'avons pas de temps à perdre, Tom s'est décidé à rebrousser chemin pour prendre le chenal de Bungo, entre les îles Sikok et Kiusiu, évitant ainsi le détroit de Simonoseki où nous aurions eu vent debout. Nous voici pour deux jours, à l'abri de Kiusiu et des îles Linschoten et Loutchou, ce qui nous assure un peu de calme. En outre, gouvernant au sud, nous échapperons bientôt à cet horrible temps.

Le seul mauvais côté de ce plan est qu'il nous fait perdre l'occasion de voir Nangasaki. Par elle-même, cette ville n'a rien de bien

.curieux; mais elle occupe une position charmante, et elle évoque tant de souvenirs historiques[1] que j'eusse aimé à m'y arrêter. Notre nouvelle route nous écarte aussi de Shanghaï (ou Changhaï). Tom en est contrarié parce qu'il aurait été curieux de causer avec les négociants de ce port, qui a une importance commerciale considérable. J'avoue que je le regrette moins. Il fait très-froid à Shanghaï dans cette saison; et j'ai hâte de me trouver sous des latitudes plus chaudes, où j'aurai chance de ne plus tousser. Ce soir, au coucher du soleil, nous débouchions dans le Pacifique avec beau temps, belle mer et jolie brise.

Mardi, 20 *février.* — Le thermomètre a déjà monté de 20 degrés. Il faut voir tout le monde accourir sur le pont, pour se chauffer au soleil. Hommes, enfants, oiseaux, animaux, c'est à qui aura sa part de cette bienfaisante chaleur. Une des oies d'Hawaii est morte; je le regrette d'autant plus qu'il n'est pas possible de la remplacer, et que c'était la première qu'on eût jamais exportée. Le petit cochon de l'île de la Harpe va bien. Il est resté blotti dans une boîte pleine de paille, pendant toute la durée de notre séjour dans le Nord; mais on prétend que le froid a arrêté sa croissance.

Nous n'avons fait qu'apercevoir des îles toute la journée; il y en avait parfois six ou sept en vue, au même moment. La plupart sont des volcans éteints; quelques-unes renferment des cratères en pleine activité, comme l'attestaient les flocons de fumée que nous voyions sortir de leurs sommets coniques. Le vent est complétement tombé; depuis ce matin nous naviguons à la vapeur.

Mercredi, 21 *février.* — Continuation du calme; mais, en revanche, ciel bleu, soleil brillant, atmosphère chaude. Nous avons dépassé, pendant la nuit, Suwa-Sima, Akuisi-Sima et Yoko-Sima. Vers le soir, la brise s'est levée; on a éteint les feux, largué les voiles et nous filons maintenant dix nœuds, sur une mer tranquille.

---

1. Nangasaki a été, pendant longtemps, le seul port du Japon ouvert aux Européens, aux Hollandais tout particulièrement. Des massacres de chrétiens y ont eu lieu, à diverses reprises.

Jeudi, 22 février. — La brise s'est soutenue la nuit et une grande partie de la journée. A midi nous avions fait 220 milles. Tout le monde a arboré ses vêtements d'été ; au ratatinement de nos personnes, causé par le froid des précédentes journées, succède une sorte d'épanouissement que chacun ressent avec délices.

Je ne conseillerai jamais d'aller voir le Japon durant l'hiver : d'abord, parce qu'on le voit mal, ensuite, parce qu'on y est si peu outillé contre le froid, en dedans et en dehors des maisons, que le voyage devient une vraie souffrance. Mais les amateurs curieux de connaître ce pays, feront bien de se hâter, car tout y change avec une étonnante rapidité. A moins d'un revirement du sentiment public, revirement aboutissant à faire fermer les ports aux étrangers plus strictement qu'ils ne l'étaient alors des premiers traités, on peut compter que, dans trois ans, il ne restera plus grand'chose, au Japon, qui n'ait le cachet européen. Une pareille réaction ne semble pas, du reste, impossible. Nous n'importons rien au Japon, dont les habitants aient réellement besoin ; leurs exportations sont peu considérables ; ils auront bientôt appris de nous tout ce que nous pouvons leur enseigner. J'ai vu bien des mécaniciens européens attachés à des bâtiments japonais ; tous déclarent que les gens du pays s'assimilent ce qu'on leur montre avec une surprenante facilité, et ils ajoutent qu'à leur avis il n'y aura pas, d'ici à quelques années, un seul étranger employé au Japon, parce que les Japonais n'auront plus besoin de ce concours. Il est à remarquer, en outre, que si le gouvernement accorde aujourd'hui des traitements élevés aux Européens qu'il appelle à son service, ces avantages sont limités à un nombre déterminé d'années. Qnand l'engagement est expiré et que les élèves ont appris à se passer du maître, celui-ci devient ce qu'il veut ou ce qu'il peut. Telles sont les considérations que j'ai entendu développer. L'opinion qui en découle n'est pas, du reste, celle de tout le monde, et l'impression contraire a rallié devant moi d'énergiques partisans. Toutefois, les renseignements que je viens de mentionner me portent à incliner du côté de la première.

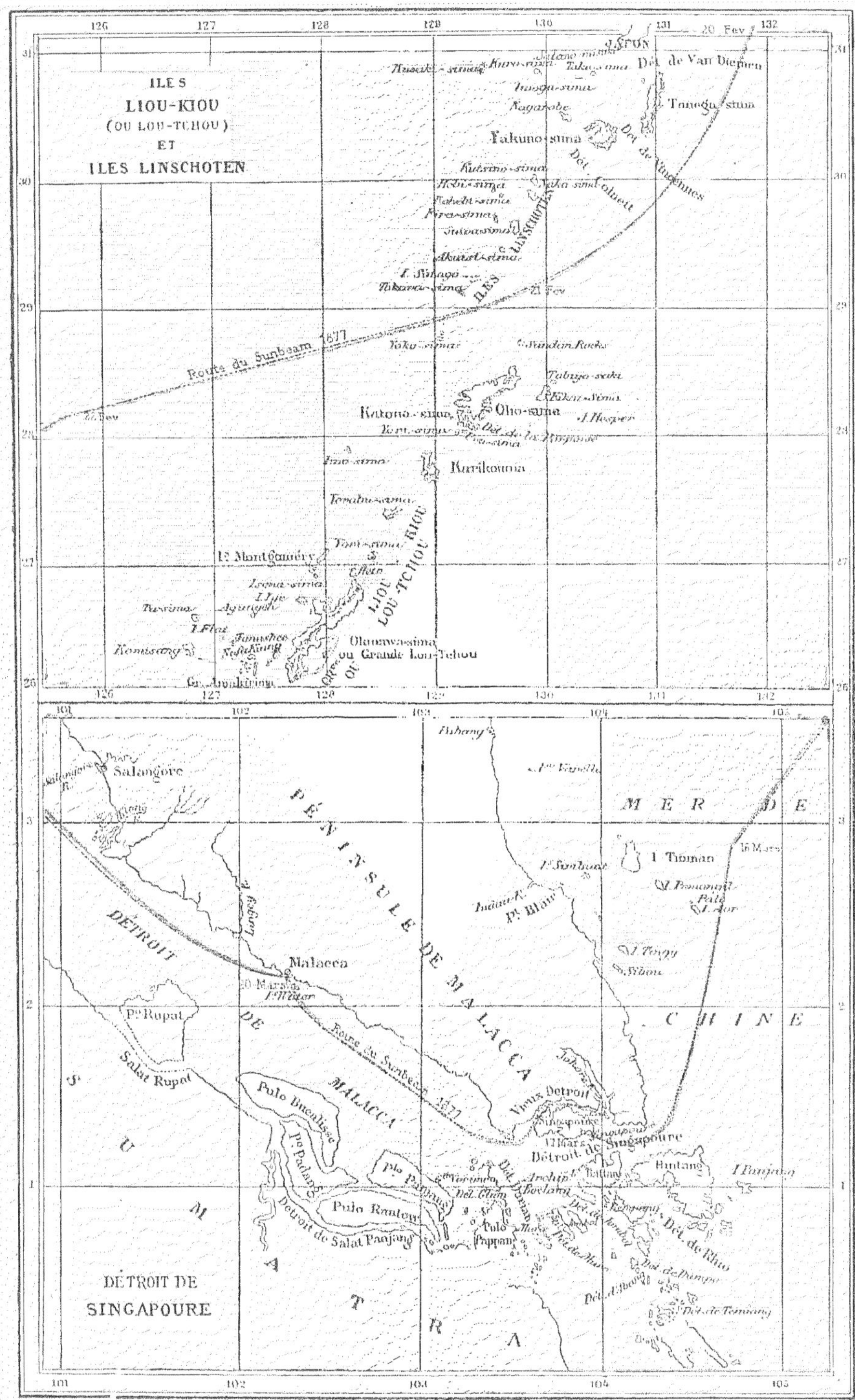

ILES
LIOU-KIOU
(OU LOU-TCHOU)
ET
ILES LINSCHOTEN
JAPON
20 Fév
Dét de Van Diemen
Tonegu-sima
Yakuno-sima
Dét de Vincennes
ILES LINSCHOTEN
21 Fév
Route du Sunbeam 1877
22 Fév
Sunden Rocks
Oho-sima
J. Hooper
Kakono-sima
Kurikouma
I. Montgomery
ILES LOU-TCHOU
Olauwa-sima
ou Grande Lou-Tchou
DÉTROIT DE
SINGAPOURE
PÉNINSULE DE MALACCA
MER DE
I Timoan
DÉTROIT DE
Malacca
20 Mars
CHINE
Pº Rupat
Salat Rupat
Route du Sunbeam 1877
Vieux Détroit
Dét. de Singapoure
17 Mars
Bintang
MALACCA
Pulo Brenhisse
Pº Padang
Pulo Raulou
Dét. de Rhio
Détroit de Salat Panjang
YVES & BARRET SC.
Typ. Ch. Unsinger
250 bis

Vendredi, 23 *février*. — Encore une belle journée : le vent est tombé dans l'après-midi, et le yacht a mis en marche à la vapeur. Un peu après sept heures, tandis que nous dînions, notre table a éprouvé, tout à coup, une forte secousse, suivie du bruit de la pluie tombant à torrents sur le pont. Un grain venait de fondre sur nous

Une invasion de Chinois, repoussée avec la pompe.

à l'improviste, et avait emporté les voiles hautes, avant qu'on eût eu la possibilité de les serrer. Ce fut le signal d'un changement de temps ; le vent se mit à souffler très-fort, et, même avec des ris dans notre voilure, nous filions de 10 à 12 nœuds.

Samedi, 24 *février*. — Nous avons presque navigué entre deux eaux aujourd'hui, car la mer n'a pas cessé d'embarquer : pas en grande quantité, il est vrai, mais suffisamment pour que tout fût humide sur le pont. A une heure et demie on a reconnu et relevé l'île d'Ockseu. Comme le soleil a négligé de se prêter aux observations astronomiques, et que les courants sont forts et variables dans cette région, ce relèvement vient à propos [1]. Pendant la nuit, le vent a un peu diminué; nous avons pourtant gardé une vitesse moyenne de 9 à 10 nœuds.

Dimanche, 25 *février*. — Grande amélioration dans le temps. A huit heures, nous avions fait 299 milles, depuis la veille à pareille heure. Nous avons croisé un steamer, un petit brick et plusieurs jonques chinoises. Vers midi, une jonque nous a fait des signaux et a détaché un petit bateau qui s'est approché du yacht. C'était un pilote qui venait offrir ses services, et il a paru visiblement désappointé quand nous les avons déclinés; mais Tom préfère piloter lui-même son navire. L'embarcation ne valait guère mieux que celle des habitants de la Terre-de-Feu et de la Patagonie.

La température est moins agréable, quoique nous soyons sous les tropiques; je suppose que cela tient à la mousson de nord-est. Ce soir, nous sommes tout près de la terre; on mouillera demain, de grand matin, devant Hong-kong.

Lundi, 26 *février*. — L'entrée de Hong-kong est difficile. La passe est longue, et si étroite en quelques endroits qu'on se croirait dans une gorge de montagne, avec des collines arides et rocailleuses de chaque côté; mais la combinaison de la couleur bleue de l'eau avec les teintes rouge, brune, jaune des collines est d'un très-bel effet.

Il y a toujours un grand nombre de navires au mouillage devant Victoria [2], sans parler des *sampans* et des jonques, et il faut beaucoup de prudence et de coup d'œil pour passer au milieu de cette

---

1. On conçoit facilement que la reconnaissance d'une terre marquée sur la carte, permette de fixer la position du bâtiment.

2. Hong-kong est, en réalité, une petite île sur laquelle s'élève la ville de Victoria. Mais celle-ci est le plus souvent désignée sous le nom de l'îlot qui la renferme.

forêt de coques et de mâts. Les jonques sont bien ce que j'ai vu de plus étrange, en fait de choses flottant sur l'eau. L'arrière est démesurément élevé ; les voiles, quelquefois en soie, bouffent comme une robe de bal ; le pont est tellement encombré de personnel et de matériel, qu'on ne comprend pas qu'aucune manœuvre y soit possible. Elles sont, du reste, plus pittoresques que les jonques japonaises, et tiennent beaucoup mieux la mer. Les *sampans* sont de longs bateaux, pointus aux deux extrémités et pourvus d'une petite tente ou bâche. Ils ont beaucoup de profondeur, à tel point que l'on peut ménager, dans le fond, une place pour le foyer, une autre pour l'autel, une troisième pour les enfants. Des familles entières passent leur existence là-dedans. Jamais je n'oublierai mon étonnement quand, un matin, de bonne heure, allant à terre dans une de ces barques, une main souleva ce que je croyais être le fond, et que j'aperçus trois ou quatre bambins, empilés comme des harengs, pendant que cinq ou six autres têtes apparaissaient sous les bancs. La mère rame généralement avec son dernier né suspendu derrière son dos, et un autre dans ses bras, qu'elle exerce déjà à manier l'aviron. Un enfant commence à ramer tout seul, lorsqu'il a environ deux ans. On attache une gourde au cou des garçons, dès qu'ils naissent, en guise de ceinture de sauvetage. Pour les filles, on prend moins de précaution, les Chinois trouvant avantageux d'en perdre une ou deux, de temps en temps. Il y a, dans les *sampans*, des êtres qui n'ont jamais posé le pied à terre : cette vie perpétuelle sur l'eau est un des traits les plus extraordinaires des mœurs du pays. En revanche, tout bâtiment qui arrive est assiégé par ces bateaux, et leurs hôtes grimpent sur le pont comme dans une ville conquise. Nous avons dû faire jouer une pompe, pour nous en délivrer.

Le quai où l'on débarque est magnifique ; il va d'un bout à l'autre de la ville. C'est là que sont situés la plupart des grands magasins, des maisons de commerce et des comptoirs. Les rues sont larges, bien alignées ; les maisons sont en pierre, avec des vérandas et des arcades ; on rencontre, à tout instant, des soldats et des matelots anglais ; sans les palanquins et les coolis chinois, on se croirait en Angleterre. Il est vrai que l'on est précisément, ici, dans l'une des dépendances de sa Couronne.

Nous voulions laisser le yacht ici et nous rendre, nous, à Canton ; mais il paraît qu'il n'y a pas un seul hôtel sortable dans cette ville, ce qui nous contrarie bien. Le *Sunbeam* a très-bon air, peint en blanc ; toutefois, cette couleur a l'inconvénient de se salir vite, et elle a grand besoin d'être renouvelée après tous les mauvais temps que nous avons eus. Or, cette opération ne peut guère se faire, tant que nous sommes à bord. Nous voici donc forcés d'emmener le yacht, faute d'être assurés d'un autre gîte ; et comme il cale trop d'eau pour naviguer sur la Perle[1], autrement qu'à marée haute, il nous faudra deux ou trois jours pour une traversée qui ne prend pas plus de trois heures aux bateaux à vapeur employés entre Hong-kong et Canton. Enfin, d'ici à notre départ, Tom trouvera peut-être moyen d'arranger tout cela.

Pour la première fois, j'ai entendu parler l'anglais qui se baragouine ici. Rien n'est comique comme de rencontrer dans la bouche de graves marchands, des expressions et des constructions de phrases qu'un bébé, mal éduqué, ne se permettrait pas. Ce charabia s'appelle « l'anglais des affaires » ; la plupart des Chinois de cette région le parlent couramment, et ne comprennent rien à l'anglais ordinaire. « *Take piecey mississy one piecey bag topside* », semble, pourtant, aussi difficile à comprendre que « *Take the lady's bag upstairs* » (portez le sac de Madame là-haut). Cependant, l'intellect des Chinois trouve l'un plus facile que l'autre.

L'Hôtel du Gouvernement occupe le haut de la colline, sur le versant de laquelle s'élève Hong-kong ; c'est un beau monument, d'où la vue domine un immense horizon, dans toutes les directions. Après avoir inscrit nos noms sur le registre du Gouverneur, nous sommes allés voir les courses ; elles se terminent aujourd'hui, après s'être succédé durant quatre jours, et l'on annonce, pour ce soir, un grand bal, qui en sera le couronnement. Marins, soldats, Chinois, Parsis, Juifs, voitures, chaises à porteurs et palanquins

---

1. Ou « rivière de Canton ».

se pressaient sur la route qui conduit à la petite vallée où l'on a établi la piste. La grande tribune a un aspect très-pittoresque, avec son toit en chaume, ses vérandas et ses stores ; l'intérieur, très-bien installé, contient les meilleurs siéges qu'on puisse souhaiter.

Les courses de Hong-kong sont un véritable événement ; on y vient de Canton, de Shanghaï, de Macao et de maint autre endroit. Tout le monde s'y connaît, et l'on paraît heureux d'avoir cette occasion de se revoir. Les petits poneys chinois sont bien drôles, courant comme des cerfs avec de grands cavaliers dont les jambes touchent le sol. Les chevaux australiens sont, aussi, très-intéressants. Mais l'incident le plus amusant est la course de poneys chinois, conduits par des enfants chinois : jamais écuyers ne seront mieux proportionnés à leurs montures, ou *vice versâ*.

Il restait encore un ou deux prix à courir, quand le soleil s'est couché ; en même temps, l'air devenait froid et le ciel prenait une teinte sombre[1]. Mes compagnons retournèrent, à pied, à la ville ; je pris, moi, une voiture conduite par un cocher indien et escortée d'un palefrenier chinois, pour me ramener au quai. Là, tous les bateliers se disputèrent l'honneur de me transporter à bord, et j'eus beaucoup de peine à m'en débarrasser, pour monter dans le *sampan* que je m'étais choisi. Ici, comme au Japon, il suffit de faire comprendre aux gens des barques qu'on va au « navire blanc » — c'est ainsi qu'ils appellent le yacht — pour qu'ils sachent la direction à prendre.

---

1. Les changements de température sont brusques, à Hong-kong.

CHAPITRE VINGT-DEUXIÈME

Mardi, 27 *février*. — Nous avons déjeuné avec Sir Arthur[1] et
Miss Kennedy, qui nous ont donné de curieux détails sur la
colonie. Elle existait à peine il y a trente ans, et c'est aujour-
d'hui un port florissant, percé de belles rues et rempli de
maisons et de jardins magnifiques. Le climat est bon ; l'état sanitaire des troupes et des habitants est, en général, satisfaisant.
Malheureusement, la ville est exposée aux typhons ; ils arrivent
soudainement, sans qu'on puisse les prévoir, surtout sans que l'on
puisse se préserver de leurs redoutables effets. Des milliers d'existences et des millions de livres sterling disparaissent dans ces ouragans. On nous a montré les traces du passage d'un typhon, sur-
venu dans le courant de 1874. Des colonnes de granit, des poteaux
en fer, des toitures en zinc ont été brisés ou enlevés par la seule
force du vent.

Le Gouverneur était sur le point de partir, et un groupe de Chinois est venu lui offrir une « ombrelle d'État », au nom de dix
mille habitants de cette nation, qui font partie de la population
de Hong-kong. C'est le plus grand honneur qu'on puisse faire à un
personnage. L'ombrelle arriva dans une boîte en camphre, accompagnée d'une adresse brodée en lettres d'or qu'on tira d'un coffret
en bois de sandal, richement sculpté. Les membres de la députa-
tion s'étaient fait précéder de leurs cartes de visite, écrites au vermillon, en anglais et en chinois ; ils furent introduits dans le grand
salon, mais Miss Kennedy et moi, nous ne pûmes assister à la

---

1. Gouverneur de Hong-kong.

remise de l'ombrelle que par une porte entre-bâillée. La présence de femmes à une cérémonie officielle est contraire, en effet, à l'étiquette chinoise.

Dans la journée, j'ai été me promener au haut du pic qui domine la ville, avec les enfants. La pente est si escarpée que, pour ménager mes forces un peu éprouvées ces temps-ci, je me suis fait porter en palanquin. Les enfants cueillaient des fleurs et des fougères. Les chiens, qui nous accompagnaient, se livraient à des

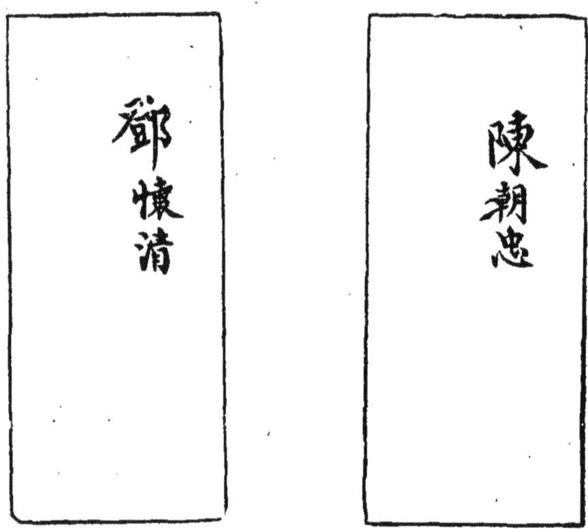

Cartes de visite chinoises.

courses folles ; c'est la première fois qu'ils descendent à terre ici, parce qu'on nous a prévenus qu'on les volait. Il y a, au haut du pic, un mât de signaux pour les communications avec les navires qui entrent au port ou qui en sortent. En revenant à bord, j'ai trouvé notre personnel grossi de deux petits Chinois. Ils doivent être employés à la cuisine [1] et à l'office, et paraissent pleins de bonne volonté ; reste à voir comment ils s'entendront avec les autres domestiques.

1. Les Chinois sont, généralement, d'excellents domestiques.

Mercredi, 28 *février*. — Une délégation de marchands chinois est venue, ce matin, demander à Tom de dîner avec eux, lui laissant le choix du jour. C'est, dit-on, de leur part, une prévenance exceptionnelle. Il paraît qu'ils ont été très-satisfaits de certaines remarques que Tom a faites hier en leur présence, dans le salon du Gouverneur, et qu'ils sont tous enthousiasmés à l'idée qu'il a eu la hardiesse de prendre sa famille avec lui sur un yacht, pour circuler autour du monde. Nous leur avons montré le *Sunbeam* en détail, et ils ont paru très-intéressés.

La partie chinoise de la ville est tout à fait séparée du quartier européen. Elle est sale et toujours encombrée, malgré les grandes rues qui la sillonnent; les maisons sont vastes, peintes en couleurs claires et portent toutes les noms et les enseignes de leurs propriétaires. Nous

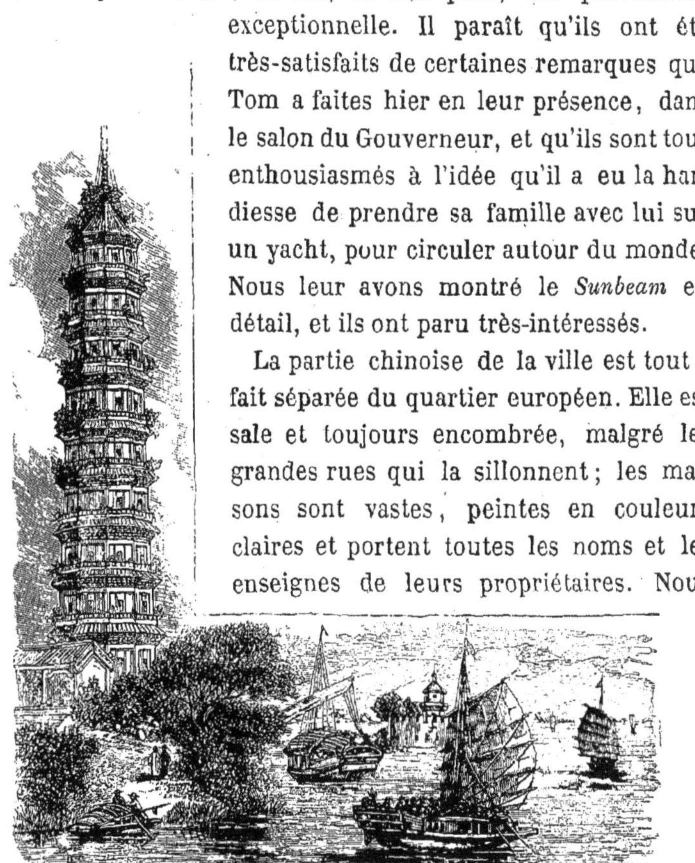

Pagode et bateaux chinois, a Canton.

sommes entrés au théâtre, qui était plein. Au parterre, les hommes et les femmes sont assis, pêle-mêle; mais dans les galeries, il y a des places distinctes pour chaque sexe. Le jeu des acteurs est tout à fait primitif; la musique, atrocement discordante. Quant à la pièce, on en jugera par ce détail : une colline escarpée que le héros et l'héroïne gravissaient péniblement, était représentée par cinq chaises de cuisine disposées sur trois tables que des hommes maintenaient, dans leurs vêtements de travail. Le fugitif et sa compagne étaient un général tartare et sa femme, échappés à l'ennemi après une grande bataille, qu'on répétait, par intervalles, avec beaucoup de bruit et d'animation. Quelques-uns des costumes sont très-beaux et valent de 800 à 1,000 francs.

En sortant du théâtre et pendant que nous regardions des bou-

Sur la Perle.

tiques chinoises, un homme a pris, dans ma poche, un billet de banque d'un dollar [1]. M. Freer et le docteur qui l'avaient vu, s'élancèrent à sa poursuite et parvinrent à l'attraper. Il protesta de son innocence, mais on trouva sur lui le billet volé. Ces messieurs le menacèrent de le conduire au poste, puis le laissèrent aller.

1. On ne peut même pas s'aventurer dans le quartier chinois, avec une ombrelle neuve ou un peu cossue sous le bras, sans courir le risque qu'elle vous soit enlevée par derrière. Souvent, on rencontre dans les rues une bande de Chinois suivie d'un *policeman* qui tient leurs longues queues de cheveux à la main, comme il ferait d'un attelage : ce sont des voleurs qu'on conduit en prison.

Jeudi, 1er mars. — Mars a débuté par une matinée superbe ; après s'être présenté comme le plus paisible des agneaux, le nouveau mois ne voudra pas, je l'espère, tourner au lion, tandis que nous serons dans le golfe du Bengale. Nous avons quitté le yacht de bonne heure, pour prendre le *Kin-Shan*, bateau à vapeur américain, calant peu d'eau, qui nous a menés à Canton. Il y avait, à bord, huit à neuf cents Chinois, parqués, comme des animaux, dans le fond du navire. Des sentinelles armées les surveillaient ; des pistolets et des fusils étaient accrochés aux cloisons du salon, à la disposition des passagers en cas d'alerte. Ces précautions sont nécessaires, à cause des pirates qui se glissent parfois dans les rangs des coolis, pour guetter l'occasion de s'emparer du navire. Il n'y a pas deux ans qu'un vapeur de la même Compagnie fut attaqué de cette façon ; le capitaine et plusieurs passagers furent tués ; le bâtiment fut jeté à la côte, aux environs de Macao. Notre voyage, à nous, s'est passé sans incident ; le capitaine est aimable ; le navire, propre et confortable. On a servi un excellent déjeuner et un *tiffin*[1] très-soigné, le tout pour quatre dollars par personne, y compris le vin, la bière et l'eau-de-vie *ad libitum.*

A part les forts de la Bogue où l'on aperçoit encore la trace des canons français et anglais, la traversée n'a rien de bien intéressant. Mais, à partir de Whampoa, qui est comme l'avant-port de Canton, les jonques et les *sampans* qui glissent entre les rives plates de la Perle, ou qui se balancent à l'envi, dans les criques adjacentes, donnent au tableau qu'on a devant soi une animation et une étrangeté sans pareilles. Que de voiles et de mâts ! Les bateaux de mandarins, surtout, sont si magnifiquement sculptés, si soigneusement peints, si richement décorés, qu'on dirait plutôt des objets d'ornement. Notre steamer nous débarqua, vers deux heures, sur une jetée en bois, au milieu d'une foule assourdissante ; nous commencions à nous demander que faire et où aller, dans cette ville où nous ne connaissions pas une âme, quand l'arrivée du vice-consul mit fin à notre embarras. Il nous apprit

—————————

1. Nom donné au *luncheon,* en Chine.

qu'à cause d'un bal, toutes les maisons étaient remplies et qu'aucune des personnes auxquelles il s'était adressé pour nous recevoir, ne pouvait nous loger. Nos débuts à Canton n'avaient donc rien d'encourageant ; mais nous comptions sur notre étoile pour nous tirer d'affaire.

Le quartier étranger, qu'on appelle Shameen, est très-bien tenu et très-coquet. Nous y sommes entrés par une promenade, ombragée de grands arbres et tapissée de gazon, le long de laquelle s'élèvent beaucoup de maisons de négociants, bâties en pierre et munies de larges vérandas. Elles sont adossées à des jardins potagers ; devant, sous les arbres, paissent des vaches. Il semble que les familles qui occupent ces intérieurs se fournissent elles-mêmes de légumes et de lait, et l'aspect général est celui d'un paysage anglais. Nous sommes allés d'abord chez le vice-consul ; de là, au *Hong* Jardine. Toutes les maisons de commerce gardent les noms de leurs premiers propriétaires, même quand elles ont passé en d'autres mains. Au *Hong* Deacon[1], nous avons rencontré d'anciens amis dont l'obligeance s'est employée à nous découvrir un gîte. Nous voici installés aussi bien que possible, dans une grande chambre, meublée à l'anglaise, avec une salle de bain à côté

Une promenade en chaise à porteurs a rempli notre après-midi. Tom refusait d'user de ce véhicule, mais il a fallu qu'il se résignât à l'accepter, tout le monde lui disant que la marche était impossible dans des rues aussi encombrées. Le faubourg de Shameen est entouré par un cours d'eau qu'on franchit sur deux ponts, fermés par deux portes de fer et gardés par des sentinelles. Il est interdit aux Chinois d'y passer, sauf à ceux employés par des Européens. Le contraste entre les deux côtés du pont est extraordinaire. D'un grand parc tranquille, peuplé de belles villas et de jolis jardins, on tombe dans un milieu malpropre, bruyant, puant, où le cœur se soulève de dégoût à chaque pas. Les personnes qui ont vu beaucoup de villes chinoises, prétendent que Canton est la plus propre de toutes ;

---

1. Jardine, Deacon : noms de grands négociants bien connus dans les mers de Chine.

je me demande alors ce que doit être la plus sale. Les quartiers éloignés, où les bouchers, les poissonniers, et les marchands en plein vent exposent leurs étalages de mets sans forme et sans nom, sont vraiment repoussants. Si pauvre que soit un Chinois, il lui faut plusieurs plats à son repas : des plats servis dans des bols, sur une petite table, et mangés avec des bâtonnets, comme au Japon. De là, le fractionnement du moindre poulet ou du plus petit poisson, en je ne sais combien de morceaux que l'on répartit entre les acheteurs.

Les forts de la Bogue.

Les habitants du Céleste-Empire sont très-friands de poisson ; ils s'ingénient à le propager, à l'élever, à le conserver. Mais ils ont le tort, quand ils le mangent, d'en jeter les débris dans la rue. Des gens circulent avec des paniers, suspendus à des perches de bambou posées sur leurs épaules, et s'arrêtent de distance en distance pour enlever ces rebuts. L'odeur est infecte ; j'éprouvai une sensation de bien-être quand nous avons quitté ce coin de la ville, pour gagner une autre partie de Canton, plus propre, plus saine et plus calme.

Deux chaises à porteurs peuvent difficilement se croiser dans les rues, tant celles-ci sont étroites. Les toits des maisons se rejoignent

presque, d'un côté à l'autre ; en outre, les habitants étendent souvent des nattes à une certaine hauteur au-dessus du sol, de façon
que la rue offre l'aspect d'un long couloir, éclairé par une demi-
lumière qui lui donne un aspect mystérieux. Chaque boutique porte
une planche sur laquelle le nom du marchand et la liste des objets
ou denrées que celui-ci débite, sont inscrits en lettres vermillon ;
l'effet de cette couleur, dans le clair-obscur du long passage, est
charmant. Nous avons vu des milliers de vases de porcelaine, des
services de table, des services à thé ; les uns très-beaux, d'autres,
en plus grand nombre, extrêmement communs. Chez un marchand
d'ivoire, on nous a montré un ouvrier occupé à sculpter sur une
dent d'éléphant, d'un côté une bataille, de l'autre une procession.
Ce travail est destiné à l'Exposition de Paris ; il a déjà pris quinze
mois et ne sera pas achevé avant un an.

Notre promenade s'est terminée par une visite au Temple des
Cinq cents Génies, où cinq cents figures en bois, toutes très-laides
quoique très-dorées, entourent, dans diverses poses, la statue d'un
Européen, en costume de marin, qui passe pour représenter Marco
Polo et qui est, dans tous les cas, l'objet d'une grande vénération,
sinon d'un culte. Je ne saurais dire avec quelle joie je me suis retrouvée dans la concession étrangère, libre de respirer et de voir
le ciel bleu !

Vendredi, 2 mars. — On nous a menés aujourd'hui dans divers
magasins, où l'on voit les choses les plus intéressantes. Le premier
est un grand établissement, où on loue des chaises à porteurs pour
les mariages. Il y en a de quatre catégories. Les plus ordinaires sont
déjà très-belles, avec leurs panneaux de laque et leurs ornements
en argent ; mais les plus riches constituent de vraies merveilles
d'art décoratif, et sont complétement recouvertes de plumes, d'un
bleu lustré, provenant d'une espèce particulière de martin-pê-
cheur. Leur forme est à peu près celle d'une pagode carrée ; aux
quatre coins, serpentent des groupes de figures. Ces étranges véhicules n'ont pas de fenêtre ; la fiancée est conduite à sa future demeure, enfermée dans ces boîtes ambulantes, avec des petits bâtons

parfumés brûlant devant elle. Il y a eu, récemment, deux affreux accidents. Le premier fut occasionné par la fumée du bâton : le trajet était un peu long; lorsque l'on arriva et que l'on ouvrit la caisse, on trouva la femme asphyxiée. Le second eut pour cause un incendie, dans une des étroites rues que l'on avait à traverser; les porteurs effrayés s'enfuirent, en laissant là leur chaise qui prit feu sans que la malheureuse qu'elle renfermait pût sortir.

Nous sommes entrés ensuite dans un atelier de brodeurs. Leur travail est parfait, et c'est vraiment dommage qu'on n'en envoie pas de meilleurs échantillons en Angleterre. La fabrication des objets en laque est aussi très-intéressante; il faut aller de maison en maison pour la suivre dans tous ses détails, depuis l'application des trois couches de vernis jusqu'à l'ornementation finale, car chaque atelier a sa spécialité. Nous avons vu tisser de la soie, mais le procédé est des plus primitifs. Un homme pousse la navette, pendant qu'un autre forme le dessin en sautant au haut du métier et soulevant un certain nombre de fils, de façon que l'instrument puisse passer dessous.

Visite au Temple de la Longévité, vaste temple bouddhiste, auquel est annexé un établissement monacal d'environ quatre-vingt dix prêtres. Il contient trois chapelles avec de grandes figures, mais n'offre rien de très-curieux. Au milieu du jardin, on rencontre un étang rempli de poissons rouges et d'argentines, de différentes espèces. Les Chinois excellent certainement à produire ce genre de poisson; on en trouve dans tous les intérieurs, et il y en a de toutes les couleurs — voire des rayés et des mouchetés — avec des queues dont le nombre varie de une à cinq.

C'est en dehors de ce temple que se tient le marché du jade. Les stalles sont simplement en bois, et les vendeurs ont l'air misérable. Néanmoins, le contenu de chacune de ces échoppes vaut de 12,000 à 25,000 francs, et on en compte des centaines, sans parler d'une rue où l'on n'aperçoit que du jade. Cette pierre est d'un travail très-difficile, et le résultat obtenu n'est pas toujours proportionné à l'effort. Aussi faut-il y voir plutôt un tour de force qu'une œuvre d'art. Pour une bonne pierre, d'un beau vert, on demande de 12,000 à 15,000 francs ; un collier de petites boules se vend 25,000 francs ; une paire de boutons de mandarin coûte 250 à 800 francs, selon la grosseur.

Non loin de ce marché, se trouve le Temple des Cinq Génies qui furent, au dire de la légende, les fondateurs de Canton. C'est un temple tartare, et les divinités qui en ornent l'intérieur sont représentées avec de longues barbes, — comme les Tartares, — ce qui leur donne un aspect particulier. Il est fréquenté par des femmes de toutes les classes ; les pauvres créatures, gênées dans leur marche par leurs pieds mutilés, s'aident mutuellement à monter les escaliers qui conduisent d'un sanctuaire à l'autre, ou s'appuient sur un bâton. Ce bâtiment a servi de quartier général aux forces alliées, pendant l'occupation de 1858-1861. Sa grosse cloche fut brisée par un boulet.

La Pagode des Fleurs, qu'on nous a également montrée, date de l'an 512 avant Jésus-Christ ; elle est dépouillée aujourd'hui de presque tous ses ornements. La Pagode Brillante, ainsi nommée parce qu'elle était autrefois couverte d'une couche de porcelaine blanche, n'est plus actuellement qu'une tour pointue, en briques, haute de neuf étages.

Ces diverses excursions ayant aiguisé notre appétit, nous les avons momentanément interrompues pour nous diriger vers le *yamun*. On peut voir, de ce côté, des prisonniers enchaînés, d'autres portant la cangue, d'autres enfermés dans des cages. Je me suis privée de ce triste spectacle et j'ai tenu, également, à ne pas faire connaissance avec l'endroit consacré aux exécutions capitales. Quelques-uns de nos amis qui y sont allés, disent que le spectacle en est horrible. Des crânes gisaient de tous côtés : un, entre autres, récemment détaché du tronc, reposait sur un sol encore humide et rouge.

En attendant que le *luncheon* fût prêt, on nous a promenés dans les salles et dans les cours, en dedans de la porte fortifiée ; et, à l'issue du repas — qui fut fort bien servi par des domestiques chinois, dans une charmante pièce décorée à la tartare — nous avons erré dans le parc, regardant les daims et admirant les *bantams*

de Nangasaki. Alors est venue l'heure de reprendre nos pérégrinations. Nous avons vu le temple du Bouddah endormi, où l'on
trouve une grande figure, grosse, grasse et penchée; ensuite, le
Temple des Horreurs, qui doit ce nom à une série de pièces bâties
autour d'une cour, dans lesquelles on voit représentés tous les
supplices de la foi bouddhiste, tels que l'immersion dans l'huile
bouillante, le découpage avec la scie, etc. Des diseurs de bonne
aventure, des vendeurs d'amulettes, des faiseurs de prières pour le
compte d'autrui, des mendiants, des gens exhibant toutes sortes de

Le Consulat de France, à Canton.

difformités se pressaient dans la cour. Ce lieu n'a rien d'agréable,
mais c'est un des spectacles caractéristiques de Canton.

Pour la première fois, nous avons vu l'hôtel. Quoiqu'il ait l'air
bien misérable, nous voulions nous y installer pour ne pas gêner
nos amis; mais tout le monde nous a dit qu'il n'y avait pas à y
songer. L'absence d'un établissement convenable pour les étrangers, rend le séjour de Canton difficile et incommode. Heureusement
qu'on y rencontre des Européens dont l'obligeance est inépui-
sable.

D'une petite colline où nous sommes montés pour respirer un peu d'air frais, l'œil embrasse toute la ville; mais le pays est trop plat pour que la vūe soit pittoresque. Les trois *yamuns*, avec leurs tours, leurs grands arbres, leurs drapeaux, et la rivière de la Perle de l'autre côté, sont les seules particularités qui rompent la monotonie du paysage. En descendant, après avoir passé près des *yamuns* du vice-roi de Canton, nous nous sommes arrêtés chez le Consul français. Sa résidence est peut être plus belle que celle du représentant anglais; les arbres, surtout, sont magnifiques. Nous avons été accueillis avec toute la courtoisie possible, et on nous a montré une superbe collection de broderies et de porcelaines. Mais notre visite a été courte, parce que nous voulions voir encore diverses choses, notamment l'horloge à eau. La tour où elle se trouve a été bâtie entre 624 et 927 avant Jésus-Christ; elle a été endommagée, et réparée diverses fois. C'est un des monuments qui ont souffert, lors du bombardement de 1857.

Dans la rue voisine, la rue de la Trésorerie, qui passe pour la plus belle de Canton, on vend des bâtons dont la combustion peut servir à mesurer le temps, grâce à des divisions marquées sur leur contour. Ils sont très-bon marché et suppléent aux meilleures horloges; leur invention date de plusieurs milliers d'années avant l'ère chrétienne. On trouve encore dans la même rue, les larges lunettes, si employées ici; des pipes à opium, avec tous leurs accessoires; des pipes à réservoir d'eau, dans de jolies boîtes en peau de chagrin, et d'autres objets d'usage journalier.

Rue de la Plume, il y a d'innombrables boutiques de plumes de toutes sortes pour mandarins, acteurs et mortels ordinaires. On les appelle, toutes, plumes de paon, à un œil, ou à deux et à trois yeux; mais en réalité, beaucoup sont des plumes de faisan. Quelques-unes de celles-ci ont près de 2 mètres de longueur, et sont merveilleusement marquées. J'en ai acheté deux paires, qui mesurent 2^m,10. Ces longues plumes sont rares; chaque oiseau n'en a que deux, et il n'y a qu'un mois de l'année où elles soient irréprochables. Dans cette partie de la ville, se trouve un restaurant chinois où l'on ne sert que du chien et du chat.

Notre programme comportait le passage de la rivière, dans le bateau du Consul, pour aller voir le Temple de Honan; mais tout le monde étant fatigué et la nuit commençant à se faire, nous nous décidâmes à rentrer, de façon à avoir le temps de nous habiller avant le dîner de huit heures. La table était couverte de roses-thé, d'héliotropes et de résédas, disposés avec beaucoup de goût par les domestiques chinois. Ces gens, quand ils sont bien choisis, épargnent, à leur maître, jusqu'à la peine de penser. Nous en avons un à notre service, depuis quelques jours seulement : il connaît déjà toutes les habitudes de Tom et les miennes, sait les vêtements que nous voulons mettre, devine ce que nous devons faire et va au-devant de tous nos ordres. Un mot du menu ! On a servi une soupe aux nids d'oiseaux, avec des œufs de pluvier flottant dessus. C'est un mets délicat et vraiment délicieux, qu'on ne manque jamais de servir aux étrangers. Je n'avais pas idée du prix des nids : 280 francs, pour un peu moins d'une livre. Il en faut à peu près 90 grammes, pour faire de la soupe pour dix personnes.

CHAPITRE VINGT-TROISIÈME

Samedi, 3 mars. — Notre cicerone est venu nous chercher à six heures et demie du matin; mais, après une journée comme celle d'hier, j'étais peu disposée à me remettre en campagne aussi matin, et, de plus, Tom retournant à Hong-kong, où l'appellent divers engagements, je voulais l'accompagner jusqu'au bateau qui part seulement à neuf heures. On a apporté des brosses en écaille sculptée, qu'il a commandées pour moi, avec mon nom gravé dessus, en lettres chinoises. Le marchand n'a pas voulu qu'on lui en indiquât l'orthographe par écrit, disant avec raison qu'il n'y comprendrait rien; mais il a prié qu'on le prononçât devant lui deux ou trois fois, et il a tracé ensuite deux caractères qui ont la prétention d'en rendre la consonnance. La lettre *r* constituant une grande difficulté pour les Chinois, je ne jurerais pas que les signes inscrits sur mes brosses, reproduisent correctement mon nom.

Une excursion aux montagnes du Nuage blanc a été le principal attrait de la journée. Le temps était superbe; nous nous sommes mis en route vers onze heures, dans des chaises à porteurs : cinq femmes et douze hommes. C'est là une proportion tout exceptionnelle à Canton. Il y a quelques semaines, on a voulu donner un bal costumé, et on n'a pu trouver dans toute la ville que cinq danseuses. Nous formions une véritable procession avec nos domestiques, porteurs, etc:, et notre défilé dans les rues, où tout le monde se serrait pour nous laisser passer, excitait une grande agitation. Des gens couraient devant, en criant de faire place ; nous mîmes néanmoins plus d'une heure à traverser la ville.

Chemin faisant, nous avons visité des magasins de meubles chinois, meubles très-beaux et très-curieux au point de vue de la forme. Tous les salons chinois sont meublés de la même façon : de grands fauteuils très-hauts, disposés sur deux rangs ; une petite table carrée à quatre pieds, placée entre deux chaises ; une table plus large au milieu ; au fond, un énorme sofa, sur lequel six ou huit personnes peuvent s'étendre à la fois. Le sofa et tous les siéges ont des fonds et des dossiers en marbre ; les dessus des tables sont aussi en marbre, ou en une espèce de « pierre de savon. »

Le marché aux oiseaux, que nous avons longé, est très-animé. Les Chinois adorent les oiseaux ; ils les prennent souvent avec eux, dans une cage, lorsqu'ils vont se promener, comme nous faisons de nos chiens, et ils s'entendent très-bien à les apprivoiser. Maintes fois, j'ai vu des passants qui s'arrêtaient pour causer, poser leurs cages à côté d'eux, rendre la liberté à leurs oiseaux, et leur jeter à manger pendant qu'ils parlaient.

En traversant le quartier des bouchers, j'ai vu, aux étalages, des rats suspendus par la queue, à côté de chats et de chiens, dépouillés de leur peau ; des cages pleines de ces animaux — cette fois en vie — étaient alignées auprès des portes. Certains voyageurs nient que les Chinois se nourrissent de ce genre de chair. Selon moi, il ne peut pas y avoir le moindre doute à cet égard, du moins en ce qui concerne les basses classes[1]. Les riches ne mangent du chien qu'une fois par an : un jour particulier, où ce plat passe pour

---

1. Le lecteur parisien admettra d'autant plus facilement cette affirmation de Mrs Brassy, qu'il sait que la chair du chien, du rat et du chat ne laisse pas d'être agréable, du moins pour des assiégés.

porter chance. Nous avons passé auprès d'un restaurant, dont on a traduit pour moi la carte :

CARTE DU JOUR

Un *tael*[1] de chair de chien noir.	huit pièces de monnaie[2].
Un *tael* de gras de chien noir	trois *kandareems*, argent.
Un bon plat de chair de chat noir. . . .	cent pièces de monnaie.
Un petit plat de chair de chat noir. . .	cinquante —
Une petite bouteille de vin ordinaire. . .	seize —
Une grande bouteille de vin de riz. . . .	soixante-huit —
Une grande bouteille de vin de prune. .	trente-quatre —
Une petite bouteille de vin de poire. . .	trente-quatre —
Une grande bouteille de vin de *timtsin*.	quatre-vingt-seize —
Un plat de *congu*.	trois —
Un petit plat de *pickles*.	trois —
Une petite saucière de *ketchup* (vinaigre).	trois —
Deux yeux de chat noir.	trois *kandareems*, argent.

Ici, comme à Hong-kong, le poisson est presque toujours conservé vivant dans de grandes cuves, alimentées par une fontaine; il en est de même du poisson de mer. Dans le nord de la Chine, on se livre à un véritable dressage du poisson : au point de pêcher, par exemple, avec l'aide d'un cormoran.

Entre temps, nous avions atteint les portes de la ville et, libres alors de nos mouvements, nous étions descendus de nos chaises à porteurs pour circuler plus à notre aise au milieu des pépinières et des cimetières qui bordent l'étroit sentier que nous suivions. La montagne du Nuage-Blanc n'est rien qu'un immense cimetière — le Saint des saints de la Chine — où l'on envoie des corps, non-seulement de toutes les parties du pays, mais encore de toutes les parties du monde. Il y arrive souvent 1,500 ou 1,600 cadavres dans une seule journée. La Compagnie des bateaux à vapeur prend 200 francs pour le passage d'un Chinois vivant, et 800 francs pour le transport d'un mort. L'entourage du défunt commence généralement par enfermer ses restes dans une bière qu'on dépose sur le sol, en plein air; elle reste là jusqu'à l'heure où les prêtres déclarent qu'ils ont découvert un jour heureux et une bonne place

---

1. Poids.
2. Il faut environ 1200 de ces pièces pour faire 1 dollar.

pour l'enterrer. Cette déclaration survient, le plus souvent, quand
le bonze reconnaît que la famille et les amis ne sont plus disposés à donner des fêtes funéraires. Nous avons traversé ce qu'on
appelle la cité des morts, où des milliers de cercueils attendent
leur inhumation ; ils sont grands et massifs, mais très-simples ;
on dirait un tronc d'arbre creusé. La plus délicate attention
qu'un Chinois puisse avoir pour ses parents, est de leur offrir
quatre belles planches dites de « longévité », pour leur cercueil.
Aux abords de la cité des morts, habite le personnel que l'on rencontre auprès de toutes les nécropoles : fabricants de bières, gra-
veurs sur pierre, etc. Ils occupent d'affreuses huttes, autour desquelles circulent, pêle-mêle, des enfants, des canards et des porcs.

Nous avons lunché dans une charmante vallée, au temple de
San Chew, et comme il s'est mis à pleuvoir presqu'au moment où
nous prenions nos places à table, cette halte a été deux fois la bien
venue. La pluie, du reste, n'a pas duré. Lorsque nous nous retrouvâmes en dedans des murs de la ville, un soleil éclatant perçait les
dômes de nattes qui recouvrent les rues et dorait les enseignes
qui ornent les façades, ou se jouait dans la fumée des bâtons parfumés dont j'ai déjà parlé. Car chaque maison a son autel à l'intérieur et un autre à l'extérieur, devant lesquels cette espèce d'encens
brûle toujours, avec plus ou moins d'activité. Les rues étaient
encore plus encombrées qu'à l'heure de notre départ. Nos porteurs
nous emmenèrent, chacun de son côté, et notre bande fut dispersée
de droite et de gauche, jusqu'à Shameen, où elle se reforma de nouveau pour gagner, saine et sauve, son point de départ. Quelques-
unes des femmes qui en faisaient partie, ont été un peu effrayées
en se voyant seules, si tard, dans l'obscure et populeuse cité.

Après le dîner, on nous a montré une curieuse collection de
monnaies qu'on prépare pour l'Exposition de Paris. Il y avait là
des échantillons très-rares, valant chacun 25,000 francs, du moins
pour les amateurs. Toutes les pièces sont percées, au centre, de
trous destinés à en faciliter la circulation et le transport[1].

---

1. Les Chinois les enfilent comme des grains de chapelet.

Dimanche, 4 mars. — A l'issue du service, célébré dans la belle cathédrale de Shameen, nous sommes allés en bateau voir les jardins de Canton, situes sur une petite île, à peu de distance de la ville, et véritablement extraordinaires. On y trouve des plantes taillées en toutes sortes de formes; hommes, oiseaux, quadrupèdes, poissons, maisons, meubles, etc. Quelques-unes sont de grandeur naturelle; d'autres, seulement en miniature; mais toutes ont dû demander beaucoup de temps et de patience pour atteindre leurs dimensions actuelles, car leurs âges varient de dix à cent cinquante ans. L'effet de ces plantes est étrange, mais c'est tout ce qu'on en peut dire. Je me suis procuré des *euphorbes* ayant la forme de jonques, et des *figuiers des Indes*, dont l'un a cent ans et l'autre cinquante. Ce sont les premiers, que je sache, qui aient jamais été transplantés en Angleterre, et qui y aient fleuri. C'est près des jardins de Fa-ti que sont les établissements où l'on élève les canards. On les met en liberté le matin, et ils rentrent le soir. Jusqu'à ce qu'ils aient appris à obéir immédiatement á l'appel de leur gardien, le canard qui arrive le dernier est battu. Rien n'est drôle, me dit-on, comme de voir l'effarement des six ou huit canards qui ferment la marche d'un troupeau de plusieurs milliers de ces oiseaux. J'étais très-désireuse d'assister à ce spectacle, mais la saison ne s'y prête pas. Les nouveau-nés sont encore trop jeunes; les vieux sont occupés à pondre.

Le temps nous a manqué pour visiter le Temple de Honan, parce que nous tenions à voir diverses choses intéressantes dans le quartier chinois. Nous avons passé par une rue, composée uniquement de boutiques de fruitiers; on l'appelle Kwohlaorn, autrement dit marché aux fruits. Dans ce marché, qui est très-grand, on trouve, d'un bout de l'année à l'autre, des fruits de toutes les espèces.

On nous a montré un établissement de vers à soie, mais nous n'y sommes pas entrés, en ayant vu plusieurs, précédemment. Les vers à soie sont l'objet de soins particuliers; les gens attachés à ce service sont obligés de changer de vêtements avant de pénétrer dans les salles, et d'accomplir toutes sortes de cérémonies superstitieuses, aux différentes périodes de la vie de l'insecte. Les mala-

des, les personnes difformes, ne doivent pas approcher de l'établissement. Les vers passant pour très-nerveux, on éloigne d'eux
tout ce qui pourrait les effrayer et on les met à l'abri, le plus possible, des changements de température et des troubles de l'atmosphère. Il faut surtout leur dérober les éclairs et le tonnerre qu'ils
sont censés redouter ; aucun moyen artificiel n'est négligé, que
l'on juge apte à empêcher qu'ils ne s'aperçoivent de l'orage.

Il y a ici une rue pleine de boutiques de nids d'oiseaux pour la
soupe ; nous sommes entrés dans l'une des plus grandes et des
meilleures. Trois ou quatre employés, bien habillés, s'occupaient,
derrière un comptoir, à trier et à arranger. Quelques-uns des nids,
blancs comme la neige, valent deux dollars chacun ; d'autres, brun
clair, coûtent seulement un dollar ; d'autres, noirs, sales, mêlés de
plumes et de mousse, se vendent un quart de dollar.

Les Chinois font certainement exception à la règle qu'aucun
peuple ne peut prospérer, s'il ne se repose pas le septième jour. Ils
présentent, du reste, bien d'autres anomalies, notamment l'état de
saleté dans lequel ils vivent, sans cesser de croître et de multiplier.
Leurs enfants sont sains et paraissent heureux, malgré les déplo-
rables conditions hygiéniques qui leur sont faites et en dépit des
tortures cruelles qu'on inflige à leurs petits pieds pour les empêcher de grandir. Cette soirée est la dernière que nous passerons
à Canton ; on a été si aimable pour nous, que c'est à qui regrettera
le plus d'être obligé de partir.

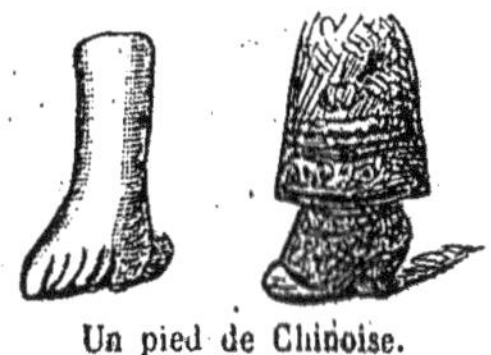

Un pied de Chinoise.

Lundi, 5 *mars.* — J'étais réveillée et j'é-
crivais depuis quatre heures et demie ce
matin, quand une femme qui vient travailler ici tous les jours, m'a apporté des
petits souliers que j'ai achetés hier ; elle a
profité de l'occasion pour me montrer ses
pieds. Un frisson d'horreur et de pitié courut en moi à ce spectacle ;
par quelles souffrances a dû passer la malheureuse, pour arriver à
une pareille mutilation ! Elle enleva ses chaussures et marcha
autour de la chambre avec celles qu'elle m'avait apportées ; puis

Chock-Sing-Toon.

elle me demanda à voir les miennes, qu'elle regarda minutieusement « *Mississy foot much more good, do much walky ; mine much bad,
no good for walky ;* le pied de Madame est bien meilleur ; il peut
marcher beaucoup ; le mien est très-mauvais ; il ne vaut rien pour
la marche », fit-elle en agitant la tête, d'un air mélancolique.

Nous prîmes congé de nos aimables hôtes, vers huit heures, pour
nous rendre au bateau à vapeur, et à neuf heures le steamer se
mettait en route au milieu d'une telle masse de jonques et de *sampans* que l'on se serait cru dans une ville flottante. A cause de la
marée qui était contre nous, le retour a été plus long que l'aller.
Nous ne sommes arrivés à Hong-kong qu'à trois heures et demie,
juste à temps pour recevoir les visiteurs auxquels nous avions
donné rendez-vous sur le yacht. Il en est venu plus de deux cents.

Mardi, 6 mars. — Les petites filles et moi nous sommes allées à
terre, de grand matin, faire des emplettes, et visiter le musée qui
renferme diverses curiosités : des armes chinoises et japonaises,
des produits du pays et beaucoup d'étranges choses, venant des
Philippines et d'autres îles. J'ai remarqué de magnifiques conques,
recueillies à Manille et un superbe massif de *fleurs de Vénus* [1]
dragué aux abords de ce même port. Il y avait aussi des spécimens
intéressants de reptiles de différentes espèces, et des têtes d'oiseaux sculptées, pour lesquelles Canton est réputé. On les croirait
en ambre et la profondeur à laquelle elles sont creusées, leur en
donne effectivement la transparence. L'oiseau est, je crois, une
sorte de *toucan* ou de *calao* ; mais les gens du pays l'appellent grue.

L'heure était venue de dire adieu à Hong-kong et aux amis que
nous y avions trouvés, pour embarquer sur le *Flying Cloud* qui
devait nous conduire à Macao. Tom n'a pas pu nous accompagner,
parce que c'est ce soir qu'il doit dîner avec les négociants chinois ;
mais il viendra nous rejoindre. Nous sommes sortis du port par
une autre passe que celle que nous avions prise pour aller à Canton,
et nous avons contourné l'île d'un autre côté ; mais la traversée et

1. *Euplectella.* Magnifique éponge siliceuse, ayant l'apparence d'un filet
en verre.

la vuė de la côte n'ont rien d'intéressant. A un endroit appelé Choo-long, il y a une sorte de barre où l'on roule affreusement. Le courant y est très-fort et en temps de brouillard, avec un navire chargé, le passage n'est pas sans danger.

La ville de Macao, située sur une pointe, à l'extrémité de l'île du même nom, est une des plus anciennes colonies étrangères fondées en Chine; elle appartient aux Portugais et fut, autrefois, une belle et riche cité. Malheureusement, Macao est exposé aux terribles effets des typhons, qui y ont souvent causé des dégâts épouvantables; cette circonstance, jointe à la concurrence d'autres ports, ouverts successivement dans ces parages, et à l'abolition de la traite des coolis l'a fait déchoir peu à peu de sa splendeur, en provoquant de nombreuses émigrations parmi les habitants. Aujourd'hui la ville a un aspect abandonné; sans ses nombreuses maisons de jeu, elle ne rapporterait rien au gouvernement portugais.

Un de nos amis de Hong-kong ayant eu l'obligeance de mettre à notre disposition une magnifique maison qu'il possède sur la Praya, nous n'avons pas eu, comme à Canton, la préoccupation de chercher un logement. Chaque pièce contient une vaste cage carrée, faite avec de la gaze et des montants en bois léger, à l'intérieur de laquelle il y a un grand lit, un fauteuil et une table. Cette installation est dirigée contre les moustiques; voilà la première fois que nous la rencontrons, et nous lui devrons de pouvoir lire, écrire et dormir en paix. Pendant qu'on préparait nos chambres, nous nous sommes promenés aux environs. Macao est une ville tout à fait portugaise; les maisons y sont peintes en toutes sortes de couleurs, bleu, vert, rouge, jaune; la garnison y est nombreuse: on croise, à chaque pas, des soldats. Nous avons poussé jusqu'au phare, d'où la vue est très-belle, et nous sommes revenus dîner, comme les cloches des églises sonnaient l'*Angelus*. Macao est le rendez-vous de tous les joueurs de Hong-kong. Mes compagnons ont assisté, ce soir, à une partie de *fan-tan:* on trouverait difficilement un jeu moins intelligent. Le croupier prend une poignée de pièces en cuivre et les jette sur la table; il les compte, alors, quatre par quatre, armé d'un petit bâton; les paris se font sur le nombre res-

tant, soit sur les chiffres 0, 1, 2, 3. Pas de couleurs, pas de combi-
naisons, comme à « rouge ou noire » ou au « trente-et-quarante. »
On conçoit, d'ailleurs, combien cette partie se joue lentement : il
faut du temps, en effet, pour compter une poignée de pièces.

A Macao, les veilleurs de nuit rendent le sommeil très-difficile,
du moins pour des étrangers. Ils passent toutes les heures et frappent deux coups de tambour, à une demi-minute d'intervalle.
Malgré soi, on les écoute, et on les suit de rue en rue jusqu'à ce
qu'ils se perdent dans la distance, pour revenir peu après.

Mercredi, 17 mars. — Ce matin, à dix heures, nous nous sommes
rendus, en chaises à porteurs, à l'extrémité de la jetée où le steamer nous a laissés hier, et nous y avons pris une jonque, disposée
pour nous recevoir, nous, nos porteurs et nos chaises. Le but de
l'excursion était Chock-Sing-Toon, charmante et curieuse petite
île située dans le voisinage de Macao, avec un village qui ressemble plutôt à une suite de *sampans* halés à terre qu'à un ensemble
de huttes et de cabanes. Notre traversée, courte, s'est effectuée le
mieux du monde. La jonque qui nous portait était exceptionnellement propre ; à l'arrière, s'élevait une espèce de dunette contenant l'autel, la cuisine et les logements de la famille. J'y ai aperçu
un tout petit *baby* de deux mois, qui reposait tranquillement, pendant que sa mère aidait son grand-père à ramer.

Le dessin qu'on trouvera ci-joint, représente un des sites que
nous venions visiter. Le pont de pierre qui y figure, traverse un
torrent qui cascade le long de montagnes couvertes d'une végétation luxuriante ; à gauche, se montre le clocheton d'un temple ; à
droite une espèce d'oratoire, où nos hommes ont brûlé des bâtons
parfumés et du papier sacré dont ils avaient eu soin de se munir.
Tandis qu'ils mangeaient dans une maison voisine, nous avons
gravi la colline pour mieux voir l'aspect général de la vallée. Le
sentier est facile et évidemment fréquenté, à en juger par la quantité de niches consacrées que nous avons trouvées parmi les rocs.
En descendant, nous avons regagné notre point de départ et nous
fûmes bientôt dans notre jonque, revenant à Macao.

Le yacht est arrivé dans la journée — véritable événement pour la ville ! — amenant Tom, à qui j'ai trouvé une mine si fatiguée que j'ai eu peur qu'il ne fût malade. Mais le docteur m'a rassurée en disant que cette fatigue provenait simplement du dîner de la veille, et un coup d'œil sur le menu a suffi à me prouver que cette explication était la bonne. Dans leur désir de lui faire honneur et de le bien traiter, ses hôtes chinois ont accumulé sur la table les mets les plus recherchés du pays ; lui s'est cru, naturellement, obligé d'y goûter.

6 mars 1877

MENU

4 petits bols placés devant chaque invité, et contenant :

Soupe aux nids d'oiseaux.

Œufs de pigeons.

Fongus récolté sur la glace.

Nageoires de requins hachées.

8 grands bols, contenant :

Nageoires de requin, cuites dans leur jus.

Coquillages.

Nid d'oiseau-mandarin.

« Panses » de poissons de Canton.

Cervelles de poissons.

Boulettes de viande et de fongus.

Pigeons au jus de *wai schan* (herbe très-forte).

Champignons cuits.

4 plats, savoir :

Tranches de jambon.

Rôti de mouton.

Poulet.

Rôti de porc.

1 grand plat :

Poisson bouilli.

8 petits bols, contenant :

Palais de porc, cuit dans son jus.

Hachis de cailles.

Fongus cuit (autre espece).

Tendrons de baleine.

Rouleau de poulet rôti.

Tranches de sarcelles.

Pattes de canards bouillies.

Pois cuits à l'eau.

Or, si quelques-uns de ces plats étaient, paraît-il, excellents, beaucoup ne pouvaient manquer d'être de digestion laborieuse pour un estomac européen, entre autres le fongus et le lichen.

J'ai annexé à ce récit la carte du festin pour que le lecteur jugeât par lui-même des efforts digestifs imposés à nos amis. Une des espèces de fongus qui figure dans cette liste, provenait des glaces de la mer Antarctique ; les tendrons de baleine venaient de l'océan Arctique ; les nageoires de requin, des îles des mers du Sud ; et les nids d'oiseaux, d'un souterrain particulier qu'on rencontre dans une certaine île. Comme boisson, on a servi du champagne dans des verres anglais, et de l'*arack* dans des verres chinois. A l'exception de la soupe, qu'on a mangée avec des cuillers, les bâtonnets traditionnels ont été les seuls ustensiles de table à la disposition des convives. Le dîner a été suivi de plusieurs *speeches;* un des marchands chinois, parlant au nom de ses collègues, a exprimé le regret que leurs usages ne leur eussent pas permis de m'inviter. Ils y avaient songé, a-t-il dit, mais ils y ont renoncé, après une longue discussion.

Nous avons été voir, tous ensemble, les ruines de la cathédrale et les traces du terrible typhon de 1874 ; puis, le jardin de Camoëns, où le célèbre poète écrivit ses Lusiades, durant son exil à Macao. Il appartient aujourd'hui à un vieux et aimable Portugais, avec lequel j'ai eu tout une conversation, dans un mélange d'espagnol et de français. L'endroit où est élevé le monument qui rappelle la mémoire de l'illustre auteur, domine un vaste horizon ; nous l'avions, nous, déjà vu, et comme Tom était pressé de partir, pour avoir franchi, avant la nuit, la zone des îles, nous nous sommes hâtés de lui montrer la ville et de retourner, à bord.

Nous voici, de nouveau, sur mer, tourmentés par un vilain roulis qui va me contraindre à me coucher ; mais le pauvre Tom, quoique souffrant, est obligé de rester sur le pont presque toute la nuit, à cause des îlots et des rocs qui abondent dans ces parages. Il est le seul à bord qui puisse piloter le yacht, parmi de pareils écueils.

Jeudi, 8 *mars.* -- Un ciel chargé ; une mer grise, froide, houleuse ; deux jonques de pêcheurs à l'horizon ; voilà tout ce que j'ai vu, en montant ce matin sur le pont. Le temps ne s'est pas amélioré, de toute la journée.

Vendredi, 9 *mars*. — Chacun reprend sa vie de bord. Tout le monde s'est fait couper les cheveux; nous avons un matelot qui est un Figaro accompli, mais on n'a jamais le temps de recourir à ses ciseaux, dans les relâches. Pas de vent; rien que des brises folles. Ce soir, la Grande Ourse et la Croix du Sud ont rivalisé d'éclat: « ici un vieil ami, et là-bas un nouveau ».

Samedi, 10 *mars*. — Beau temps; brise légère. Nous avons dépassé l'île d'Hainan, dans le golfe de Tonquin; elle appartient à la Chine et son aspect aride n'empêche pas qu'elle contienne 150,000 habitants. Dans la journée, nous avons aperçu un grand bambou qui se dressait tout droit, hors de l'eau. Serait-ce le mât d'une jonque échouée sur le banc de Paranella? Le yacht a été entouré de poissons volants. Magnifique coucher de soleil.

Dimanche, 11 *mars*. — On sent que nous descendons rapidement dans le sud, car la température augmente de jour en jour. Les deux services religieux ont été célébrés sur le pont, à onze heures et à quatre heures.

Ce soir, le cri d' «une épave par tribord» est venu faire diversion au calme de la journée. J'ai couru à l'avant, pour voir de quoi il s'agissait; les hommes ont sauté dans le gréement. Un grand morceau de bois, pouvant avoir dix mètres de long et terminé par un gros anneau en fer, dérivait, poussé par les flots. Si le yacht n'eût pas été sous voiles, avec bonne brise, j'aurais prié qu'on envoyât un de nos canots recueillir cette « relique de la mer ». Car ces épaves-là m'intriguent toujours; je me demande d'où elles viennent et où elles vont, si bien que Tom m'accuse de bâtir une légende sur chaque morceau de bois que nous rencontrons.

Mardi, 13 *mars*. — Il y a eu cette nuit une petite avarie dans la mâture, et nous avons été fortement secoués pendant quelques heures. Au petit jour, on a reconnu l'île de Pulu Lapata, sur la côte de Cochinchine: une île blanche comme la neige, dans la lumière du matin. La journée a été chaude; le temps est redevenu maniable.

Mercredi, 14 *mars*. — La mousson de nord-est nous fait filer de six à sept nœuds. Quoique les cartes indiquent un courant sud, nous sommes portés tous les jours de vingt-cinq milles dans l'ouest.

Vendredi, 16 *mars*. — Tout le monde a écrit aujourd'hui, pour être prêt à jeter ses lettres à la poste dès l'arrivée à Singapoure, où nous serons demain matin, sinon ce soir. A midi, Pulo Aor se voyait par tribord. Dans la journée, approchant du Détroit[1], nous avons allumé les feux ; à minuit, nous reconnaissions le phare de Homburgh. La soirée est superbe ; mais il fait si chaud en bas que j'ai passé une partie de la nuit sur le pont, auprès de Tom, regardant la terre dont nous approchions à petite vitesse.

1. Détroit de Singapoure.

La résidence du Rajah de Johore

CHAPITRE VINGT-QUATRIÈME

SINGAPOURE

Samedi, 17 *mars*. — En même temps qu'il entrait à Singapoure, vers cinq heures du matin, le yacht est allé s'amarrer le long d'un *warf*, pour faire de l'eau et du charbon. Nous nous sommes empressés de quitter le navire durant cette double opération ; en une heure environ, il y avait à bord quarante-trois tonnes de combustibles et vingt tonnes d'eau. Le travail est fait par des coolis qui s'en acquittent avec une rare célérité. Ce fut un grand désappointement pour nous d'entendre dire au maître du port, en arrivant à terre, que le Gouverneur des détroits[1] et lady Jervoise partaient à onze heures, pour Johore. Aussi, malgré l'heure matinale et tout exceptionnelle en matière de visites, nous sommes-nous rendus de suite au Gouvernement. Cette promenade en voiture dans un pays

1. L'Indo-Chine britannique est divisée en deux parties, l'une qui se lie aux provinces de l'Inde et qui est soumise à la présidence du Bengale ; l'autre qui forme le gouvernement des détroits (détroits de Malacca et de Singapoure).

nouveau, a été bien intéressante. Jamais encore nous ne nous étions trouvés aussi près de l'équateur [1], et les plus tropicales des plantes tropicales, arbres, fleurs et fougères, étalaient de tous côtés, sur les bords de la route, leur merveilleuse végétation.

Les Malais que nous avons rencontrés, ont généralement des physionomies agréables sous leur teint cuivré; ils portent des turbans et des *sarongs* de couleur voyante. Les Indiens sont presque noirs; d'élégants vêtements en mousseline blanche les enveloppent, quand leurs travaux ne les amènent pas à ne rien porter du tout. Des anneaux et autres ornements du même genre pendent à leur nez; ils en ont aussi aux bras et aux chevilles. Lorsqu'ils courent ou qu'ils marchent un peu vite, tout cela cliquette bruyamment.

Singapoure n'a rien d'imposant; les rues, ou mieux les voies qui le traversent, sont bordées de maisons en pierre et de cabanes en bois, mêlées indistinctement les unes aux autres. Le palais du Gouvernement s'élève, à l'une des extrémités de la ville, au milieu d'un beau parc, très-bien entretenu; il est vaste, aéré, et contient nombre de grandes pièces, ouvrant sur de larges vérandas, remplies de fougères et de palmiers qui y maintiennent une douce fraîcheur. Le Gouverneur nous a retenus à déjeuner. En partant, il nous a recommandés au secrétaire colonial, et comme il se trouve que ce fonctionnaire a fait ses études avec Tom, au collége de Rugby et à l'université d'Oxford, nous ne pouvions tomber en meilleures mains. Après le départ de notre hôte, nous sommes allés chercher nos lettres et voir quelques boutiques. Il n'y a pas grand'-chose à acheter ici, en fait d'objets malais; les curiosités qu'on y trouve viennent de l'Inde, du Japon, de la Chine, à l'exception des oiseaux de paradis de la Nouvelle-Guinée, et des oiseaux de toutes tailles et de toutes couleurs, des îles de la Malaisie. Malgré la persistance de la mousson de nord-est, il faisait horriblement chaud dans les rues poudreuses de la ville; nous fûmes tous pressés de retourner au Gouvernement et de goûter les charmes du *punkah*.

1. Singapoure n'est qu'à un degré au-dessus de l'équateur.

Il y a très-peu de domestiques européens ici, et ceux qu'on y rencontre ont des indigènes à leurs ordres, qui tiennent le parasol au-dessus de leur tête quand ils conduisent, ou qu'ils circulent pour leur propre compte. Les simples soldats eux-mêmes ont des *punkahs* [1] au-dessus de leurs lits, qu'on agite pour qu'ils puissent dormir. Cette besogne est confiée à des coolis, qu'on voit sortir le matin, à cinq heures, des casernes : spectacle assez piquant, soit dit incidemment.

M. Douglas nous a menés en voiture au Jardin botanique. On y voit des *palmiers-sagous*, avec toutes sortes de plantes tropicales et beaucoup de charmants oiseaux : des *faisans-argus*, des *lyres* [2], des coucous, des colombes et des pigeons, que l'éclat de leur plumage ferait prendre pour des perroquets. Les volières sont vastes ; les grilles sont couvertes de jasmins du Cap, chargés de boutons que les oiseaux s'amusent à becqueter. Singapoure est entouré de ravissantes villas. Chacune est bâtie sur une petite éminence, de façon qu'on y recueille le moindre souffle d'air frais.

Dimanche, 18 mars. — A six heures, ce matin, nous avons accompagné, Mabelle et moi, notre *steward* et le *comprador* (fournisseur) au marché. C'est un grand bâtiment octogonal, bien approvisionné en légumes et en fruits. Ceux-ci viennent, pour la plupart, des îles voisines, car il n'y en a pas, en ce moment, à Singapoure ; ce que je ne m'explique guère, du reste, puisque l'on n'est ici qu'à un degré au-dessus de la ligne, et qu'il y a ainsi, peu de variation dans les saisons. Le soleil se lève et se couche toujours à six heures ; la mousson de nord-est souffle pendant un certain nombre de mois, et celle de sud-ouest fait de même. Tout se passe donc avec une régularité parfaite.

Nous avons goûté à divers fruits nouveaux pour nous : à la *mangue*, au *laca* et à d'autres dont je n'ai pu savoir exactement le nom. Le *durian*, le fruit de l'Est, a une odeur d'oignon qui n'a rien d'en

1. Grand éventail de forme rectangulaire, suspendu au plafond, qu'une corde fait mouvoir.

2. *Menura lyra*. Oiseau très-remarquable par l'aspect de sa queue, d'où lui vient son nom.

gageant; mais si l'on vainct sa répugnance pour ce parfum, on est dédommagé de son courage.

Le marché au poisson est le plus propre et le mieux disposé que je connaisse. Il se tient sur une sorte de plate-forme ouverte, abritée par un toit et adossée à la mer, si bien que tout le rebut est jeté à l'eau et emporté par le courant, avant d'avoir pu répandre ces horribles exhalaisons qu'on trouve, d'ordinaire, dans toutes les poissonneries. En outre, deux longues jetées partent de la plate-forme et s'avancent au loin dans la mer, de façon que les bateaux débarquent leur pêche à la porte même du marché, sans qu'elle reste exposée aux rayons du soleil.

Le marché aux volailles est un curieux endroit. A cause de l'excessive chaleur, tout y arrive vivant; de là, un mélange de cris variés, qui se résolvent en un concert incomparable. La rue est pleine de bêtes enfermées dans des paniers ou dans des cages, ou bien attachées par les pattes et entassées, au hasard, les unes par-dessus les autres : faisans, *poules de Pérak*, colombes, pigeons, cailles, kakatoës, perroquets, *lories*, etc., tous à très-bon marché et pas du tout sauvages. Certains *lories*, de couleur écarlate, ressemblent à des langues de feu. J'ai acheté une cage pleine de petites perruches, grosses comme des bouvreuils et de plumage vert sombre, avec des gorges rouge foncé, des têtes bleues, des marques jaunes sur le dos et des queues bleues et jaunes. Aussitôt, on s'est imaginé que je voulais faire une provision d'oiseaux, et j'ai été entourée de marchands qui se disputaient mes préférences, à coup de réductions de prix. La lutte, quoique bruyante, ne laissait pas d'être plaisante; cependant, les vendeurs devinrent si pressants que je ne fus pas fâchée de pouvoir leur échapper en me faufilant dans une boutique de fleurs où, pour deux sous la douzaine, j'eus de superbes gardenias, très-parfumés et très-frais.

Vers la fin de la mousson de sud-ouest, on voit arriver à Singapoure de petites barques découvertes, venant d'îles situées à 1500, même à 3000 milles d'ici. Elles n'ont qu'un seul mât, et contiennent toute une famille. Aux côtés sont fixées des perches sur lesquelles juchent, attachés par la patte, des oiseaux de toutes les sortes. Le pont est couvert de bois de sandal. Le fond est plein d'épices, de coquillages, de plumes et de coquilles à perles. Ainsi chargés, ces bateaux vont d'île en île, de crique en crique, poussés par la mousson, jusqu'à ce qu'ils atteignent leur point de destination. Là, ils échangent leurs marchandises contre du fer, des clous, du fil à tisser, rouge ou gris pâle, et des pièces de coton de Manchester ; puis, au bout de six semaines, ils se remettent en route avec la mousson de nord-est, en s'arrêtant aux diverses îles qu'ils trouvent sur leur passage, pour y vendre les objets qu'ils viennent d'acquérir. Il y a plusieurs ports hollandais plus rapprochés que celui-ci, mais on y est gêné par d'innombrables règlements ; les insulaires préfèrent Singapoure, où le gouvernement anglais ne leur impose d'autre obligation que celle de respecter la loi [1].

Comme nous revenions à bord, un domestique du Maharajah de Johore est venu nous inviter à passer deux jours chez son maître. Nous sommes donc partis à quatre heures dans une voiture attelée de deux petits poneys, en suivant une belle route qui traverse l'île sur une longueur de 25 kilomètres environ. Le soleil commençait à baisser ; il n'y avait pas de poussière ; une brise légère et un cours d'eau qui longe le chemin, nous donnaient un peu de vraie fraîcheur ; l'*acacia flamboyant* qui borde les deux côtés de la route, produisait un charmant effet. C'est un grand arbre, originaire de Sumatra, avec de larges feuilles d'un vert remarquablement tendre ; sur ses branches supérieures poussent des grappes de fleurs rouges qui s'agitent, comme des plumes, autour de centres jaunes. Nous avons aperçu un superbe papillon, dont les ailes devaient avoir 25 centimètres au moins. M. Bingham est descendu de la voiture et l'a abattu d'un coup de chapeau ; mais sa couleur verte se confondait tellement avec celle du gazon qu'il a été impossible de le retrouver, d'autant mieux qu'on n'y voyait plus très-bien. Une autre tentative, celle-là dirigée contre un ser-

---

1. Cette liberté absolue dont on jouit dans les colonies anglaises, est l'unique secret de leur richesse.

pent d'eau, n'a pas réussi davantage : l'animal s'est dérobé à nos pierres, en disparaissant dans un trou.

A l'extrémité de l'île, nous avons trouvé la chaloupe à vapeur du Maharajah, qui devait nous transporter de l'autre côté du détroit. Ce passage, qu'on prenait autrefois pour se rendre à Singapoure, est assez difficile. Tom avait d'abord songé à laisser à un pilote le soin d'y mener le yacht ; puis il s'est ravisé et a voulu se charger lui-même de cette besogne, ce qui l'a mis un peu en retard pour le dîner. Notre hôte et ses invités étaient à la chasse, quand nous sommes arrivés ; mais Sir William Jervoise a bien voulu s'occuper de nous faire désigner des chambres pour changer nos costumes.

Johore est un charmant endroit; le détroit y est si peu large et tellement sinueux, qu'on le prendrait plutôt pour un lac, au cœur d'une forêt tropicale, que pour un bras de l'Océan.

Le dîner eut lieu à huit heures, et comprenait trente convives: les frères du Maharajah, le premier ministre, plusieurs chefs malais, le Gouverneur de la colonie anglaise avec sa famille et sa suite, et deux ou trois notables de Singapoure. Cuisine, service, tout était à l'européenne; de grands surtouts or et argent, posés sur des supports en velours rouge, soutenaient des corbeilles de fleurs; des vases de cristal, en forme de bouquet, portaient des branches de jasmin. Les domestiques malais de la maison, en gris et jaune, et ceux du Gouverneur, en blanc et rouge, servaient à table. Le Maharajah et ses invités indigènes avaient l'habit noir, le gilet blanc et le turban; aucun d'eux n'a bu de vin pendant tout le repas, en bons mahométans qu'ils sont. Il était plus de onze heures quand nous sommes rentrés à bord; le dîner avait donc duré trois heures. Mais j'avais des voisins agréables; la brise du soir qui pénétrait par les fenêtres laissées ouvertes, s'ajoutait au balancement des *punkahs* pour créer, autour de nous, une atmosphère rafraîchissante; dans ces conditions, le temps passe vite, même à table.

Lundi, 19 *mars*. — J'ai circulé ce matin en voiture, avec Mabelle, dans la vieille ville de Johore. Elle a eu autrefois une grande importance et, aujourd'hui encore, c'est un centre de transactions actives pour l'opium, l'indigo, le poivre et autres produits des tropiques. Mais la noix de muscade et le maïs, qui s'y récoltaient jadis en abondance, ont à peu près disparu; au lieu des plantations que nous espérions voir, nous n'avons aperçu que des spécimens isolés. En sortant de la ville, on trouve une bonne route, bordée d'abord, de cottages, puis de plantations de poivre et de *gambir*, généralement adossées à la jungle où l'on prend le bois à brûler qui sert à la préparation du *gambir* [1]. J'avoue que je n'avais jamais entendu parler auparavant de cette dernière substance; il s'en exporte, cependant, de grandes quantités en Europe, où l'on s'en sert dans l'apprêt de la soie et dans le tannage.

Le champ de poivriers que nous avons vu, avait plusieurs hectares de superficie. Quelques-uns des arbres de la forêt à côté sont superbes : particulièrement le camphrier et les magnifiques lauriers-roses, rouges, pourprés et cuivrés, qui atteignent des hauteurs de 6 à 9 mètres. Les orchis dont tous ces arbres sont couverts, retombent en longues grappes aux charmantes couleurs, ou s'étendent comme d'immenses papillons mouchetés. Le plus abondant de tous est le *phalenopsis* blanc, avec de grandes tiges pendantes, chargées de fleurs blanches comme la cire, délicatement rayées de rouge ou de jaune. Nous étions là dans la vraie jungle; tigres, éléphants, serpents y sont nombreux, dit-on. Nous nous sommes arrêtées, en revenant, pour voir fabriquer l'opium. On l'apporte à l'état brut, en boules de la grosseur d'une bille de billard, enveloppé dans ses propres feuilles. Ici on le fait bouillir, on le raffine; bref, on le rend propre à être fumé. Le trafic de cette denrée qui se fait à Singapoure, constitue un monopole lucratif, partagé entre le gouvernement anglais et le Maharajah de Johore. Nous avons vu aussi préparer l'indigo; le procédé est à peu près le même que pour le *gambir*. Celui qui pousse ici n'est pas aussi bon que l'indigo de l'Inde; aussi en exporte-t-on peu Mais les innombrables

---

1. L'*uncarie gambir*.

Chinois de la Péninsule malaie s'en servent pour donner à leurs vétements cette teinte bleu foncé, qui semble être leur couleur de prédilection. On nous a montré une plantation de *palmiers-sagous;* la manufacture, malheureusement, ne fonctionnait pas ce jour-là. Je crois que la préparation se fait comme celle du tapioca, que nous avons vue au Brésil.

A notre retour dans la ville, nous sommes allées voir un établis-

Le *manis* du Maharajah.

sement de jeu; il était de trop bonne heure pour y trouver personne; mais, le soir, la salle est toujours pleine, pour le plus grand profit de son propriétaire. Je n'ai pas réussi à me faire bien expliquer le genre de jeu que l'on pratique dans cette maison, mais ce n'est pas le *fan-tan*. Notre excursion s'est terminée par une promenade dans les boutiques, où j'ai acheté quelques menues curiosités : un oreiller en bois, un violon à deux cordes, et des œufs conservés qu'on dit vieux de plus de cent ans. Assurément ces œufs ne peuvent plus servir à grand'chose ; mais quand on connaît les Chinois, on s'étonne qu'ils aient pu laisser dormir aussi longtemps ce capital.

Le Maharajah est venu à bord, avec le Gouverneur et tous ses

hôtes. Son Altesse a visité le *Sunbeam* avec beaucoup d'intérêt ;
toutefois, son opinion mahométane des femmes a paru singulière-
ment troublée, quand on lui a dit que j'avais collaboré aux amé-
nagements intérieurs du yacht. Il nous a quittés à onze heures et
demie ; une heure plus tard, nous allions prendre congé de lui.
Sur son ordre, vingt coolis nous ont alors accompagnés, chargés

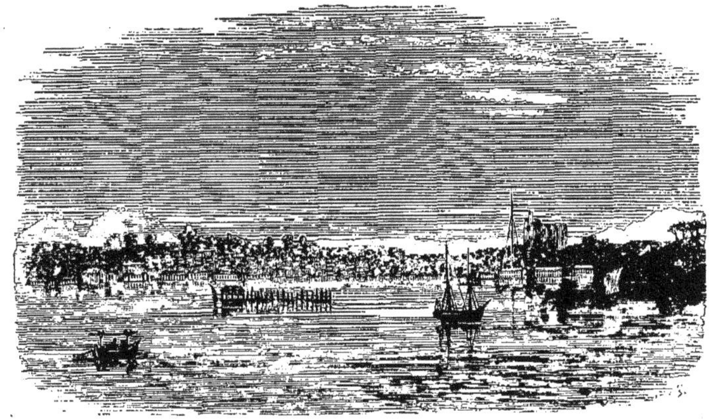

Malacca.

de plantes tropicales et de divers présents qu'il avait bien voulu
nous faire. J'ai reçu, pour ma part, un superbe vêtement en soie
malaise, récoltée et tissée dans son royaume ; les défenses d'un
éléphant, tué à 2 kilomètres de sa résidence, et une petite bête
vivante qui n'est ni un caïman, ni une armadille, ni un lézard, et
qui tient de ces trois espèces à la fois. Elle s'enroule autour de
mon bras comme un bracelet, et fut envoyée en cadeau par l'ex-
Sultan de Johore. C'est une sorte de *manis*[1].

A l'heure où j'écris ces lignes, nous avons levé l'ancre, en route
vers Penang[2]. Le Vieux détroit vaut vraiment la peine qu'on fasse
un détour pour le voir. Rien ne peut donner idée de la teinte
argentée que prend la végétation tropicale, sous les rayons de la
belle lune qui nous éclaire en ce moment.

1. Lézard à larges écailles, auquel ressemble le *pangolin*.
2. Ou Poulo-Pinang.

Mardi, 20 *mars*. — A cinq heures et demie, comme ncus sortions de nos chambres, le docteur Potter est venu nous apprendre qu'un de nos hommes, souffrant depuis quelques jours, était atteint de la petite vérole. Ma première pensée fut que Muriel avait été le voir, la veille au soir, avec le médecin ; ma seconde, que plusieurs de nos marins avaient couché auprès de lui ; ma troisième, qu'on l'avait transporté dans la partie du yacht qui nous est réservée, pour qu'il fût plus à son aise ; ma quatrième, que faire ? Tom décida de relâcher à Malacca où notre docteur eut la chance de rencontrer le docteur Simon (neveu du célèbre praticien du même nom), installé ici comme médecin en chef de l'hôpital civil. Il l'amena à bord pour voir le malade, et tous deux furent d'avis que son cas n'avait rien de grave. Néanmoins, ils jugèrent prudent de le transporter à terre et de nous soumettre tous à une nouvelle vaccination. En général, nos hommes parurent fort contrariés de cet incident, et il y en eut même deux qui se refusèrent absolument à suivre le conseil du docteur. L'un déclara qu'il avait promis à son grand-père de ne jamais se faire vacciner ; l'autre aurait accepté l'inoculation, disait-il, mais il ne voulait pas du vaccin. Bien que nous fussions certains qu'en ce qui nous concernait la précaution était superflue, — l'ayant prise, avant de quitter l'Angleterre — nous nous y sommes soumis, pour encourager les autres.

Malacca, vu de la mer, est très-joli. Derrière, on aperçoit le mont Ofia ; en dedans du port, il y a plusieurs petites îles, qui ressemblent à des massifs de verdure. Des bateaux chargés de fruits, de riz, de joncs, de singes et d'oiseaux ont entouré le yacht, pendant que le docteur était à terre. Il en est résulté que sept singes et cinquante oiseaux, de diverses sortes, sont venus grossir notre ménagerie. A une heure, nous remettions en route pour Penang.

Mercredi, 21 *mars*. — Pendant la nuit, nous avons eu plusieurs orages[1]. Ce matin, on a aperçu un morceau de bois qui s'en allait

1. Il y a souvent trois ou quatre orages à la fois dans le détroit de Malacca. On voit la foudre tomber autour de soi, de tous côtés.

à la dérive, avec un oiseau perché dessus : les hommes ont cru, d'abord, que c'était un requin.

A cinq heures, nous avons reconnu l'île de Penang. En même temps, l'horizon devenait brumeux et nous n'avancions plus que lentement, de peur des pieux et des filets dont aucune lumière n'indique la position. Vers minuit, nous jetions l'ancre.

Jeudi, 22 mars. — Quand nous sommes montés sur le pont, à cinq heures, le ciel était rouge, d'un rouge sombre, presque effrayant ; l'atmosphère, si épaisse qu'on eût dit la fumée d'un immense incendie. Tout cela disparut avec le lever du soleil ; le ciel s'éclaircit peu à peu et prit successivement toutes les teintes du bleu, depuis le foncé jusqu'au clair. Dans cette lumière transparente du matin, l'île de Penang est bien jolie.

Le maître du port est venu à bord de bonne heure ; le service de santé n'a pas donné signe de vie. Après l'avoir attendu quelque temps, nous avons envoyé nos domestiques à terre et fait éteindre tous les feux, pour rafraîchir le yacht. Nous sommes allés, nous, demander asile à l'*Hôtel de l'Europe* et après déjeuner, nous avons circulé dans la ville de Georgetown, capitale de la province. On n'y trouve rien, en fait de curiosités, pas même un oiseau. Le Gouverneur est absent ; mais Mrs Anson et sa fille nous ont reçus et nous avons, sur leur conseil, fait l'ascension d'une colline au haut de laquelle il y a un charmant *bungalow*[1] appartenant au gouvernement. On y est à 400 mètres au-dessus de la mer, et on y jouit d'une différence de température de 10°.

Après le *tiffin*, une voiture nous a menés au pied d'une montagne, située à environ 6 kilomètres de la ville. Les Jésuites ont là un bel établissement où les enfants malais viennent, en très-grand nombre, apprendre à lire et à écrire. Un peu plus loin, dans une petite maison de bois entourée de cocotiers, nous avons enfin trouvé quelques-uns de ces oiseaux-mouches pour lesquels la Malaisie est réputée ; ils diffèrent de ceux de l'Amérique du Sud

---

1. Pavillon ou kiosque.

Notre collection de coraux.

et des Indes occidentales en ce que tout leur corps, — et non pas seulement quelques parties, — resplendit d'un superbe éclat métallique. Nous avons rencontré une chute d'eau, auprès de laquelle nous avons laissé notre voiture pour prendre des chaises à porteurs. Beaucoup de négociants de Penang habitent dans ce voisinage ; ils se rendent à cheval, le matin, à leurs affaires et reviennent, le soir, humer l'air frais. Un des traits les plus curieux de la végétation de ces pays-ci, du moins pour des Européens, est l'abondance extraordinaire de la sensitive. Elle se mêle à toutes les herbes, elle pousse en masses épaisses dans les haies. Autour du *bungalow* du Gouverneur, il y en a tant qu'on croirait que le gazon s'incline devant soi : car la délicate plante ressent jusqu'à l'approche du promeneur et ferme ses fines feuilles longtemps avant qu'on soit près d'elle.

Du haut de la montagne, la vue s'étend à plus de trente lieues de distance, tant l'atmosphère est claire et transparente. Nous descendîmes en arrière, parce que nos porteurs avaient peur que nous ne tombions de nos chaises, dans l'autre position. Comme la végétation des tropiques a déjà perdu pour nous de sa nouveauté et de son charme ! Il nous semble qu'il y a des mois, pour ne pas dire des ans, que nous sommes dans ces parages ! Nous avons vu beaucoup de vers luisants et de *mouches luisantes*, en revenant. Il était près de sept heures ; les habitants faisaient cuire leur repas du soir sous les grands palmiers, et la lueur de ces foyers improvisés reflétée sur les huttes et sur les vêtements blancs des indigènes, donnait au paysage un pittoresque aspect. Diverses personnes ont dîné avec nous, à bord. Quand elles nous ont quittés, vers onze heures, nous avons levé l'ancre et nous voici glissant sur le détroit de Malacca, en route pour Ceylan.

Il semble étrange qu'une grande colonie anglaise comme Penang, où tant de navires relâchent, n'ait ni phare ni règlements sanitaires. On nous a dit cependant, que le gouvernement local s'occupait d'ériger deux beaux feux. Quant au service de santé, il paraît que s'il ne nous a pas envoyé d'émissaire, c'est que la petite vérole et le choléra régnant dans la ville, il n'a pas le droit de se montrer bien exigeant pour les bâtiments qui arrivent.

Vendredi, 23 *mars*. — Journée étouffante ; plusieurs de nos oiseaux sont morts. Notre mécanicien est très-souffrant. Si ses auxiliaires tombent malades, eux aussi, nous nous trouverons ré-

Comment ce livre a été écrit.

duits à n'avoir plus que nos voiles pour franchir une zone de calme presque absolu. Je sais enfin ce que c'est que d'avoir trop chaud, et je ne demande pas à prolonger l'expérience.

Samedi, 24 *mars*. — Toujours calme plat. On s'est livré aujourd'hui à un nettoyage complet du logement de l'équipage et, pour le rendre plus facile, on a porté sur le pont tout son contenu. Que de choses, dans un si petit espace! Sans parler des couchettes et des tables, j'ai compté quarante-huit oiseaux, quatre singes, deux cacatoës, une tortue; puis, toute une collection de cabinets japonais, des coffres, des livres, des porcelaines, des coraux, des coquillages et d'autres objets encore, imaginables et inimaginables. Une pauvre tortue est morte, tuée par le chlore.

Dimanche, 25 mars. — Plus chaud que jamais; impossible de célébrer le service religieux, ni sur le pont ni en bas. Nous faisons généralement un peu de toilette, le dimanche, et mes compagnons se montrent plus attentifs à se raser, ces matins-là. Les autres jours, j'ai peur que nos costumes ne laissent à désirer. Tom a donné l'exemple de renoncer au faux-col, au veston et au gilet, en sorte que la chemise et le pantalon sont devenus la tenue habituelle. Les enfants portent des tabliers légers, et pas grand'chose avec, en dehors des sandales chinoises, pour ceux qui ne veulent pas aller pieds nus. Moi, je vis dans mes robes de Tahiti et d'Hawaii; elles sont fraîches, amples et commodes.

Nous avons communiqué longuement avec le *Middlesex*, de Londres. Le soir, la lune s'est levée superbe; mais le temps est resté affreusement chaud, et nous avons dormi sur le pont, abrités par la tente.

Lundi, 26 mars. — J'ai été un peu inquiète, ces jours-ci, de *baby*; il lui pousse des dents et elle souffre, en même temps, d'une éruption. Muriel se plaint de piqûres de moustiques. Mabelle a, elle aussi, une éruption, causée par l'excessive chaleur[1]. La moindre indisposition que je vois aux miens, me fait tout de suite songer à la petite vérole.

Aux environs de midi, par 6° 25' lat. N. et 88° 25' long. O., nous avons commencé à rencontrer des débris de toutes sortes : arbres, branches, plantes, feuilles, coquilles, os de seiche, et de larges

---

1. Véritable torture et sorte de tribut payé aux climats chauds par les Européens. Il semble qu'on ressente partout des piqûres d'aiguille.

traînées de frai, provenant évidemment de quelque gros poisson.
Ce frai semblait avoir une certaine consistance, et formait une large
raie jaune ayant peut-être un demi-mille de long. Mêlée de ci de là
aux morceaux de bois et aux branches, elle avait l'air d'un immense
serpent de mer. Tous ces débris paraissaient venir du golfe du
Bengale. Faut-il croire qu'ils proviennent de quelques-uns des
arbres déracinés par le dernier grand cyclone?

A une heure, un homme a crié de la mâture « un bateau, par
tribord »! Aussitôt les lunettes de sortir de leurs étuis, et les hypo-
thèses de se multiplier. Tout le monde finit par déclarer que c'était
une barque du pays, et plusieurs prétendirent voir un Indien à
bord, agitant quelque chose. Seul, notre vieux maître d'équipage
soutint que c'était un tronc de palmier, et il avait raison : les larges
feuilles qui pendaient autour de cette souche flottante, avaient été
prises pour des voiles. En nous en approchant, nous vîmes, dans la
transparence de l'eau, des centaines de poissons aux plus belles
couleurs, qui dévoraient avidement quelque chose : peut-être de
petits insectes, ou de petits poissons pris dans les racines.

Mardi, 27 mars. — Il faut bien du courage et de la volonté pour
faire quoi que ce soit avec cette chaleur, sauf avant et après le
coucher du soleil. Le soir, la température est telle, dans les cabines,
qu'il n'y a pas moyen d'y rester; tous les matelas se transportent
sur le pont.

CHAPITRE VINGT-CINQUIÈME

Mercredi, 28 mars. — A minuit, le vent était légèrement debout et nous apportait les parfums de la terre de Ceylan. Nous avons aperçu, au petit jour, la partie orientale de l'île, et longé, toute la journée, ses rives chargées de palmiers. Si l'intérieur de Ceylan tient ce que promet la côte, l'idée que je m'en fais sera encore dépassée. En attendant, l'aspect de cette terre m'a déjà guérie de mon malaise des journées précédentes ; on se sent renaître au souffle de cette brise embaumée.

Vers neuf heures, nous étions à l'entrée de la rade de Pointe-de-Galle et l'on apercevait les navires à l'ancre. Ne voulant pas avancer davantage, la nuit, sans pilote, Tom fit brûler une fusée pour en appeler un ; mais le signal fut mal fait et, au lieu du pilote, ce fut un officier du *Poonah*, de la *Peninsular and Oriental Company*, qui vint à bord, croyant que nous étions échoués ou que nous avions besoin d'un secours quelconque. Il nous apprit que le service de pilotage cessait à la tombée de la nuit, et nous offrit de nous indiquer un bon mouillage où nous attendrions le jour.

Jeudi, 29 mars. — Le pilote est venu de grand matin et, un peu après six heures, nous jetions l'ancre devant Pointe-de-Galle. L'entrée est belle ; la baie, superbe ; la ville, avec ses vieux bâtiments et ses superbes cocotiers qui poussent jusqu'au bord de l'eau, est d'un effet séduisant. Nous avons déjeuné sur le *Poonah,* dont le capitaine et quelques-uns de ses amis sont venus, ensuite, visiter le yacht ; puis, dans l'après-midi, à l'issue du *tiffin* de *l'Hôtel de la Compagnie Orientale*, nous sommes allés, dans deux voitures, à Wockwalla, colline réputée pour ses admirables points de vue. La végétation est magnifique ; elle rappelle celle de Tahiti ; depuis notre départ de cette île, nous ne nous étions pas encore trouvés en face d'une nature aussi riche. Tout le long de la route, on est assailli par des enfants offrant des fleurs et des branches de muscade ; celle-ci est assurément bien jolie, surtout quand le fruit, à demi-ouvert, laisse voir l'enveloppe rouge qui sert comme de lit à la noix brune, mais les jeunes vendeurs sont bien gênants lorsqu'ils se succèdent à tout moment. Il y a une buvette au haut du Wockwalla, tenue par une gentille petite mulâtresse et par son mari. Nous y avons mangé des mangues et bu de la limonade, tout en contemplant le beau panorama de champs, de jungles, de forêts vierges et de montagnes qui se déroulait sous nos yeux. Le paysage est comme coupé en deux par une rivière sur les bords de laquelle, dans la feuillée des cannelliers, s'ébattent des grues aux ailes blanches et au corps rouge ; cette partie du tableau est tout à fait charmante.

Ceylan est célèbre, comme on sait, pour ses perles, vraies et fausses. Quelques-unes de celles-ci viennent de Birmingham, mais les indigènes en fabriquent qui sont bien supérieures aux nôtres, même à celles de Paris. Plusieurs fois, en rentrant à la ville, nous avons été escortés par des Indiens qui exhibaient aux portières, des rubis, des saphirs, des émeraudes, pour lesquels ils demandaient jusqu'à 4000 roupies, et qui s'en allaient contents avec dix sous. Après avoir dîné à l'hôtel, nous sommes retournés à bord dans un bateau de pilote ; toutes les bouées étaient éclairées et des barques, avec des hommes munis de torches, se tenaient prêtes à nous montrer le chemin pour sortir de la rade. A dix heures, nous étions en route pour Colombo.

Vendredi, 30 *mars*. — Il a plu toute la nuit. Impossible de coucher sur le pont ; nous avons été forcés de nous réfugier sous le rouf. Ce matin, le ciel était redevenu clair, et la côte de Ceylan semblait plus belle que jamais, après cet orage. Vers dix heures, nous avons mouillé dans le port de Colombo, qui était plein de navires. Cent soixante-quinze mille coolis y ont été débarqués dans les deux derniers mois ; la main-d'œuvre est donc à très-bon marché, cette année, dans les plantations de caféiers.

Comme d'habitude, le yacht a été entouré d'embarcations, dès qu'on l'a vu à l'ancre. C'était à qui vendrait son ébène sculptée, son ivoire, son bois de sandal, ses modèles de barques du pays. Ces bateaux, très-longs et très-étroits, portent une large voile et une espèce de balancier [1] sur lequel les gens de l'équipage vont s'asseoir, un à un, quand il fait mauvais temps, de façon à le maintenir dans l'eau. De là l'expression familière dans l'île « une brise à un, deux, trois, quatre hommes ».

Colombo a un peu l'aspect d'une ville européenne. On y voit de belles maisons et de grandes pelouses vertes, sur lesquelles les soldats jouent au cricket, en plein midi, sans se soucier autrement de l'excessive température. Nous avons pris nos dispositions pour pouvoir partir par le premier train du matin ; puis nous sommes revenus à bord, au milieu d'une épouvantable pluie d'orage qui nous a trempés jusqu'aux os.

Samedi, 31 *mars*. — Arrivés juste à temps pour prendre le train de Candy, ce matin à sept heures, nous avons dû payer nos places en souverains, faute d'un instant de répit pour nous procurer des roupies. L'administration en a profité pour prendre nos livres sterling à raison de dix roupies chacune, pendant que le cours du change est de onze et demie. Il est permis de trouver étrange que la Compagnie — c'est-à-dire le Gouvernement — prenne des souverains à ses guichets pour dix roupies seulement, et qu'elle aille les vendre pour onze roupies et demie aux spéculateurs qui attendent, aux portes de la gare, l'occasion de cet agiotage.

La ligne de Colombo à Candy passe, à bon droit, pour une des plus belles du monde. Elle traverse, d'abord, la jungle et de grandes plaines ; puis, montant de plus en plus vers des montagnes qu'on voit se perdre dans le lointain, au milieu des feux du

1. Analogue à celui qui figure dans le dessin de la page 145.

soleil et de la buée qui l'entoure, elle domine toutes les beautés
de la végétation des tropiques. On arrive vers neuf heures à Ambe-
pussa, point à partir duquel la variété et la splendeur du paysage
augmentent encore ; deux heures plus tard, à Peradeniya, où se
trouve l'embranchement de Gampola. Nous avons laissé à cette
station beaucoup de voyageurs allant à Neuera-ellia, le *sanatorium*
de Ceylan, situé à 2000 mètres au-dessus du niveau de la mer.
Peu d'instants plus tard, nous traversions le pont de Satinwood et
nous arrivions à Candy. Un ami, qui nous attendait à la gare pour
nous offrir l'hospitalité, a mis tant d'insistance dans son invitation
que, quoique nous fussions bien nombreux, nous nous sommes
décidés à l'accepter. On déjeune, près de la station, à un petit
hôtel, bruyant et mal tenu, où les planteurs viennent prendre des
boissons glacées sur le comptoir. La ville est pleine de monde, en
raison des fêtes de Pâques. Les uns viennent pour s'amuser ;
d'autres, pour assister au service religieux, beaucoup de plantations n'ayant pas d'église dans leur voisinage immédiat.

Une voiture est venue nous chercher à quatre heures et nous a
menés à Peradeniya, où demeure notre hôte, tout près du Jardin
botanique. Plusieurs des huttes et des cottages qu'on rencontre le
long de la route ont les mots «Petite vérole» écrits en grosses
lettres sur leurs portes et dans trois langues différentes, anglais,
sanscrit et chingalais. C'est là une bonne précaution, car les indigènes sont rarement vaccinés, et la terrible maladie fait parmi eux
de cruels ravages. Quel plaisir de s'étendre sous la véranda du *bun-*
galow qui nous est si aimablement ouvert ; d'assister au coucher du
soleil ; de voir, dès qu'il a disparu, les vers luisants et les mouches
luisantes jeter leurs pâles clartés, en si grand nombre qu'on dirait
que les étoiles ont quitté le firmament pour se livrer, dans l'herbe
ou parmi les branches des hauts palmiers, à je ne sais quelle danse
de fées ! Quelle joie de se trouver dans de grandes chambres fraîches ! Quel repos de dormir sans se tourner et se retourner, acca-
blé par la chaleur, comme nous l'avons fait depuis quelque temps !

Dimanche, 1er avril. — Je me suis éveillée avant le jour. De mon lit qui faisait face aux fenêtres, demeurées grandes ouvertes sans rideaux et sans stores, j'ai vu le soleil se lever derrière les hautes montagnes de la Province centrale, dorer la cime des arbres , et éclairer le jardin, en aspirant à lui les mille parfums des feuilles et des fleurs. A sept heures, nous sommes allés au Jardin botanique, où il y a beaucoup de choses curieuses. Les groupes de palmiers sont superbes et comprennent toutes les variétés : le *talipot*, l'*arec*, le *palmier à feuilles laciniées*, le *caryota urens*, dont on extrait la fibre appelée *kittul*. Le *palmyre*, qui joue auprès de l'habitant du nord de Ceylan le rôle du cocotier auprès de celui du sud, c'est-à-dire qui le nourrit, l'abrite et sert à le vêtir, est très-intéressant. Des *nepenthès*[1] dont les feuilles ont la forme de vases ; des *amhersties* rouges ; des bambous aux tiges jaunes et vertes ; des magnolias, des pamplemousses, des *hibiscus ;* le *champaca* aux fleurs jaunes (la fleur sacrée de la mythologie hindoue) ; des muscadiers, des cannelliers, des caféiers et des thés ; des *shaddocks* de la famille de l'oranger, et beaucoup d'autres plantes ou arbres poussent, dans ce jardin, avec une incomparable richesse de feuillage et de floraison. Au milieu, coule l'Ambang-Ganga ; le jardin occupe une étendue de 60 hectares et est installé sur le modèle des parcs anglais.

Après le déjeuner, deux voitures nous ont conduits à Candy, pour assister au service religieux. L'église est un beau monument, vaste, élevé, bien aéré ; elle était décorée de branches de palmier et de fleurs, à l'occasion de la fête de Pâques ; des moineaux allaient et venaient, par les fenêtres laissées ouvertes. L'un d'eux se bâtissait un nid dans une encognure : pendant l'office, il y a ajouté une plume de marabout, un bout de dentelle, et un morceau de ruban rose. Ce sera un nid panaché, quand il sera fini.

A l'issue de la cérémonie, nous avons été faire une visite au gouverneur, Sir William Gregory ; mais il est, malheureusement, en Australie et ne sera de retour qu'après notre départ. Le palais est très-beau, quoiqu'il ne soit pas encore terminé ; à l'entrée,

---

1. Ses feuilles se terminent par une vrille recourbée à laquelle est comme suspendue une urne, parfois assez grande pour pouvoir contenir un verre d'eau.

j'ai remarqué de très-beaux lis rouges, qui viennent sans doute de l'Amérique du sud. Dans la journée, dès qu'il a fait moins chaud, on nous a menés à un lac, au milieu des montagnes ; du haut de ces collines, la vue de Candy est charmante et on se rend bien compte de sa merveilleuse position. En revenant de cette promenade, nous nous sommes arrêtés pendant quelques instants à la Cour, ou palais de Justice, beau monument de style hindou. C'est là que le prince de Galles, lors de son voyage aux Indes, a procédé à l'installation de l'Ordre de Saint-Michel et Saint-Georges.

Lundi, 2 avril. — Ce matin, à onze heures, j'ai pris le chemin de fer avec Tom, pour aller voir un vieil ami, à Neuera-ellia. On quitte le train à Gampola pour monter dans une espèce de charrette, décorée du nom de voiture, où nous fûmes entassés au nombre de huit ou neuf personnes, alors que le véhicule pouvait, au plus, en contenir six. Tom n'avait emporté qu'une petite malle pour nous deux ; il devint, cependant, impossible de la loger, et nous dûmes la laisser aux soins du chef de gare, après en avoir retiré quelques objets indispensables dont nous fîmes un petit paquet, comme des marins qui vont en congé.

La première partie de la route n'a rien de bien intéressant ; on traverse d'interminables plantations de thé et de café, dont quelques-unes, qui appartiennent aux Rothschild, sont les plus belles de Ceylan. Mais, à partir de Rangbodde, la vue devient magnifique : on aperçoit, notamment, une grande rivière qui, tombant à pic du haut d'un roc, forme trois cascades successives dont les eaux écumantes viennent ensuite se réunir sous un grand pont en pierre.

Nous aurions dû arriver à six heures ; mais nous n'avions que deux chevaux pour nous traîner le long de cette route escarpée, et les pauvres bêtes, exténuées, ruaient, s'arrêtaient, tombaient à tout instant. Une fois, nous avons cru qu'elles nous jetaient dans le précipice, et chacun de sauter sur le chemin. Ailleurs, l'une est tombée dans un fossé, les quatre fers en l'air ; et il a fallu notre intervention, fondée sur nos expériences de chasse, pour aider à la tirer de là. Dans d'autres moments, l'attelage refusait absolument d'avancer; les hommes alors poussaient à la roue, le cocher criait et fouettait; on repartait, pour recommencer le même manége un peu plus loin. Je me sentis, à la fin, si épuisée et si blasée sur le voisinage du précipice, que, lorsqu'il arrivait quelque nouvel accident, je ne me trouvais plus ni la force, ni la volonté de sauter à terre. Nous finîmes, cependant, par arriver, vers dix heures et demie, à Head-quarter House, la demeure de notre ami; la joie de revoir une vieille connaissance, un bon dîner et un bon feu nous eurent promptement remis de nos fatigues. Sans les instances de notre hôte pour que nous allions nous reposer, nous eussions même passé une partie de la nuit à lui donner des nouvelles.

Mardi, 3 *avril.* — On est en fête, ici, pour une semaine, et les visiteurs affluent de toutes les parties de l'île : les hommes dans de grands manteaux, les femmes dans des fourrures, car il fait froid sur ce plateau, du moins pour ceux qui ont vécu longtemps sous les tropiques. Il y a eu, dans la journée, des courses et des jeux athlétiques auxquels on nous a conduits; en revenant, nous avons fait le tour de la colonie. Neuera-ellia n'est pas, à proprement parler, une ville ; c'est un séjour très-recherché, mais il n'y a peut-être pas deux maisons qui soient à moins de 800 mètres l'une de l'autre. Les sangsues y abondent, et font le désespoir des habitants, hommes et animaux. Comme il a plu la nuit, on m'a recommandé de ne pas marcher sur le gazon, de peur des horribles bêtes.

Ce soir, après dîner, nous avons été à un bal, donné à la caserne, par le club Jinkhana. La salle était bien décorée, et les costumes bariolés des *sportmen,* vus au milieu des branchages et des fleurs, produisaient un effet très-pittoresque. Devant partir demain, de grand matin, nous nous sommes retirés de bonne heure.

Mercredi, 4 *avril.* — Une chasse ce matin, des courses dans la journée, un second bal ce soir, un troisième demain : que d'arguments à faire valoir pour nous retenir! Mais le temps nous presse et nous sommes partis dès l'aube, conduits jusqu'à la poste par

une escorte en robes de bal et en habits noirs, sortant de la fête
d'hier. Plus de deux heures s'écoulèrent, sans qu'il fût question
de la voiture. Les meutes, pendant ce temps, partaient dans la
vallée au brut du cor ; les chevaux de course faisaient leur galop
du matin. On est enfin venu nous dire que notre futur attelage
refusait de monter la colline et qu'il fallait aller rejoindre la dili-

Le pont de Satinwood et le mont Peacok.

gence. Les malheureuses bêtes étaient encore plus maigres que
celles qui nous ont amenés, plus couvertes de plaies au portage
des harnais ; et comme, pour comble d'infortune, il se trouvait
parmi les voyageurs une femme qui exigeait qu'on la laissât descendre, chaque fois que la pente devenait un peu rapide, le retour
fut aussi interminable que l'aller.

Je ne m'explique pas que les autorités locales ne s'emploient pas à introduire ici les voitures américaines et à améliorer la condition des bêtes de trait. Notre cocher, — noir comme du jais et fort peu vêtu, soit dit en passant, — n'entendait rien à son métier. Au lieu de soutenir son attelage le long des pentes en zigzag, il laissait flotter ses rênes; au lieu de prendre garde aux tournants, il permettait à ses chevaux de raser le bord du précipice, et, pour les faire évoluer, il fallait qu'un jeune noir, posté auprès de lui, sautât à terre et les tirât, non par la bride, mais par les harnais. Après une courte halte à Rangbodde et une autre à Pusillawa, nous sommes arrivés à Gampola, où nous avons quitté la diligence pour prendre le train. Tom s'est rendu directement à Colombo, afin de surveiller nos préparatifs de départ; moi, je me suis arrêtée à Peradeniya, d'où je suis allée chercher Mabelle, demeurée chez nos premiers hôtes.

Pour se rendre de la gare au *bungalow* de notre ami, on traverse le pont de Satinwood, situé en face du mont Peacock; on m'y a montré un Anglais qui lavait gravement des pierres dans la rivière, espérant que c'étaient des pierres précieuses. Il a trouvé ainsi, à diverses reprises, des saphirs et des rubis de petite dimension, et il continue ses recherches, comptant tomber, un jour ou l'autre, sur quelque chose de mieux. Sur la côte, près de Managgan, le sable des rives de certain cours d'eau est formé de rubis, de saphirs, de grenats et d'autres pierres précieuses; mais le courant, qui les entraîne, les broie en même temps, et on n'en rencontre pas une qui soit de la grosseur d'une tête d'épingle. L'effet de ce sable humide, éclairé par les feux du soleil, est réellement éblouissant; ce qui prouve que les récits de mon favori Sindbad ne sont pas aussi fantastiques que le prétend notre prosaïsme. Il faut, du reste, que l'île soit bien riche en pierres précieuses, pour qu'on ait si peu de peine à en trouver. A Neuera-ellia, on organise des parties « de chasse aux pierres », et on en recueille souvent de très-belles : de gros grenats, des améthystes, des pierres de lune, des saphirs, des aigues-marines, des tourmalines, etc.

En arrivant au *bungalow*, j'ai eu le regret d'apprendre qu'un de nos vieux amis était venu pour nous voir lundi, immédiatement après notre départ, et qu'il était parti ce matin de bonne heure,

pour faire l'ascension du Pic d'Adam. A propos de ce pic, on m'a
dit que des milliers de pèlerins, dont beaucoup âgés et infirmes,
se rendaient, chaque année, aux temples mahométan et bouddhiste qui en ornent le sommet. La gigantesque empreinte qu'on
y va honorer est vénérée également par les deux religions, depuis
un temps immémorial. Les bouddhistes prétendent que c'est l'empreinte des pas de Bouddha et que le récit de son origine fut écrit
300 ans ou 400 ans avant J.-C. Les mahométans soutiennent que
c'est le premier pas d'Adam, après qu'il fut chassé du Paradis ter-
restre. Malgré cette différence d'opinion, les uns et les autres
vivent en parfaite intelligence dans leurs temples respectifs, sur le
très-petit sommet de la montagne. Les chaînes en fer, qui aident
les visiteurs et les fidèles à gravir le dernier escalier, furent posées,
dit-on, au temps d'Alexandre le Grand, et elles sont mentionnées
par divers historiens.

Nos amis sont allés dans l'après-midi à Candy, voir la dent de
Bouddah et un temple de brahmanes ; mais j'étais trop fatiguée de
mes deux dernières journées pour les accompagner, et je me suis
reposée jusqu'au dîner. Le soir, en m'habillant, j'ai aperçu sur ma
table une bête noire, pouvant avoir quinze centimètres : on eût
juré un scorpion ou un cent-pieds ; ce n'était, heureusement, qu'une
espèce de *millipède,* inoffensive, même jolie, avec des anneaux noirs
et des centaines de pattes, couleur orange. Il y a beaucoup de serpents venimeux à Ceylan ; mais ils s'enfuient dès qu'on en approche,
et ils ne mordent jamais les Européens. Les toits en chaume des
bungalows fourmillent de rats, et dans chaque maison on a un serpent particulier, qui les tue et qui les mange. Plusieurs fois, j'ai
entendu un bruit de lutte au-dessus de ma chambre, suivi d'un
petit cri indiquant que le serpent avait tué sa proie et se disposait
à l'avaler. Un de ces reptiles s'est laissé pendre, un jour, du toit,
devant ma fenêtre, et a tiré une langue fourchue comme s'il
s'apprêtait à fondre sur moi. On a beau être prévenu qu'il n'y a
rien à craindre ; ce genre d'apparition ne laisse pas de causer
une certaine inquiétude, la première fois qu'on en est le
témoin.

Jeudi, 5 avril. — Malgré notre regret de quitter, après si peu de jours, des amis qui nous ont accueillis avec tant d'amabilité, il a fallu partir par le train de sept heures, pour rejoindre le yacht, qui prend la mer dans la journée. La température a augmenté considérablement, à mesure que nous approchions de la ville; à Colombo, elle était presque insupportable. En arrivant, nous avons rencontré Tom qui nous attendait pour déjeuner à l'hôtel.

Les hôtels d'ici ont cette particularité que les chambres y sont séparées l'une de l'autre par des cloisons qui ne montent pas jusqu'au plafond. On croit que cette disposition aide à la circulation de l'air; mais je doute que le petit avantage qu'on en peut retirer compense les inconvénients qui en résultent; surtout quand il y a comme ce matin, dans une des chambres, un enfant qui s'obstine à crier, dans une autre, une petite fille malade de la coqueluche, et dans la troisième, des gens qui se disputent à propos de clefs perdues. Les corbeaux nous ont bien amusés pendant le déjeuner. Grâce aux fenêtres ouvertes, ils venaient se percher sur le *punkah* ou sur les barres de fer qui soutiennent le toit, guettant, de là, l'occasion de fondre sur nos assiettes, pour y prendre les restes que nous pouvions avoir laissés, sans se préoccuper autrement des convives et des domestiques. On raconte nombre d'histoires plaisantes à propos de ces oiseaux; mais, tout apprivoisés qu'ils sont en apparence, il semble impossible d'en prendre un vivant.

Immédiatement après le déjeuner, nous avons rejoint le *Sunbeam*, qui croisait déjà sous vapeur en nous attendant. Un grand navire que nous avons rencontré, à la sortie du port, nous a salués de ses vivat. La chaleur est excessive; pas un souffle de vent, toute l'après-midi. Au moment où le soleil noyait dans l'eau son globe d'or et de feu, nous voyions disparaître à l'horizon Ceylan, la terre des épices, des parfums et des merveilles!

CHAPITRE VINGT-SIXIÈME

Vendredi, 6 avril. — Quel dommage de n'avoir pu rester plus longtemps à Ceylan! Que d'excursions à faire! Que de choses curieuses à voir! Dans la partie centrale de l'île, sur la route de Matelle à Nalandi Senadoora, il y a de vieilles villes et d'anciens temples à vísiter; entre autres, celui de Dambool, près duquel s'élève le rocher fortifié de Segiri. Un peu plus loin, on trouve les restes de Topari, ou de Ponamere, l'ancienne capitale de Ceylan. L'île abonde en ruines intéressantes, et quelques-unes sont regardées comme les plus anciennes du monde. Ranhol Dagoba, Jayti Wana Rama, Galle Wihara, le temple taillé dans le roc, valent seuls un long voyage. On parle aussi beaucoup d'Anajapoora, la cité des rubis, la ville sainte du royaume des ruines, dont les voyageurs chinois des premiers âges célébraient déjà les merveil- les. De là, on va facilement à Jaffna, peuplé par les Tammils il y a plus de deux mille ans. C'est la région des jardins ; c'est de ce côté qu'on récolte les divers ingrédients dont on fait le *curry*, qui s'exporte dans toutes les parties de l'île et dans l'Inde méridionale; c'est encore là que pousse le tabac, fameux dans l'Inde entière et dont le Rajah de Travancore a le monopole.

Et ce curieux récif, qu'on nomme le Pont d'Adam [1], qui réunit presque Ceylan au continent indien! On dit qu'il a été rompu jadis, dans une grande convulsion du globe, et que le passage se creuse graduellement : mais de récents travaux ont montré qu'au lieu de provenir d'une bande de rochers qui aurait relié Ceylan à l'Inde, le Pont d'Adam est, en réalité, une agglomération, relati-

1. Voir la carte.

vement récente, de minerai de fer, couvert de dépôts d'alluvion, amenés par le courant et amoncelés en cet endroit. L'élévation graduelle de la côte a, d'ailleurs, contribué à donner au récif sa hauteur actuelle.

Balchus rapporte l'histoire de quinze frégates portugaises qui, en 1557, auraient échappé à une flotte hollandaise, en passant entre Ceylan et la côte indienne. Ce récit est peu vraisemblable, car le passage n'avait primitivement que 55 mètres de largeur, avec une profondeur maximum de 2 mètres d'eau. Aujourd'hui, il est plus large et plus profond, et un petit steamer appartenant au gouvernement y passe souvent pour faire le tour de l'île. Mais les voiliers qui vont de Bombay à Madras demeurent obligés de faire un détour de 5,000 milles pour arriver à doubler Ceylan, et ils ne calent guère que 3 mètres.

Au milieu du chenal, il y a une petite île où les Hollandais se livraient autrefois à l'élève du cheval, notamment du cheval arabe. Les moyens de dressage employés étaient ceux en usage dans l'Amérique du sud : lasso, dompteurs, *corrals*, etc. Présentement, l'établissement n'existe plus ; les bâtiments tombent en ruine, et il ne reste plus à voir qu'une pagode indienne où se célèbrent des processions avec accompagnement de danses, qui attirent une foule énorme. Au sud-ouest du Pont d'Adam s'étend le golfe de Manaar, réputé pour ses perles.

Il faut huit heures, dans un steamer, pour aller de Colombo aux pêcheries de perles ; c'est encore là une excursion que j'eusse bien aimé à faire, si nous avions eu plus de loisirs. Lorsqu'un bateau de perles arrive à terre, les huîtres sont divisées en quatre tas égaux : un revient à l'équipage ; les trois autres, à l'inspecteur du Gouvernement. C'est celui-ci qui indique aux hommes la part qui leur appartient, en sorte que ne sachant pas quel lot leur échoira, ils n'ont pas de raison pour essayer de tromper en faisant le partage. Les lots sont ensuite divisés et vendus aux enchères ; puis, subdivisés encore et revendus de la même façon. Naturellement, on ne sait jamais si les coquilles qu'on achète renferment de bonnes ou de mauvaises perles, ou même pas de perles du tout (bien que cela arrive rarement); et nombre de spéculations se basent sur cet aléa.

L'amour du jeu est inné chez les Orientaux. Un mendiant, qui a à peine de quoi se procurer à manger, consacrera les quelques sous dont il dispose à acheter des huîtres, dans l'espoir d'y trouver une perle; et s'il est frustré dans son attente, comme c'est le cas, le plus souvent, il se consolera en avalant ses coquillages et en se promettant d'être plus heureux une autre fois. Généralement on laisse les huîtres en tas sur le sable — sous bonne garde, naturellement — jusqu'à ce qu'elles meurent et qu'elles s'ouvrent; on en extrait alors la perle. Quelquefois on en expédie, dans des sacs cachetés, à Colombo, à Candy et dans d'autres endroits de l'intérieur, à l'usage des spéculateurs et des joueurs qui n'ont pas le loisir de venir à Manaar. J'ajoute que ce ne sont pas de véritables huîtres, malgré leur nom, mais plutôt des sortes d'*avicules*. Samarik les appelle *mellagrina margaritifera*, et elles diffèrent des larges écailles où l'on recueille les perles des mers du sud. N'est-il pas singulier que cette île curieuse de Ceylan soit encore si peu connue des Anglais, à l'exception de Galle, de Colombo et peut-être de Candy et de Trinquemale, alors que l'on a tant de facilités pour s'y rendre !_

Samedi, 7 avril. — Nous avons passé aujourd'hui près de l'île de Minnekoy, entre les Laquedives et les Maldives. Il a fait très-chaud, et chacun est revenu à son ancien costume : les hommes, au pantalon et à la chemise; les enfants, au tablier, et rien de plus; moi, à mes robes de Tahiti. On a eu beau nous dire, avant notre départ d'Angleterre, que la chaleur était excessive sous les tropiques, nous ne nous sommes pas suffisamment précautionnés contre ses effets. Dans l'Atlantique et le Pacifique, cet oubli ne s'est pas trop fait sentir; mais entre Hong-kong et Singapoure, la température est devenue littéralement intolérable. Notre charpentier a improvisé un *punkah*, et les hommes ont fabriqué des manches à vent; grâce à ces arrangements, nous étouffons un peu moins qu'auparavant.

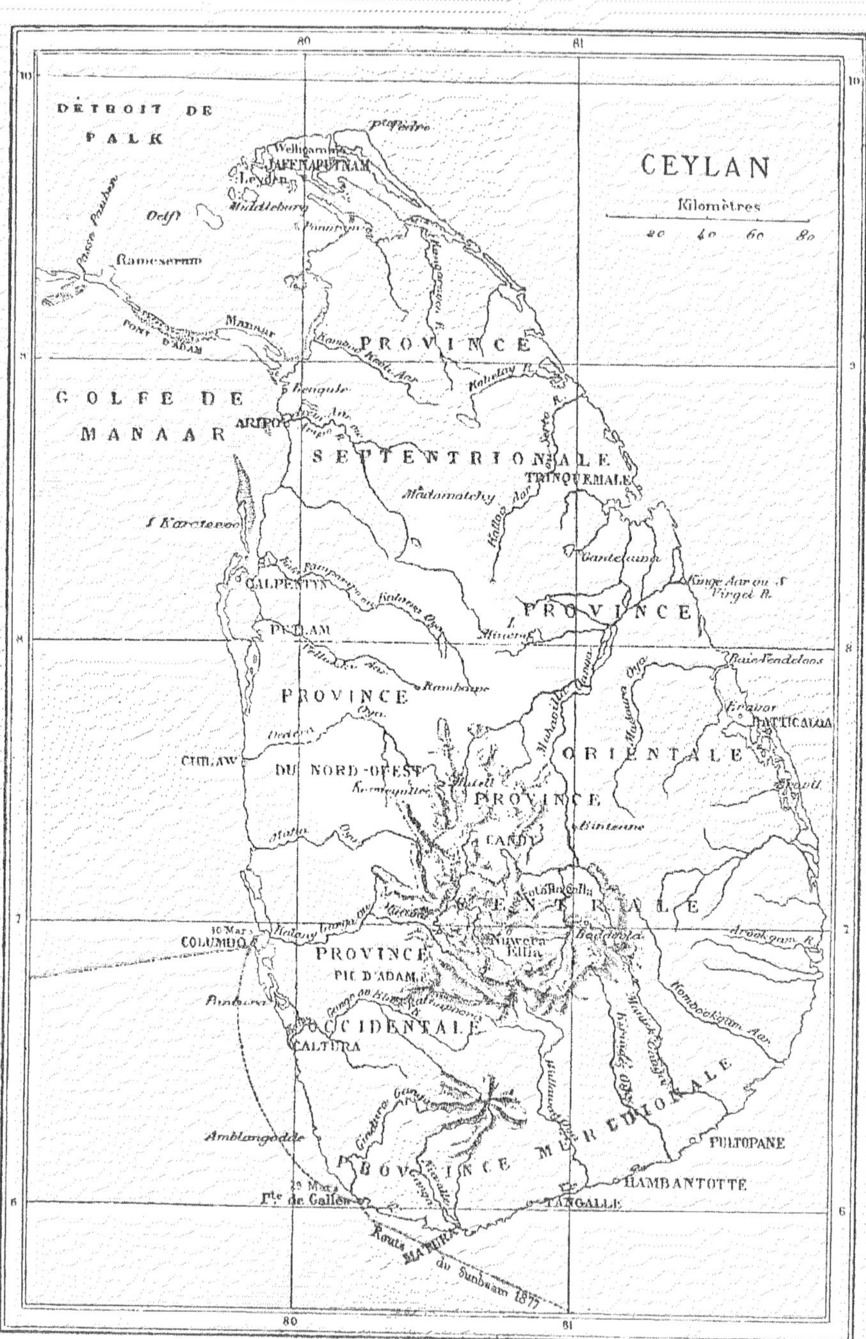

DÉTROIT DE PALK
CEYLAN
Kilomètres
20 40 60 80
Pte Pedro
Welligama
JAFFNAPUTNAM
Leyden
Middleburg
Pamiram
Passe Pamben
Oelsl
Rameseram
Manaar
PONT D'ADAM
Kamba Kadu Aar
PROVINCE
GOLFE DE
MANAAR
Benqule
ARIPO
SEPTENTRIONALE
Aar ou
Aripo
Matamatchy Aar
Kollatay R.
TRINQUEMALE
S. Karcewoo
Cantelauna
Kinge Aar ou S.
Virgel R.
CALPENTYN
PUTLAM
Tenawaroe ou Ladacas Oya
PROVINCE
L. Minerg
Baie Vendeloos
PROVINCE
Rambaye
Tellada Aar
Irrawar
BATTICALOA
Oya
DU NORD-OUEST
Oreden
Mahavilli Ganga
Musgura Oya
CHILAW
ORIENTALE
Kornegalla
Pranil.
Matele
Matas
Oya
PROVINCE
Bintenne
CANDY
CENTRALE
Kotmalegalla
drook gam R.
10 Mar.
COLUMBO
Nuwera
Ellia
Badioula
Kelany Ganga
Tranko Oya
PROVINCE
Nambockgam Aar
PIC D'ADAM
Gange du Kitoul
Rattanpoore
OCCIDENTALE
Ruanch Ganga
CALTURA
Pantura
Gindura Ganga
Amblangodde
PROVINCE MERIDIONALE
PULTOPANE
HAMBANTOTTE
29 Mars
Pte de Galles
TANGALLE
Route
MATURE
du Sunbeam 1877

Dimanche, 8 avril. — Il fait beaucoup plus frais qu'hier, au point que l'on a pu célébrer le service religieux en bas, sans que personne se plaignît de la température. Cependant, le thermomètre marque presque le même nombre de degrés que vendredi dernier, jour où nous étions tous morts de chaleur, et la température de l'eau n'a pas, non plus, beaucoup varié ; la petite brise qui nous rafraîchit est donc sans influence sur le fond de l'air et sur l'océan. Ce n'est pas la première fois que nous constatons que les évaluations thermométriques ne s'accordent pas avec nos sensations personnelles.

Les deux Chinois que nous avons pris à Hong-kong ont un vrai succès à bord. Notre vieux maître d'équipage lui-même est obligé de convenir que la partie du yacht qu'ils sont chargés de soigner, est beaucoup plus propre et beaucoup mieux tenue qu'elle ne l'était quand ce service revenait à ses hommes. A Pointe-de-Galle, nous avons embarqué trois chauffeurs, deux de Bombay et un de Mozambique : Mahomet, Abraham, et Tom Dollar. Ils vivent sous une petite tente qu'on a installée pour eux sur le pont, font leur cuisine eux-mêmes et s'acquittent de leurs fonctions à merveille. Tous les trois m'ont montré les cadeaux qu'ils rapportent à leurs femmes ; ils étaient depuis près d'un an sur le *Poonah*, où ils semblent avoir fait de bonnes économies. Je ne crois pas que nos hommes eussent pu supporter longtemps l'épouvantable chaleur qu'il fait devant les fourneaux de la machine ; ce sont donc d'utiles auxiliaires que nous leur avons donnés, en leur adjoignant ces salamandres.

Lundi, 9 avril. — Pas de vent. Nous avons rencontré un banc de marsouins, et aperçu le feu d'un navire à la tombée de la nuit. Partout où nous sommes allés, en dernier lieu, nous avons pu nous procurer de la glace et en faire provision pour les journées de mer. Mais la machine de Colombo s'est justement brisée la veille de notre départ, en sorte que nous sommes privés de ce précieux rafraîchissant, pendant la partie la plus chaude de notre voyage. De là, impossibilité de rien garder. Un mouton tué le soir, est gâté vingt-quatre heures plus tard ; le beurre est comme de l'huile ; aujourd'hui, en ouvrant un tiroir, j'ai senti mes doigts se coller ; c'étaient six bâtons de cire à cacheter, qui s'étaient fondus en une masse gluante.

Vendredi, 13 *avril.* — On a aperçu, à six heures du matin, Socotora ; un peu plus tard, les Frères, deux îles où l'on trouve beaucoup de tortues et d'ambre gris. Elles sont désertes, mais les indigènes des côtes voisines y vont quelquefois faire des collections d'articles de commerce ; coquillages, etc.

Un de nos gros porcs s'est avisé de sauter par-dessus le bord : on a immédiatement manœuvré pour le repêcher, mais personne ne le voyait plus et nous avions remis en route quand, à notre étonnement, nous l'aperçûmes qui nageait le long du yacht. Une embarcation fut amenée et deux hommes se mirent à la poursuite du fugitif ; mais ils eurent toutes les peines du monde à le prendre. Il nageait au large lorsqu'ils s'en approchaient, et quand ils parvenaient à le saisir, il se débattait avec fureur ; cette lutte se prolongea plus d'une demi-heure. A la fin, l'animal fut ramené à bord et condamné à mort pour éviter les accidents que son état de surexcitation pouvait causer, car il essayait de mordre tout le monde. On voit, par cet incident, que les porcs, certains du moins, sont capables de nager, voire de nager très-bien.

Nous avons échangé des signaux avec la *Calypso,* de Glascow ; vers cinq heures et demie, elle a modifié sa route et s'est approchée de nous pour parler. L'équipage était groupé sur le gaillard d'avant ; le capitaine, les officiers et de nombreux passagers se montraient à l'arrière ; un terrier, majestueusement assis sur un tabouret, regardait devant lui avec la gravité d'un marin en faction.

Tout à coup, une voix s'éleva, criant : « *Trois hourras pour Mr Brassey !* » ; les vivats retentirent, les chapeaux s'agitèrent, nos hommes se mirent de la partie. Vous qui rencontrez tous les jours des compatriotes ou des amis, pourrez-vous bien comprendre de quelle joie nous combla ce salut sympathique qui venait nous surprendre au milieu de cet océan, où la simple vue d'un navire à l'horizon est déjà tout un événement! Peu après cette rencontre, nous avons reconnu l'île d'Abd-al-Kuri, aux pics fantastiques, noyée dans les feux du soleil d'Arabie.

Samedi, 14 *avril*. — Vu le cap Rasalhir, aussi appelé cap Guardafui, hier au soir, à neuf heures. Nous l'avons doublé dans la nuit, et nous sommes entrés dans le golfe d'Aden[1]. Toute la journée, le yacht a longé la côte de Sômal. Ces terres sont peu connues et peu fréquentées ; néanmoins, il s'en exporte nombre de choses, d'un usage quotidien dans nos pays. Tant il est vrai qu'il n'est pas un coin du monde qui ne soit nécessaire à l'autre !

Dimanche, 15 avril. — Il fait très-chaud ; cependant, les deux services religieux du matin et du soir ont été célébrés, aux heures habituelles. La terre est visible des deux côtés : à tribord l'Arabie, à bâbord l'Afrique. Dans l'après-midi, on a commencé à apercevoir le roc d'Aden et à huit heures et demie, un coup de canon du fort nous a sommés d'arborer nos couleurs, ou mieux nos feux. Dès que nous avons été mouillés, une embarcation est venue nous apporter notre courrier et prendre nos ordres pour le lendemain ; elle était dépêchée par les grands marchands parsis de la ville, qui se chargent de nous fournir de l'eau, des vivres et du charbon, sans que nous ayons à nous préoccuper de rien. Nous avons eu une jolie petite brise de l'arrière, pendant les trois ou quatre dernières journées, et si nous avions pu nous contenter de quatre ou cinq nœuds à l'heure, nos voiles nous eussent suffi. Pressés d'avoir franchi l'Océan indien avant que la mousson de sud-ouest s'établît, nous avons marché à la vapeur. Notre moyenne est de 200 milles par jour depuis Penang, avec une consommation de quatre tonnes de charbon pour 50 milles.

1. Nous avons eu beaucoup de peine à découvrir le phare, et, depuis notre retour on nous a dit qu'il y avait eu plusieurs naufrages en cet endroit dangereux. (Note de l'auteur.)

Lundi, 16 avril. — J'ai été réveillée à deux heures par un coup de canon : c'était le paquebot de la *Peninsular and oriental Company* qui arrivait. Comme il a mouillé près du yacht, nous avons eu le plaisir d'entendre, toute la nuit, le bruit qui s'est fait à son bord. Un pilote nous a rapprochés du port ce matin, et l'embarquement du charbon a commencé aussitôt.

Indien Sômali (Aden).

Les gens du pays sont de curieuses créatures. Ils ont la peau très-noire, une chevelure épaisse et laineuse qui forme comme un écouvillon autour de la tête et qui est généralement teinte en rouge ou en jaune, avec de la chaux. M. Cowajee nous a envoyé prendre au débarcadère, dans sa voiture : c'est une barouche découverte, attelée de deux beaux chevaux et conduite par deux domestiques en livrée orientale, veste et pantalon verts, turban rouge et orange. Nous sommes d'abord allés à son magasin, immense entrepôt qui paraît contenir tous les articles imaginables : châles brodés de la Chine et de Surat, objets indiens, médecines anglaises, lampes françaises, jeux allemands, caviar russe, dentelle grecque, cigares havanais, cuirs américains et bien d'autres objets encore. Les plumes ne m'ont pas plu ; elles sont bien fournies, mais la tige est courte et la couleur, d'un gris douteux. Ce magasin n'est qu'un accessoire dans les affaires de la maison ; celle-ci s'occupe surtout des fournitures de charbon, lesquelles s'élèvent annuellement au total de 60,000 tonnes. Nous avons déjeuné à l'*Hôtel de l'Europe*, en face de la rade, avec des fenêtres ouvertes, par où pénétrait une petite brise qui faisait un peu oublier les 30 degrés marqués par le thermomètre de la salle à manger. Devant nous, sur le rivage, passaient des ânes et des cha-

meaux, chargés de lourds fardeaux, et guidés par de vrais enfants
du désert ; des gens de toutes les nuances, depuis le noir de jais
jusqu'à la teinte cuivre pâle, allaient et venaient. J'ai aperçu une
gazelle, des singes, des perroquets, placés tous ensemble sous la
même véranda ; plus loin, deux grandes autruches apprivoisées
arpentaient gravement le chemin.

La ville d'Aden et le camp sont à quelque distance de la Pointe
où tout le monde débarque. En nous y rendant dans la voiture,
nous avons rencontré plusieurs bandes de chameaux, portant de
l'eau, du bois, du fourrage pour la garnison, ou des épices et du
café pour l'exportation. Au bout de 6 kilomètres environ, on arrive
à une longue galerie percée dans le roc, qui donne accès dans l'intérieur de la place ; l'entrée est étroite, les bords escarpés, la position
imprenable. Nous avons circulé dans la ville, ou plutôt dans les
villes, vu le village arabe, les casernes européennes, celles des ci-
payes, enfin les réservoirs d'eau. Ce sont d'admirables bassins taillés
dans le roc mais négligés jusqu'à une date récente, la population
s'étant contentée, pendant longtemps, de boire de l'eau fournie par
les procédés de distillation. Un joli petit jardin s'étend au pied du
réservoir inférieur, mais la chaleur y était intolérable. Les rocs
blancs qui entourent la vallée refléchissent toute la lumière qu'ils
reçoivent, et celle-ci vient ainsi former, au centre, comme un foyer
ardent, sans que la brise, arrêtée par les montagnes, puisse en tem-
pérer l'ardeur. Nous avons visité le *mess* des officiers, les églises
catholique et protestante, la mosquée mahométane, les boutiques
de peaux de lion, de léopard et d'hyène, puis les fortifications.
Finalement, nous sommes revenus à la Pointe par la route de
l'Isthme, avec halte au Palais du gouvernement, qui occupe une
situation bien aérée. On dit qu'il fait plus chaud aujourd'hui que
d'habitude ; du reste, à moins que le vent brûlant du désert ne vienne
à souffler, la température n'est jamais excessive ici. Pour nous qui
arrivons de Singapoure et de Penang, elle est presque agréable.

Nous sommes tous d'avis qu'Aden est supérieur au tableau qu'on
nous en avait fait. Ses montagnes et ses rocs pointus lui donnent
un cachet pittoresque, et bien que l'aspect général soit celui d'une

terre aride, on découvre toujours quelque chose de vert dans les fentes ou dans les crevasses, pour peu qu'on les regarde attentivement. D'origine volcanique, le sol est sensible à la moindre humidité et produit aussitôt quelque végétation. Enfin, les rocs eux-mêmes sont très-imposants, surtout au lever et au coucher du soleil où ils se parent de mille teintes ; et la mer, vert pâle d'un côté de la presqu'île et bleue de l'autre, selon le vent, déferle doucement sur le sable du rivage en longs flocons de blanche écume.

Le pays passe pour être beau, à douze ou quinze lieues dans l'intérieur. Au milieu de pics et de montagnes rocheuses, on trouve des vallées d'un vert superbe, traversées par des cours d'eau. C'est là que l'on cultive le blé, un blé dont les hautes tiges dominent la tête du moissonneur; là que poussent les plantes potagères, que s'épanouissent les roses et que mûrissent les fruits que l'on vend à Aden. A quatre heures de la ville, s'étend un terrain remarquablement fertile, où l'on récolte les légumes destinés à la garnison. Les indigènes sont beaucoup mieux disposés pour les étrangers qu'ils ne l'étaient, il y a quelques années. A cette époque, on n'osait pas s'aventurer hors de la ville ; maintenant on peut faire des excursions et des chasses durant plusieurs jours, sans le moindre danger.

Après avoir lunché au gouvernement, avec le général et M⁣ʳˢ Schneider, nous avons encore fait quelques courses, puis, nous sommes rentrés à bord où des visites nous attendaient. Peu d'instants plus tard, comme la nuit claire des tropiques succédait au court crépuscule, le yacht a levé l'ancre avec une jolie petite brise qui a permis d'établir toutes les voiles et de gagner rapidement le large. C'était une magnifique soirée; le vent, quoique faible, suffisait à gonfler la voilure; nous glissions sur la mer, sans presque avoir conscience de notre mouvement.

Si notre visite à Aden a été courte, elle nous aura, du moins, laissé de bons souvenirs. La plupart des personnes que nous avons vues paraissent se plaire dans ce séjour, et je le comprends aisément : pêche, chasse, promenades en mer et à cheval, tout est facile dans ce pays, en fait de distractions « sportiques ». Par exemple, il est indispensable d'avoir une voiture pour communiquer avec ses amis ; car la colonie est divisée en trois parties, distantes l'une de l'autre d'au moins six kilomètres, et il fait trop chaud pour circuler, dans la journée, sur les routes, à cheval ou à pied.

Détroit de Bab-el-Mandeb.

CHAPITRE VINGT-SEPTIÈME

LA MER ROUGE — SUEZ

Mardi, 17 *avril.* —La brise s'est maintenue et a même fraîchi, en sorte que nous continuons à naviguer à la voile, ce qui est beaucoup plus agréable que de marcher à la vapeur. Nous n'avons pas, pourtant, de trépidation ; mais le bruit de la machine est déplaisant. Vers onze heures, nous avons dépassé l'île de Perim : l'aspect n'en est pas engageant, et je ne suis pas surprise que les officiers redoutent d'y être envoyés en station. C'est une position très-forte qui prendra une grande importance, quand on y aura établi des réservoirs d'eau et cultivé le sol. Pour l'heure, on n'y voit pas trace de végétation, et du côté de la côte d'Arabie, où nous l'avons longée, on n'aperçoit qu'un petit phare blanc et le sentier qui y conduit. Dans la partie sud, il y a un beau port et une petite ville. Tout autour de l'île, les tortues viennent déposer leurs œufs à une certaine époque de l'année ; c'est l'instant où on les prend.

Avant d'arriver à Perim, on franchit le détroit de Bab-el-Mandeb ou « Porte des larmes, » ainsi appelé à cause des nombreux naufrages qui y ont eu lieu jadis, et on entre dans la mer Rouge.

la plus bleue de toutes les mers, n'en déplaise à son titre. Dans l'après-midi, on découvrait, de la mâture, Mocha Yamen (Moka), célèbre à la fois pour ses chevaux arabes et pour son café. C'est une grande ville blanche, pleine de coupoles et de minarets, entourée de verdure jusqu'à une assez grande distance. Bâtie sur le bord de la mer, adossée à un fond de montagnes sablonneuses, rouges et jaunes, elle a l'air d'une perle enchâssée dans des émeraudes. Un peu plus tard, nous avons dépassé le Grand et le Petit Hamish, où le paquebot l'*Alma* s'est perdu, il y a quinze ans. Dans la nuit, on a reconnu Jebel Zibayar et Tukar.

Mercredi, 18 *avril*. — Au petit jour, nous étions à 60 milles, sud-ouest, de Mussawa Zoulia, où le corps expéditionnaire sous les ordres de lord Napier de Magdala, débarqua en 1867 [1]. A midi, nous avions fait 221 milles, ce qui est exceptionnel dans la mer Rouge. Le vent a persisté jusqu'à minuit.

Jeudi, 19 *avril*. — Nous avons marché à la vapeur, de une heure à cinq heures du matin ; puis, à la voile toute la journée. Depuis hier, nous sommes entourés de superbes oiseaux bleus, qui se posent sur les mâts et sur les vergues. On en a attrapé deux cette nuit, pendant qu'ils dormaient ; deux autres qui s'étaient réfugiés à bord pour échapper à un faucon, viennent de se faire prendre par l'équipage, qui m'en a apporté un. On dirait un beau geai, avec des plumes d'un bleu brillant. Les hommes ont tué les leurs, pour que les peaux ne s'abîment pas ; je tâcherai qu'on épargne le mien. Ai-je dit qu'à Colombo nous avions ajouté à notre ménagerie plusieurs oiseaux et des tortues marquées d'étoiles ; et qu'à Aden, nous avions embarqué une gazelle, un cacatoës noir et un jeune singe ?

Nous avons dépassé aujourd'hui Souakim, le port de la Nubie. Les caravanes de chameaux mettent 25 jours pour se rendre, de là, à Berber sur le Nil, en suivant la route de Korib au milieu de monta-

---

1. Expédition d'Abyssinie

gnes de granit rouge et de basalte noir, hautes de 1200 mètres. Un
de nos chauffeurs, Tom Dollar, est resté à Aden; on ne s'en est
aperçu qu'hier. Il paraît qu'il a un frère établi dans ce port, en
sorte qu'à peine l'ancre au fond, il est allé le voir. Malheureusement, il ne s'est pas enquis de l'heure du départ du yacht, et nous
avons remis en route sans nous douter de son absence. J'en suis
contrariée pour lui, car il a laissé à bord ses effets et ses économies;
nous télégraphierons de Suez pour qu'on s'occupe de lui. La chaleur
est intense; nous avons tous dormi sur le pont, cette nuit.

Vendredi, 20 avril. — Un peu plus chaud que la veille; pas de
vent; obligés de marcher à la vapeur. Ce matin, nous aurions dû
voir Jeddo, le port de la Mecque; mais il y avait tant de brume
qu'on n'a rien aperçu, sauf une ligne de montagnes qui se profilait
dans les nuages. Nous espérions être à Suez dimanche, de bonne
heure; je crains maintenant que nous n'y arrivions pas avant lundi.

Samedi, 21 avril. — Nous sommes d'accord avec le thermomètre
pour trouver que la température devient de plus en plus accablante. On nous avait prédit que ces deux dernières journées
seraient particulièrement chaudes; la prédiction s'est accomplie.
Nous n'avons pas rencontré un seul navire, de tout le jour; dans
l'après-midi, nous avons dépassé Zambo, le port de Médine, et un
peu avant minuit, on a aperçu le feu du banc de Dœdalus par
tribord.

C'était aujourd'hui le jour de la naissance de Muriel, et Mabelle,
le docteur et l'équipage lui ont ménagé une surprise. Toute la
journée, un des côtés du pont nous a été interdit; mais après le
dîner, on nous a conduits devant un théâtre, décoré avec des pavillons et des lanternes japonaises, et on a fait asseoir Muriel sur un
trône, recouvert de drapeaux anglais, avec les deux petits chiens sur
des tabourets, de chaque côté, pour imiter les lions légendaires[1].
Des matelots s'étaient noirci le visage, et nous ont donné un con-

---

1. Supports des armes de l'Angleterre.

cert imité de ceux des *Christy Minstrels* [1]. Il est curieux de remarquer combien on se trompe souvent dans ses jugements sur les hommes. Plusieurs de nos marins, dont nous n'augurions rien de bon au départ, passent pour les meilleurs de l'équipage, pendant que d'autres, qui nous inspiraient plus de confiance, n'ont pas répondu à l'opinion qu'on avait d'eux. En somme, nous n'avons pas à nous plaindre de notre équipage; mais il est essentiel de le surveiller constamment et de ne jamais le laisser oisif.

Dimanche, 22 avril. — A l'issue du service religieux, il s'est levé une petite brise qui nous a donné un peu de fraîcheur. Dans l'après-midi, on a vu une nouvelle paire de Frères, deux îles ou rocs qui se dressent, tout droit, du fond de la mer. Le vent a augmenté vers trois heures, au point de nous forcer à adjoindre des manteaux à nos costumes légers et de nous mettre tous mal à notre aise. On préfère toujours ce qu'on n'a pas ; j'imagine que plus d'un de nous s'est pris à regretter la température des jours passés. Nous avons tous l'air gelé ; pourtant, le thermomètre est à 24°.

La brise a encore fraîchi, ce soir ; il a fallu stopper la machine, remonter l'hélice et mettre à la voile. C'est un véritable coup de vent. Nos animaux paraissent tout désorientés ; on s'est hâté de les mettre à l'abri. Neuf singes ont trouvé à se caser dans une pièce de vin vide, où ils se réchauffent l'un contre l'autre ; deux, plus gros et plus dignes, ont eu un logement séparé. La gazelle s'est réfugiée sous une petite tente qu'on lui a dressée sur le pont, dans un bon coin ; les oiseaux ont été l'objet de soins spéciaux.

Nous nous sommes retirés de bonne heure et personne n'a songé, cette fois, à porter son matelas sur le pont. Voilà la première nuit, depuis des semaines, que je dors dans un lit, à bord ; mais j'y ai été terriblement secouée et il y a si longtemps que cela n'est arrivé que je ne savais plus comment m'accorer dans ma couchette.

---

1. Célèbre troupe d'artistes qui chantent en public, à Londres, le visage barbouillé de noir, en commémoration d'anciens chanteurs indiens.

Lundi, 23 avril. — Continuation du coup de vent. A midi, on a aperçu l'île de Shaduan, ou île des Phoques, ainsi nommée par les anciens, à l'époque où le golfe et la mer abondaient en animaux de cette espèce. Les pêcheurs en rencontrent encore dans le nord, et viennent vendre leurs peaux à Suez. Nous avons tiré bord sur bord, ayant vent debout, absolument : pour un *yachtsman*, cette manœuvre est un véritable plaisir, mais elle exige, ici, beaucoup d'attention. Les Instructions nautiques disent que l'hydrographie de ces

Le yacht louvoyant dans la mer Rouge.

parages-ci est incomplète, sauf pour la partie qui constitue le vrai chenal. Il y a des récifs de corail et des roches sous-marines ; et si l'on vient à faire naufrage, on a la perspective d'être pillé, tué ou vendu comme esclave par les gens de la côte, en quelque point qu'on soit jeté. Ce fut sur les récifs au large de l'île de Shaduan que toucha le *Carnatic*, le 13 septembre 1869. Nous étions à Suez, cette année-là ; on n'y parlait que de ce sinistre. Un de nos chauffeurs, Abraham, était à bord du *Carnatic* ; il y a perdu tout ce qu'il possédait, ce qui ne veut peut-être pas dire grand'chose, si j'en juge par son bagage actuel.

La mer est restée dure, toute la journée ; la température nous paraît froide, quoique le thermomètre persiste à accuser 24°. On m'avait bien dit à Aden que j'aurais besoin de mon manteau en *sealskin* avant d'arriver à Suez.

Mardi, 24 avril. — Nous avons toujours une forte brise contre nous. A midi, le yacht avait gagné au vent 65 milles : très-joli résultat, si on tient compte du temps qu'il fait. Notre situation a au moins le mérite de la nouveauté ; car je me figure que, depuis des années, on n'a pas vu beaucoup de navires louvoyant dans le golfe de Suez. Les vents y sont si réguliers que pendant six mois de l'année on ne peut pas entrer dans la mer Rouge et que, durant les six autres, on n'en peut pas sortir, à la voile s'entend.

Auprès de l'île de Rhas Garril, un steamer a piqué sur nous, nous prenant, sans doute, pour un bâtiment en détresse. Hier et aujourd'hui, on a confectionné des vêtements de flanelle pour les singes, des housses pour les cages, et des petits abris bien chauds pour nos bêtes favorites. Si la brise se maintient, nous ne serons pas à Suez avant jeudi ou vendredi ; mais elle a l'air de vouloir tomber.

Mercredi, 25 avril. — La brise avait sensiblement diminué lorsque je suis montée sur le pont, à quatre heures du matin ; trois heures plus tard, il faisait calme et on a allumé les feux. Le brouillard nous a empêchés de voir le mont Sinaï, mais nous avons reconnu l'endroit où l'on dit que les Israélites traversèrent la mer Rouge. A quatre heures, la ville de Suez était droit devant nous Les abords en sont arides : pas un brin d'herbe, pas un signe de végétation ; rien que des pics, des rocs, des pierres et du sable. Ce tableau, du reste, ne manque pas de grandeur, particulièrement au lever et au coucher du soleil. Le profil des montagnes, la coupe des rochers, le contraste entre le bleu du ciel et de la mer et le rouge et le jaune des falaises, forment un ensemble impression-nant. Même quand la nuit s'est établie et que les teintes de la côte se sont fondues dans l'ombre, la clarté de la lune donne un charme nouveau au paysage.

J'ai eu, cette après-midi, une conversation avec Mahomet, un de nos chauffeurs indiens, qui était en train de se faire un turban avec un morceau de mousseline. — «Est-ce de la mousseline anglaise?» demandai-je. — «Non, *Missy*, pas anglaise ; suisse ; anglaise, mauvaise ; rien que de la gomme ; salit les doigts, et pas solide.» Aux îles Sandwich et dans la Péninsule malaie, les indigènes se plaignent aussi des produits de Manchester. A Hong-kong, on voit, dans les boutiques, des objets de provenance anglaise qui ne parviennent pas à se vendre parce que la traversée a suffi à les détériorer, tandis que des objets identiques, fabriqués en Amérique, ont gardé toute leur solidité première. Triste jour que celui où l'on aura cessé d'avoir foi dans l'honnêteté britannique, et où la suprématie commerciale de l'Angleterre sera, ainsi, compromise ! Les coupables, malheureusement, ne seront pas seuls à en pâtir.

Nous avons jeté l'ancre à l'heure où le soleil disparaissait derrière les montagnes de l'Arabie, et nous sommes descendus immédiatement à terre pour prendre nos arrangements avec la *Compagnie du Canal*. Pendant que Tom s'entendait avec le pilote-chef, les enfants se sont amusés à sauter des ruisseaux sur un poney qu'on leur avait prêté ; moi, j'admirais les progrès de la végétation, depuis notre séjour de 1869. Nous avons fait encore cinq ou six milles à la vapeur, pour nous rapprocher de Suez, puis nous avons débarqué en face du grand hôtel, lequel est plus mauvais que jamais. Les chambres sont sales, la cuisine est détestable.

Rien à voir à Suez ; nous sommes, pourtant, sortis pour l'amour de ce rien. Après avoir expédié nos lettres et pris celles qui nous étaient destinées, nous avons erré dans le sable, du côté de la gare, du quartier arabe et des bazars, où l'on tombe quelquefois sur des curiosités, apportées par les pèlerins de Médine ou de la Mecque.

Jeudi, 26 avril. — Il n'y a qu'en Arabie ou en Égypte qu'on assiste à des levers de soleil comme celui d'aujourd'hui; nulle part, on ne retrouve de pareilles teintes. Nous avons eu des visites toute la matinée ; avant dix heures, nous remontions le canal à la vapeur, avec 36° de température à l'ombre, sous une tente double. Un vent brûlant du désert venait à nous, comme la bouffée d'une fournaise.

Je suis restée sur le pont aussi longtemps que j'ai pu supporter la chaleur, soucieuse de ne rien perdre de l'étrange aspect du désert. Du sable, du sable partout ; ici, une troupe de chameaux ; là, des tentes arabes ; plus loin, un groupe déplaçant sa demeure mobile ; à côté, des femmes en train de laver, et des buffles auprès d'un cours d'eau. Après avoir fait huit milles, nous avons stoppé à une gare (c'est ainsi qu'on appelle les points d'arrêt), pour laisser passer trois bâtiments, dont un hollandais et un allemand ; ils n'étaient, ni l'un ni l'autre, remarquables pour leur propreté. Le hollandais portait de jeunes recrues qui vont rejoindre leurs régiments à Achen.

Nous sommes arrivés à Ismaïlia juste à neuf heures, et nous avons dîné à l'*Hôtel de Paris*, très-bon établissement que tient un vieux Français. Les enfants, nos amis et moi, nous allons demain par terre au Caire, pour voir les Pyramides ; nous rejoindrons le yacht à Alexandrie. La soirée a été superbe ; nous sommes revenus à bord avec un beau clair de lune et une petite brise fraîche qu'il faisait bon respirer.

Le Canal a pris une grande importance dans les dernières années, notamment depuis quelques mois ; il y passe en moyenne quatre ou cinq navires par jour. Aujourd'hui, le seul bureau de Suez a fait une recette de 150,000 francs. Un excellent plan du Canal, avec des petits modèles des navires qu'on dispose d'après les télégrammes reçus, permet aux directeurs de connaître exactement la position de chaque bâtiment. S'il y a stoppage ou accident, une dépêche les en informe immédiatement ; mais cela arrive rarement. M. de Lesseps a acheté, récemment, un petit canal, en partie bouché, allant du Nil, près du Caire, à Ismaïlia ; on l'a creusé et élargi, et on vient de l'inaugurer en grande pompe. Actuellement, un navire qui ne cale pas plus de 4^m,20 peut aller directement de Suez, ou de Port-Saïd, au Caire. Si nous en avions eu le temps, nous aurions pu faire ce trajet sur le yacht et mouiller au pied des Pyramides de Cheops. L'objet de cette nouvelle voie est de faire du Caire et d'Ismaïlia des ports égyptiens comme Alexandrie, et d'éviter ainsi des transports par terre, longs et onéreux.

Déjà plusieurs navires, venant de la Haute Égypte avec du grain, ont profité de ce nouveau moyen de communication.

Vendredi, 27 avril. — On nous a envoyé une petite barque, pleine de poissons, de légumes et de fraises. Il n'y a pas de pluie ici, à tel point que, dans les trois dernières années, on n'a eu à Suez qu'une légère averse ; mais les débordements du Nil suffisent à fertiliser le sol du désert.

Le *Sunbeam* devait partir à huit heures, dès qu'un gros bâtiment venant de Port-Saïd aurait passé : certains endroits du Canal sont, en effet, trop étroits pour que deux navires puissent s'y croiser et l'un est obligé d'attendre l'autre. Nous sommes allés à terre, à sept heures et demie. Le soleil était déjà brûlant ; notre course à âne jusqu'à l'hôtel, nous rendit tous haletants. Après le déjeuner, vers onze heures, nous avons pris le train du Caire, où nous sommes arrivés à six heures ; on s'arrête une heure à Zag-à-Zig, sur la route, pour permettre aux voyageurs de luncher. Le changement qui s'est opéré dans l'aspect du pays, depuis huit ans, est extraordinaire. Un vaste désert de sable s'est transformé en campagnes ondulées, et le blé montre ses hautes tiges là où on ne découvrait que des tourbillons de poussière. Ces merveilles sont dues à l'irrigation. La richesse de l'Égypte doit augmenter considérablement ; mais on se demande comment ses habitants faisaient pour vivre, auparavant. Actuellement, on les voit dans les champs : les hommes moissonnant, les femmes glanant, les buffles traînant la charrue et préparant de nouvelles récoltes.

En arrivant au Caire, nous sommes montés dans un grand char à bancs qui nous a conduits à l'ancien *Shepherd's Hotel*, aujourd'hui rebâti et bien mieux installé. La capitale de l'Égypte a subi, elle aussi, bien des changements, quoiqu'il ne me semble pas qu'ils soient aussi heureux que ceux que l'on constate dans le reste du pays. Après le dîner de la table d'hôte, nous avons été au jardin d'Ezkebieh. Il est bien disposé ; on y voit de belles fleurs et un gazon bien vert, qu'entretiennent de fréquents arrosages ; mais les grands arbres ont été abattus, en sorte que, dans un pays où le grand souci de chacun est de trouver un peu d'ombre, on ne rencontre pas, sur cette promenade, un seul endroit pour s'abriter. Des musiques française et arabe y sont venues jouer ce soir, mais l'auditoire était peu nombreux : c'est, du reste, l'époque de l'année où tout le monde fuit la ville, à cause de la chaleur.

Samedi, 28 avril. — Nous sommes partis, au lever du jour, pour les Pyramides, à la grande joie des enfants, qui se faisaient une fête de cette excursion. Le ciel était gris ; un vent fort soufflait du nord ; le temps avait donc complétement changé en quelques heures. Après avoir traversé le Nil sur un beau pont de pierre, et aperçu le Palais de Gezirch où a logé le prince de Galles, nous avons passé auprès des chantiers du chemin de fer. Deux éléphants y étaient employés, dont l'un, précisément, s'exerçait à se coucher pour permettre à son cornac de descendre. Bientôt, notre petite bande poussa le cri « Les Pyramides ! » et, en effet, devant nous, se dressaient ces monuments énormes, sans fondateur connu, qui dominent, depuis des siècles, les sables du désert, pendant que l'éclatant soleil et la brillante lune de l'Afrique marquent, autour de leurs sommets, des jours et des nuits innombrables. Même, la position de la terre a tellement changé dans cet immense laps de temps, que l'étoile polaire a cessé de répandre sa pâle lumière, dans le passage central qu'elle éclaira jadis [1].

Notre voiture nous mena jusqu'à la petite éminence où sont les Pyramides, en suivant de longues avenues d'arbres actuellement dépouillés de leurs feuilles. Là tout le monde descendit, à l'exception de Muriel et de moi ; mais les chevaux n'en eurent pas moins beaucoup de peine à arriver au pied des monuments, la pente étant difficile. Nous fûmes, aussitôt, environnés d'Arabes. Ils sont un peu bruyants, un peu trop pressants dans leurs demandes d'un *backshish*, un peu trop désireux de vendre leurs curiosités, réelles ou imitées ; mais ce sont, à tout prendre, de braves gens, polis, obligeants, qui m'ont vraiment amusée pendant

---

1. Allusion à l'orientation des Pyramides par rapport aux points cardinaux.

l'heure que j'ai passée seule avec eux, alors que mes compagnons, petits et grands, montaient et descendaient les Pyramides. Beaucoup parlaient couramment plusieurs langues, et je les ai trouvés, en général, assez bien renseignés sur les événements d'Europe, notamment sur la guerre qui avait lieu à cette époque. Un d'eux m'a offert de descendre du haut d'une des grandes pyramides et de monter au sommet de la plus petite (une des plus difficiles à gravir) en huit minutes, pour un franc. En réalité, lui et d'autres qui ont voulu exécuter cet exploit, ont mis tout près de dix minutes.

Après avoir pris un peu de pain et de vin et avoir acheté quelques curiosités, nous sommes retournés à la ville, ayant froid et regrettant nos couvertures de voyage, laissées à l'hôtel. Vers le soir, nous avons loué des ânes pour visiter les bazars et circuler dans les rues. Décidément, Le Caire est en train d'être «haussmannisé.» Les gens qui y habitent s'en félicitent probablement; mais pour le voyageur et pour l'artiste, pour ceux qui aiment l'imprévu, le pittoresque, l'original, la ville a perdu tout son charme. Là où s'élevait naguère une des belles cités de l'Orient, on ne trouve plus, maintenant, qu'une mauvaise copie du Paris moderne avec un ciel bleu, un soleil brillant, un climat doux, et quelques vieilles maisons dans de petites rues étroites, où l'on peut encore rêver aux contes des *Mille et une nuits.*

Nous avons parcouru les bazars où se vendent les bijoux, en or et en argent, qu'on fabrique dans le Soudan et dans l'Abyssinie ; puis, le bazar turc; puis, les bazars d'objets de sellerie. Nous avons vu les mosquées, les vieilles maisons : tout ce qui reste de l'ancien Caire. Alors, débouchant dans le nouveau quartier, au milieu des squares et des rues neuves, nous avons monté du côté du palais du vice-roi et de la splendide mosquée de Mehmet-Ali, bâtie en albâtre égyptien, pour assister au coucher du soleil. La vue, de la terrasse, est superbe : sur le désert, sur les palmiers, sur les Pyramides ; mais le soleil a disparu derrière un rideau de nuages chargés d'eau et dans un ciel tourmenté par le vent et le sable du nord, en sorte que nous n'avons pas eu le grand spectacle que nous venions chercher.

Lundi, 30 *avril*. — Retour hier à Alexandrie, après l'office. Ce matin, debout à cinq heures et promenade à âne avec Mabelle. Tom est arrivé pour déjeuner ; il dit que le voyage de Port-Saïd ici a été dur et déplaisant.

Nous avons fait plusieurs visites ; une, entre autres, chez un vieil ami qui vient de parcourir l'ancienne terre de Midian (ou Madian), à la demande du vice-roi. Il est enchanté de son expédition ; le climat est excellent, de mai à septembre ; le sol est arrosé par des filets d'eau, qui traversent de petites vallées, pleines de fleurs et de fruits ; le blé atteint des hauteurs de 4 mètres à 4 mètres et demi ; la richesse minéralogique est, surtout, extraordinaire. Dans le sable des rivières, dans des endroits que lui avaient signalés des pèlerins de la Mecque, notre ami a trouvé de l'or, sans parler de l'étain, du fer, etc. Au point de vue historique, son voyage n'est pas moins intéressant ; il a découvert les ruines de huit villes et, auprès, dans les lits desséchés de cours d'eau, il a pu suivre les moyens qu'on employait, il y a des siècles, pour chercher et pour extraire l'or.

Le consul nous a donné un janissaire pour nous montrer le palais du Sultan. Il est grand et sans meuble ; décoré dans le goût des palais de Cherniga et de Dolma Batscha. Nous avons vu ensuite la Colonne de Pompée, l'Aiguille de Cléopâtre, les *dahabées* prêtes à remonter le Nil, etc. ; puis nous avons regagné l'hôtel pour dîner.

Mardi, 1ᵉʳ *mai*. — J'ai écrit, de trois heures à six heures du matin, pour que mes lettres pussent partir par le paquebot français, et je suis allée ensuite, à âne, avec Mabelle, visiter le marché. Tout y est si entassé, viande, poisson, légumes, fruits, qu'on ne voit pas grand'chose ; mais le public est amusant à regarder, en particulier les noirs et les Arabes qui escortent les Européens et qui portent leurs achats. Après avoir visité divers bazars où l'on trouve toutes les spécialités de Damas et de Jérusalem, de Constantinople et de Brousse, nous sommes revenues déjeuner. Deux gros singes, perchés sur un âne ont exécuté des tours de toute espèce sous nos fenêtres, au grand bonheur des enfants. Ils étaient atrocement laids, mais je n'en ai jamais vu de plus drôles. L'un d'eux a joué un vrai drame avec l'homme et le jeune garçon qui les conduisaient ; il s'est laissé monter, comme un cheval ; il a feint de s'évanouir dans les bras de son gardien ; il a fait le mort avec une imperturbable gravité, souffrant qu'on le tirât par la queue, qu'on lui ouvrît les yeux, qu'on le secouât dans tous les sens, sans qu'un mouvement vînt le trahir. Enfin, à un signal du maître, il se redressa subitement, tira un coup de fusil et se disposa à partir. Ce départ n'était, d'ailleurs, qu'une fausse sortie. Le singe fut invité à descendre de sa monture pour réclamer le *backshish*, ce qu'il fit, son bonnet à la main ; et, comme, dans la galerie, certains ne lui parurent pas suffisamment généreux, il prit un affreux serpent, dans un sac derrière son dos, et en menaça les curieux, à leur vive consternation.

Nous avons lunché chez le consul, autour d'une table chargée de ces roses admirables pour lesquelles Alexandrie est réputé. Tous les plats étaient l'œuvre d'un cuisinier français ; la salle à manger était fraîche et protégée contre les mouches par des stores en gaze, placés devant les fenêtres et les portes ; les convives avaient, tous, plus ou moins couru le monde. Il fallut le souvenir de rendez-vous donnés à bord, pour interrompre cette agréable réunion ; encore, quand nous fûmes sur le yacht, trouvâmes-nous que nos invités nous y avaient devancés et que les enfants faisaient, à notre place, les honneurs du pont. A cinq heures et demie, tout était prêt pour le départ ; mais, à cause du *steward* qui était allé chercher à terre le linge, toujours en retard, nous n'avons pu démarrer qu'après le coucher du soleil. Au bout d'une heure, on ne distinguait plus rien ; continuer à marcher, c'était s'exposer à un échouage sur les bancs de sable, qui sont nombreux de ce côté : « bâbord la barre, tout ! », a crié Tom. Le yacht a tourné sur lui-même, comme un toton, et nous laissions bientôt tomber l'ancre, à notre ancien mouillage, dans le port d'Alexandrie, pour y passer la nuit.

Notre « home ». (Battle.)

CHAPITRE VINGT-HUITIÈME

« HOME. »

Mercredi, 2 mai. — A cinq heures du matin, comme nous mettions en route à la vapeur, il faisait calme plat. Mais une brise contraire s'est levée presque aussitôt et s'est mise à souffler avec tant de force qu'il fallut éteindre les feux, faute de pouvoir lutter contre elle. J'ai été très-malade ; les enfants, plus heureux, semblaient prendre plaisir à voir l'eau embarquer, par intervalles. Nous avons fait bien peu de chemin aujourd'hui.

Samedi, 5 mai. — La journée d'hier a été la répétition des précédentes. Ce matin, il y a eu une accalmie ; nous avons pu allumer les feux et reprendre notre vraie route, dont le vent nous avait écartés. Toute la journée, l'île de Crète et ses sommets couronnés de neige sont demeurés en vue. Je ne suis pas encore remise d'une indisposition que j'ai eue au Caire et je viens de rester couchée, pendant trois jours, aux prises avec un déplaisant mélange de mal de terre et de mal de mer.

Mardi, 8 *mai*. — Beau temps ; brise debout, forte et froide. Heureusement que les observations de midi nous placent tout près de Malte. A trois heures, en effet, nous approchions de la pointe Delamarre et doublant la pointe de Ricasoli, puis laissant Port Saint-Elme à notre droite, nous entrions dans le grand port de La Valette. Nous sommes venus si souvent ici, que nous nous y sentons presque *at home*. C'est notre vieux batelier, Bubbly Joe, qui nous a conduits à terre ; c'est notre ancienne connaissance, le maître de l'*Hôtel d'Angleterre* qui nous a, le premier, souhaité la bien venue ; ce sont les domestiques qui nous ont servis tant de fois, qui sont accourus pour nous recevoir, entourant les enfants, questionnant nos gens, anxieux de savoir comment s'était passé notre voyage. Tout est propre, coquet, brillant comme toujours ; rien de changé, rien de modernisé.

Une Maltaise en *faldetta*.

Il y avait, le soir, un grand bal au palais, en honneur du duc d'Edinburgh. On nous a envoyé des invitations et je me suis décidée à y aller ; mais j'étais trop fatiguée et trop souffrante pour pouvoir jouir de la fête. Néanmoins, ces distractions, qui succèdent tout à coup au calme de la vie de mer, sont toujours d'un contraste agréable et reposant.

Mercredi, 9 *mai*. — J'étais debout de bonne heure, pour admirer

une fois de plus tout ce qu'il y a de charmant à regarder ici. Les
maisons en pierre, les vérandas peintes et sculptées, remplies de
fleurs, l'eau qui baigne le seuil des portes, les bateaux peints,
recourbés à chaque extrémité, les femmes dans leurs robes noires
et dans leurs *faldettas*, les prêtres en longues soutanes, tout con-
court à transporter l'imagination au delà de la Méditerranée, vers
l'Adriatique et vers Venise. A cet instant matinal, surtout, il y a
peu de soldats ou de marins anglais pour détruire l'illusion.
Malte tient de l'Afrique par sa position géographique, de l'Europe par son administration politique, de l'Asie par son langage,
ses édifices, par les manières et les usages de ses habitants. C'est
essentiellement une terre frontière. Nous avons donné congé à
tout notre monde aujourd'hui, car on a besoin de faire de l'exercice après un aussi long séjour à la mer.

Tom est allé sur le *Sultan*, présenter ses hommages au duc
d'Edinburgh, et m'a fait dire de là que Son Altesse Royale désirait
voir le yacht. Le prince est venu, en effet, peu de temps après, et a
visité le *Sunbeam* en détail. Il a pris beaucoup d'intérêt à notre
voyage, aux curiosités que nous rapportons, et nous a demandé
des nouvelles des personnes qu'il a connues à Tahiti, à Honoloulou et à Hilo, au cours de sa campagne à bord de la *Galatea*.

Après le départ de Son Altesse Royale, nous avons été revoir la
galerie des armures de la Strada Reale, rue des boutiques de la Valette. On trouve, dans ces magasins, des coraux, des ouvrages en
filigrane d'or et d'argent et une nouvelle sorte de dentelle qu'on
fait, à Gozo, avec de la soie blanche. On la fabrique depuis quelques
années seulement; il y en a de divers prix et de différentes qualités. Le soir, nous sommes allés à l'Opéra Manoel : ce n'est qu'au
mois d'octobre que le nouvel Opéra sera inauguré.

Jeudi, 10 *mai*. — J'étais debout avant le lever du soleil, et, dès
que les enfants furent prêts, nous allâmes au marché acheter des
fleurs. Le départ étant fixé à six heures et demie, il fallut faire diligence pour être de retour en temps convenable. Néanmoins, par
suite d'un retard dans l'envoi de la patente de santé, nous n'avons

pu prendre le large qu'à neuf heures. Malte est certainement un des plus charmants endroits où un yacht puisse hiverner : le port est sûr, là société charmante, la vie facile et à bon marché; la Sicile, l'Italie, et la côte d'Afrique, situées dans son voisinage, ouvrent un vaste champ à d'intéressantes excursions. La Méditerranée nous produit l'effet d'une grande route, après les vastes océans que nous venons de parcourir. Ce matin, dans l'espace d'une heure, nous avons rencontré plus de navires que pendant toute la traversée de Valparaiso à Tahiti et à Yokohama. Vers le soir, on a aperçu l'île de Pantellaria, au large de laquelle nous sommes restés une fois trois longs jours et trois nuits, en calme, sur l'*Albatros*. Ce fut même à cette occasion que nous nous promîmes, Tom et moi, de ne jamais faire un long voyage sur mer, sans avoir au moins une machine auxiliaire à notre disposition.

Vendredi, 11 *mai.* — Rencontré deux steamers de la *Peninsular and oriental Company*, l'un qui allait en Angleterre, l'autre en Chine. A huit heures, le yacht a doublé le cap Bon; il navigue maintenant dans la baie de Tunis, au centre de laquelle est le port de la Goulette, qui occupe à peu près la position de l'ancienne Carthage. Nous y avons passé trois jours, il y a quelques années ; j'ai des tables faites avec des mosaïques et des pierres, collectionnées par nous à cette occasion et provenant des anciens palais.

Dimanche, 13 *mai.* — La brise est contre nous. La mer a cet aspect confus, qui est le caractère propre de la Méditerranée; il semble que le vent d'hier, celui d'aujourd'hui, et celui de demain s'entendent pour qu'on ne sache pas de quel côté elle vient. Les deux offices ont eu lieu aux heures usuelles.

En portant le point d'aujourd'hui sur la carte[1], nous en avons retrouvé d'autres, qui correspondent à de précédents voyages. Si, autour de notre position actuelle comme centre, on décrit un

---

1. Porter le point, c'est marquer, sur la carte la position du navire, à l'aide des deux éléments qui la déterminent, latitude et longitude.

cercle avec un rayon de trente milles, on trouve que ce midi-ci est le quatrième que nous passons en dedans de cette circonférence; si le rayon est doublé, on voit que trois semaines de nos existences se sont écoulées, à différentes reprises, dans ce second périmètre : sans compter nos voyages sur les paquebots qui ne figurent pas sur nos cartes. Que de souvenirs, que de réflexions éveillent ces remarques!

La galerie des armures. (Malte.)

Lundi, 14 *mai*. — Aujourd'hui, vers midi, le yacht a traversé le méridien de Greenwich : son évolution autour du monde est donc complète, puisqu'il est parti d'un point situé à quelques minutes dans l'est de ce méridien. Le vent a changé dans l'après-midi; nous avons aperçu toute une flotte de navires de commerce en panne, à l'abri du cap de Gata.

Mardi, 15 *mai*. — Journée désagréable, marquée par la mort de plusieurs de nos favoris. Le perroquet du *steward*, qui parlait comme un chrétien et qui le suivait comme un chien, est mort ce matin d'une bronchite aiguë; son singe, un gentil animal, doux et affectueux, a succombé aux suites d'une inflammation des poumons.

Deux autres singes et des oiseaux sont morts dans l'après-midi, saisis par le froid : *lories*[1], *bantams*[2], etc.

Ce soir, Beau Brummel, le petit cochon des îles de la Polynésie, s'est brisé l'épine dorsale, comme l'a constaté le docteur dans son examen *post mortem ;* une pièce de bois quelconque sera tombée sur son dos, pendant qu'il trottinait sur le pont, quoique tout le monde déclare n'en avoir rien vu. J'en suis fâchée. Il était un peu trop gourmand et sa propreté laissait souvent à désirer ; mais il était très-amusant. Il jouait, il circulait avec les chiens ; il couchait avec eux, comme un des leurs. En outre, c'eût été une vraie curiosité, en Angleterre : car je n'imagine pas qu'on y trouve beaucoup d'animaux de son espèce, pouvant s'enorgueillir d'un lieu de naissance aussi lointain. Peut-être Beau Brummel descendait-il, directement, de ceux de ses semblables que le capitaine Cook ramena sur l'*Endeavour*.

Les corps ont été mis, ensemble, dans une caisse bien propre et jetés à la mer au coucher du soleil, accompagnés des regrets de tous, même des larmes des enfants.

Mercredi, 16 *mai*. — On m'a réveillée à trois heures pour voir le phare de la pointe d'Europe, et je suis restée ensuite sur le pont pour assister au lever du jour. Le temps, malheureusement, ne se prêtait guère à ce spectacle : l'horizon était brumeux, les sommets des montagnes d'Afrique perçaient difficilement les nuages ; Ceuta et le Mont aux singes étaient invisibles. Mais Algesiras et San-Roque se montraient, tout blancs, de l'autre côté de la baie, et le vieux rocher de Gibraltar envoyait au large les parfums de ses fleurs et le gazouillement de ses oiseaux.

Nous avons jeté l'ancre, en dedans du Vieux Môle, à quatre heures et demie. Peu après, les sons familiers des musiques militaires anglaises firent vibrer l'air du matin ; puis les régiments, sortant de leurs casernes avec tentes, bagages et fourgons, défilèrent sur

---

1. Sorte de perruche.
2. Race galline, du Japon.

l'Alameda pour aller s'exercer au campement, hors de la ville. Pendant ce temps, le canot de la santé ne venait pas, et nous étions pressés d'aller à terre commander des vivres, de l'eau et du charbon. A sept heures, désespérant de l'apercevoir, nous nous sommes décidés à nous rapprocher du rivage dans une embarcation ; là, ayant hêlé un *policeman* (à distance respectueuse), nous avons exposé notre situation et demandé où nous pouvions réclamer la libre pratique, qui nous fut bientôt accordée. On envoya dire au *Sunbeam* qu'il pouvait amener le pavillon jaune[1], et nous vaquâmes à nos occupations.

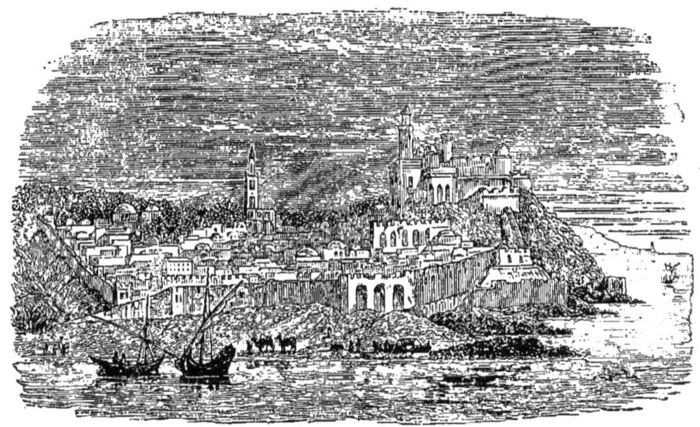

Tanger.

Après déjeuner, comme plusieurs d'entre nous ne connaissaient pas Gibraltar, nous avons été voir le poste de signaux du haut de la montagne et les fameuses galeries percées dans le roc. Les uns ont pris des ânes ; d'autres sont allés à pied ; tout le long du chemin, on rencontre des petites filles qui vendent des œillets rouges et des roses jaunes. Rien n'est changé dans les galeries, depuis notre dernière visite ; mais le soldat qui nous servait de guide, a dit qu'on attendait de gros canons dont il a indiqué l'emplacement.

---

1. Tous les bâtiments arborent un drapeau jaune, jusqu'à ce qu'ils aient été autorisés à communiquer avec la terre.

La température était agréable, ni trop chaude, ni trop fraîche. Dans chaque crevasse, dans chaque fente poussaient de jolies fleurs sauvages, quoique un peu insignifiantes pour des yeux habitués à la végétation des tropiques. Le brouillard s'étant levé, le regard embrassait un panorama magnifique, émaillé de navires à l'ancre et d'autres à la voile près de l'entrée du détroit. Nous avons vu un des deux vieux aigles, étendu dans son aire, à la place habituelle ; cette année, sa progéniture s'est accrue seulement d'un rejeton. Les singes ne se sont pas montrés, à cause du vent ; mais leur nombre s'est élevé à vingt-quatre, en sorte qu'il n'y a pas à craindre que cette intéressante famille disparaisse de sitôt.

Nous sommes repartis à six heures et demie du soir. La brise était si bonne dans le détroit, que le yacht a pu rentrer sa cheminée et marcher à la voile. Au large de Tarifa, nous avons trouvé presque un coup de vent ; il a persisté toute la nuit.

Jeudi, 17 *mai*. — On a rallumé les feux aux environs de Cadix, la bonne brise d'hier ayant tourné contre nous. Pendant que Tom était en bas et que les hommes prenaient des ris, le yacht a failli aller à la côte. J'ai vu heureusement le danger, et me suis hâtée d'appeler Tom : il est arrivé juste à temps pour faire mettre la barre tout d'un bord. Un accident est bientôt arrivé, en mer. Les hommes de garde aux bossoirs, jugeant superflu de surveiller la côte en plein jour, s'étaient mis à aider leurs camarades ; cet excès de bon vouloir eût pu nous coûter cher.

Vendredi, 18 *mai* — Un vent violent du nord est venu fondre sur nous, après le cap Espichel, si bien qu'il a fallu relâcher à Lisbonne. Les montagnes à l'embouchure du Tage, la tour de l'église de Belem, le fleuve lui-même ont dépassé en majesté et en beauté, ce soir, au coucher du soleil, le souvenir que j'en avais gardé. Nous avons dîné à l'*Hôtel Braganza*, où nous avons retrouvé le même propriétaire qu'en 1861, et une promenade dans la ville a occupé notre soirée. La belle statue de Luiz de Camoens nous a surtout intéressés, nous qui quittons à peine les rives lointaines où l'illustre poète a passé tant d'années d'exil. Il y a dans la capitale du Portugal, un square singulier. On l'a gratifié de pavés qui font l'effet de vagues, sans cesse en mouvement ; pour des gens n'ayant pas le pied marin , la circulation sur cette place doit être bien gênante.

Samedi, 19 mai. — Nous avons été en voiture à Cintra ; de là, sur des ânes, à Peña, le magnifique palais de l'ex-roi Ferdinand, situé au haut des montagnes. C'est un très-curieux édifice, dont les diverses parties sont bâties dans tous les styles possibles d'architecture, avec des sculptures et des moulures anciennes qui offrent au connaisseur un intérêt particulier. Les jardins sont pleins de camélias, de roses et de *bougainvillées*. Tout près s'élève la statue de Vasco da Gama, fièrement placée sur un piédestal de rochers naturels transportés au sommet d'un pic, et digne de l'aventureux voyageur dont elle perpétue la mémoire.

De retour à Lisbonne, nous avons pris le tramway pour aller à Belem, où il y a une église et un cloître superbes à visiter. La première pierre de ce monument fut posée en 1500 par le prince Henry de Portugal, en commémoration du dernier voyage de Vasco da Gama, qui venait de découvrir l'Inde. L'emplacement de l'édifice s'appelait à cette époque Bairro de Estella ; Henry le nomma Belem ou Bethléem. On sait que ce prince fut le grand promoteur des découvertes maritimes de son siècle.

Tom est venu nous rejoindre avec le yacht, et nous sommes retournés à bord comptant prendre la mer immédiatement. Mais un vent du nord si violent soufflait en dehors du Canal del Norte, que nous avons jeté l'ancre, pour la nuit, dans la baie de Cascaes, près d'un petit yacht sur le pont duquel on distinguait trois femmes. Nous étions fatigués et la mer était grosse ; autrement, je serais allée leur faire une visite, même à cette heure déjà tardive. Les cérémonies sont ridicules en voyage ; et, d'ailleurs, je ne sais trop à qui, en pareil cas, incombent les avances. Était-ce à nos voisins de mouillage, comme étant les premiers arrivés, ou bien à nous, qui revenons de plus loin et qui sommes, vraisemblablement, de plus anciens navigateurs ?

Dimanche, 20 *mai*. — Levé l'ancre à cinq heures. Brouillard épais,
à la hauteur du Cap del Rocca. Le sifflet à vapeur, les cloches, les
trompes ont fonctionné ; ces bruits discordants, jetés dans la
brume, sont d'un effet lugubre. Service religieux, matin et soir.

La statue de Vasco da Gama.

Mardi, 22 *mai*. — Si le temps était mauvais hier, il est horrible
aujourd'hui. Le yacht est resté en panne, une partie de la nuit,
sous le cap Finisterre ; puis il a remis en route. Mais au bout de
peu d'instants, il a été, de nouveau, obligé de s'arrêter jusqu'au
lever du jour.

Mercredi et jeudi, 23 *et* 24 *mai*. — Nous avons eu le cap vers l'Amérique plutôt que vers l'Angleterre, ces deux jours-ci. Ce soir, la

brise a diminué sensiblement ; on a allumé les feux et nous
sommes à peu près en bonne route.

Samedi, 26 *mai*. — Reconnu la première terre anglaise, cette nuit
à deux heures et demie. A trois heures de l'après-midi, nous tou-
chions à Cowes, afin d'envoyer quelques dépêches ; puis, nous

Cloître et jardin de Belem.

repartions pour Hastings, au milieu des coups de canon et des
hourras des yachts. Nous aurions voulu arriver de jour ; mais il
était minuit quand les feux de Hastings parurent à l'horizon. En
approchant du mouillage, nous vîmes deux bateaux se détacher de
la terre et se diriger vers le *Sunbeam*. C'étaient des jeunes gens du
corps des Volontaires de l'Artillerie de la Marine royale qui venaient
nous souhaiter la bienvenue [1]. La ville nous avait attendus toute
la journée, et bien qu'il fût près de deux heures, nous fûmes

1. Mr Brassey est l'un des fondateurs de ce corps. Il est également député de
Hastings à la chambre des Communes.

bientôt environnés d'embarcations. On se pressait pour nous serrer les mains ; on se disputait nos bagages ; c'était à qui se chargerait de nous conduire à terre. A quatre heures et demie, nous nous sommes embarqués dans les bateaux des Volontaires et, quelques instants plus tard, nous entrions à *Queen's Hôtel* où nous avions la joie de retrouver notre fils Allnutt.

Comment décrire maintenant l'accueil si émouvant qui nous fut fait partout, les vivats qui nous acclamèrent, la foule qui nous entoura à notre arrivée à terre et à notre sortie de l'église ! Comment dire que de Hastings à Battle [1], tout le long d'une route de plus de quinze kilomètres, les habitants nous attendaient, sur le chemin ou sur leurs portes, pour nous saluer au passage ! Comment rappeler l'effet des joyeux carillons des cloches de Battle, qui ne cessèrent de retentir que pendant le service religieux ! Comment exprimer, enfin, nos sentiments de gratitude envers cette Providence qui nous ramenait à notre *home*, après nous avoir protégés durant ce grand et beau voyage !

1. Résidence de l'auteur.

Hastings.

NOMS DES PERSONNES

PRÉSENTES A BORD

LORS DE NOTRE DÉPART DE COWES

Le 6 juillet 1876.

____

THOMAS BRASSEY, membre de la chambre des
Communes, propriétaire du yacht.
Mrs BRASSEY,
THOMAS ALLNUTT BRASSEY,
MABELLE ANNIE BRASSEY,
MURIEL AGNÈS BRASSEY,
MARIE-ADÉLAIDE BRASSEY,
Hon. A. Y. BINGHAM,
F. HUBERT FREER,
Commander JAMES BROWN, de la Marine royale.
Capitaine SQUIRE T. S. LECKY, de la Réserve
de la Marine royale.
HENRY PERCY POTTER, médecin.

Isaiah Powell, _Sailing Master_ (maître remplissant les fonctions de second).
Henry Kindred, maître d'équipage.
John Ridge Templeman, charpentier.
Charles Cook, timonier et canonnier.
James Allen, patron de la guigue.
James Walford, maître chargé de la cale et du poste de l'équipage.
John Fale, patron du grand canot.
Henry Parker, brigadier du grand canot.
William Sebborn, matelot breveté.
Walter Sebborn, »
Turner Ennew, »
William Moulton, »
Albert Wiseman, »
John Green, »
Thomas Taylor, »
Frédérick Butt, »

Henry Tichener, matelot breveté.
Thomas Powell, cuisinier de l'équipage.
William Cole, novice.
Robert Rowbottom, mécanicien.
Charles Mekechmie, 1er mécanicien.
Thomas Kirkhan, 1er chauffeur.
George Bunedge, id.
George Leslie, _steward_.
William Ainsworth, _steward_ des cabines.
Frédérick Parsons, _steward_ du salon.
George Basset, second _steward_ du salon.
William Pryde, cuisinier.
Joseph Southgate, aide de cuisine.
Emma Adams, _nurse_ (nourrice).
Harriet Howe, femme de chambre.
Marz Phillips, _stewardess_.

NOMS DES PERSONNES

EMBARQUÉES MOMENTANÉMENT A BORD

ARRIVÉES

Équipage du « MONKSHAVEN », recueilli le 28 septembre (15 hommes)............................	
ARTHUR TURNER, matelot du *Monkshaven*, est resté sur le *Sunbeam*...	
JOHN SEBBORN, du navire américain *Ashuelot*....	Hong-Kong.
JOHN SHAW, aide-cuisinier	Hong-Kong.
ISAAC AYAK, ...	Hong-Kong.
JOHN AHANG, ...	Hong-Kong.
MAHOMET, chauffeur...........................	Galle.
ABRAHAM, chauffeur...........................	Galle.
TOM DOLLAR, chauffeur........................	Galle.
Mr et Mrs WOODROFFE........................	Ismaïlia.

(Total. 24)

DÉPARTS

T. ALLNUTT BRASSEY, ...	Rio.
Équipage du « MONKSHAVEN » TRANSBORDÉ SUR « L'ILLIMANI, » le 5 octobre..................	
CAPITAINE LECKY, ...	Buenos-Ayres.
GEO. LESLIE, ...	Ensenada.
COMMANDER BROWN, ...	Honoloulou.
WM. PRYDE, ...	Honoloulou.
JOHN FALE, ...	Malacca.
MAHOMET, chauffeur.	Suez.
ABRAHAM, chauffeur...........................	Suez.
TOM DOLLAR, chauffeur.......................	Aden.
Mr et Mrs WOODROFFE........................	Port-Saïd.

(Total. 25)

NOMENCLATURE DES CARTES

TABLE DES MATIÈRES

TABLE DES GRAVURES

Paris. — Typ. Ch. Unsinger, 83, rue du Bac.